迈向智媒体

李鹏 著

人民东方出版传媒
東方出版社

图书在版编目（CIP）数据

迈向智媒体 / 李鹏 著. —北京：东方出版社，2018. 9
ISBN 978-7-5060-9965-3

Ⅰ. ①迈…　Ⅱ. ①李…　Ⅲ. ①传播媒介—研究—中国　Ⅳ. ①G219. 2

中国版本图书馆 CIP 数据核字（2017）第 291192 号

迈向智媒体
（MAIXIANG ZHIMEITI）

作　　者：李　鹏
责任编辑：袁　园
出　　版：东方出版社
发　　行：人民东方出版传媒有限公司
地　　址：北京市东城区东四十条 113 号
邮　　编：100007
印　　刷：北京楠萍印刷有限公司
版　　次：2018 年 9 月第 1 版
印　　次：2018 年 9 月第 1 次印刷
开　　本：710 毫米×960 毫米　1/16
印　　张：23. 5
字　　数：286 千字
书　　号：ISBN 978-7-5060-9965-3
定　　价：56. 00 元
发行电话：（010）85924663　85924644　85924641

沿着来时的路，

穿行在幽深的丛林里，

我已看见一道亮光。

人声鼎沸，

背影摇曳，

次第绽放。

2018 年 2 月 14 日于成都

2006年京东第一次进入成都市场的时候，我们选择合作的媒体就是《华西都市报》，当时我很诧异在西南地区会有这样一份精彩的报纸，上到政府、下到民生全覆盖；2016年，成都的朋友给我推荐了一个新闻客户端——封面新闻，这款年轻、有朝气的APP立刻吸引了我。后来我才知道，这款新闻客户端是李鹏先生媒体转型的新产品，从《华西都市报》到封面新闻，从传统媒体到智媒体，李鹏先生一直在路上。他的创新精神，奋斗状态堪为媒体人的表率，值得尊重！这也是京东多年来一直提倡和追随的价值，我为他加油。

——京东集团董事局主席兼首席执行官　刘强东

当下，人工智能的重要性已不言而喻。无论是个人还是机构，都不能不重视人工智能发展带来的各种颠覆性变化。比如渠道分发的精准性、媒体内容的个性化、信息传播的及时性等。媒体转型如何借助人工智能并且利用人工智能创造新的价值，李鹏先生的《迈向智媒体》用极富远见的思考以清晰翔实的实战案例给予了充分展示。

我们可以将《迈向智媒体》定义成一本工具书，是一本教你怎样驾驭技术发展不断加速媒体转型的实用指南。李鹏先生对人工智能如何释放媒体红利提出了许多新颖的观点，以帮助所有处在转型阶段的传统媒体应对充满挑战和不确定的未来。

2017年9月，北京师范大学新闻传播学院、封面新闻、微软亚洲工程研究院三方共同发起成立的“人工智能与未来媒体实验室”在北师大挂牌成立，李鹏先生为此付出了大量的心血。作为媒体转型的先锋，李鹏先生在书中说的这句话我特别赞同——“如何利用人工智能的力量提升个人或企业的价值及影响力，已经不再是一种特别的能力，而是所有人和所有企业都必须具备的基本能力。”最后，祝贺李鹏先生的新书大卖。

——北京师范大学新闻传播学院执行院长　喻国明

在当下这个时间点，如果我们分别向前看10年，再向后看10年，寻找驱动媒体进步的核心力量，不难发现，科技与内容的相互作用力，技术对于媒体转型的带动几乎与宽带的增长是成正比的。这就是李鹏先生这本《迈向智媒体》的价值。他的新书虽然还是以媒体转型为名，但媒体转型只是他探究时代变化的一个抓手，他真正的核心是揭示人工智能时代媒体的信任、价值、判断等关键要素如何发生变化，以及在这样的变化中谁在掌握媒体内容生产以及话语权。对于媒体而言，任何技术都只是辅助，唯有基于内容本身的精神内核永存。感谢李鹏先生的这本书，让我们看到了坚守在一线的媒体人的与时俱进和认真。

——阿里巴巴集团市场公关委员会主席　王帅

在这个万物互联的世界中，内容生产与人工智能的结合是趋势，也是必然。在这本书中，李鹏先生用一个个案例翔实的单元解释了为什么未来的媒体一定是智媒体。未来的媒体，如果没有技术做底部支撑，那些好的内容、有亮点的策划以及完整的传播平台都无法发挥它们的价值。在我看来，李鹏先生的这本书不仅仅是为那些媒体从业者而写，还是为那些与媒体从业者有千丝万缕关联或者与他们一起工作的合作伙伴们而写的。

——百度高级副总裁、百度金融CEO　朱光

社会进入了全民移动时代，人们的交往方式和信息传播方式也应时而变。李鹏先生也将注意力放到了媒体融合、转型的研究，《迈向智媒体》一书是他创建封面新闻一年多以来的阶段性成果的展现。李鹏先生对AI+媒体进行了全方位的探索和实践，用心观察和潜心研究，这种有诚意的原创精神，令人敬佩。

——一点资讯总裁、凤凰网联席总裁　陈彤

2003 年苏宁入川，开始了与《华西都市报》和李鹏总的友谊。面对互联网对传统媒体的冲击，李鹏总坚守内容为本的新闻理想，积极拥抱时代变化，《华西都市报》走出了纸媒融合化、网媒智能化的创新之路。《迈向智媒体》是封面新闻两周年的成功总结，期待这部实践派力作，启发更多纸媒体和自媒体创新对标。

——苏宁云商副董事长　孙为民

李鹏先生从核心进入，用最翔实的案例阐述了 AI 对媒体的驱动以及转化，分析得如此透彻。应该说，未来的媒体肯定是智媒体，它不仅会改变我们的内容生产，而且还会改变传统的营销生态。AI 肯定是智媒体的核心，我也相信未来整个媒体行业都将受益于人工智能的驱动力。

——百度人工智能实验室首席科学家　景鲲

目　录

CONTENTS

第六章　智媒体

第七章　文化和精神

附　录

推荐序　连接一切　赋能媒体

程　武

当下的新闻业，最热门的一句话一度是这样说的："不做新媒体是'等死'，做新媒体是'找死'。"关于答案，人们众说纷纭，莫衷一是。

在移动互联网时代来临之前，新闻机构控制着新闻产品和服务等每个环节：从开始到结束——从最开始的采访、写作和制作，到编辑选择、阅读趣味乃至最细微的字体体验，再到终端印刷、包装、运输和分发。

长久以来，新闻媒体亦被誉为"国家的良心"，在国外也被誉为立法、行政、司法之外的"第四种权力"。获益于专业性、中立性和可信度，媒体依赖巨额广告而高枕无忧。饱受训练的专业记者提供优质内容，庞大的订阅量则能够广泛影响读者、广告主和决策者。有了规模效应和专业影响力之后，媒体的"流量"就能变现转化为广告费。

但随着时间的推移，人们发现像 Facebook 和苹果这类科技公司开始成为资讯流动过程中不可或缺的部分。读者的阅读习惯正不可逆转地向移动端和社交媒体迁移。过去几年，数字平台也不断推出具备新闻性质的聚合频道和功能平台，大量用户生成的内容开始拥有话语权和影响力。

这种改变带来了传媒业史无前例的裂变与变革。而眼下，类似的变革并未结束，它很可能只是一个开始。在新的媒体生态系统中，数字平台对传播渠道、广告业态的深刻影响已不可逆转。根据美国皮尤研究中心 2016 年的一项研究，大约有 44%的成年人更习惯在 Facebook 这样的数字媒体上阅读新闻。就广告数字而言，根据 WPP 集团旗下广告代理公司群邑的估算，全球报纸类媒体广告支出在 2016 年减少了 8.7%（约 526 亿美元），仅次于2009年全球经济衰退时的13.7%，而在中国，这个数字可能严重得多。

作为一个严肃新闻的爱好者，我认为以上境况并非新闻业真正的危机。面对互联网和社交网络冲击，新闻的传播渠道和内容呈现形式的确在发生改变，但新闻的本质从未改变。在传统媒体向新媒体转型的过程中，作为一个旁观者，我想如果媒体精英不去思考如何做好内容，而是削减深度报道投入，怀疑严肃内容的深度价值，这才是真正的危机。

2012年,《纽约时报》的那篇名为《雪崩：特纳尔溪事故》的深度报道令人印象深刻，其呈现方式也颇具颠覆意义。《雪崩：特纳尔溪事故》超越了常规的特稿写作，将文字、音频、视频、动漫、数字化模型、卫星模式联动等集合在一起。打开网页，呈现在读者眼前的是全屏循环播放的视频，往下是文字、照片和图表。后来，它被视作网络技术改变传统新闻报道的开端，也是从那时候起，“新媒体”一词开始势不可挡，风靡全球。

巧合的是中国的新媒体也是从那时开始爆发的。2012年，腾讯推出微信公众平台，后来又推出企鹅媒体平台，新媒体的星星之火开始燎原。时至今日，很多媒体公众号发展出数以百万计的粉丝，收获数千万的广告费用，赢得投资机构数亿资金的青睐。

腾讯正力求为媒体转型提供一条可借鉴之路。几年前，腾讯公司董事会主席兼首席执行官马化腾提出“连接一切”，希望让每一个个体、每一个组织都能借助互联网平台实现跨越式成长。腾讯过去几年一直着力推进“互联网+”，定位做新型基础设施，通过开放输出互联网技术与能力，力求为各行各业解决“最后一公里”的问题。获益于此，腾讯市值也得以突破5000亿美金，成为跻身全球市值前五的公司。我们与各行各业融合孵化了大量机会，在O2O、交通等领域也孕育了大量的独角兽企业。

我深信媒体行业也孕育着类似的机会。《人民日报》与腾讯联合推出的“穿上军装”H5在2017年7月29日晚间一经推出，持续两周，火爆风靡全国。PV 突破 10.74 亿，UV 突破 1.68 亿，照片总处理量超过 10 亿张，单日照片处理量高达近 4 亿，每分钟合成照片的用户数峰值超过 117 万人，创造了全球融媒体产品的世界纪录。上述数字在传统媒体时代是不可想象的，但在移动互联网时代，“穿上军装”H5 却能让我们窥见互联网+媒体的更多可能性。

提及传统媒体，都市报是纸媒的代表性类别。《华西都市报》是中国第一张都市报，因其全面系统地创立了报纸市场化的运作理念和全新的竞争策略，开启了中国报业的“都市报时代”，成为中国报业发展的一个标杆和历史缩影。但如同前文所言，互联网改变了一切，尤其是智能手机的普及和移动社交平台的快速崛起，2012 年以来的五年，可以说是传统媒体受到冲击最大的五年。中国第一张都市报处于什么境况，怎么改，往何处去，应该说颇具代表性意义。

这五年，《华西都市报》在李鹏老师的带领下持续转型。他的思考，他的设计，他主导的媒体变革方向，应该说决定了中国第一张都市报的走向。恰巧他所著的《迈向智媒体》一书就是这样一本著作。与其他理论研究性书籍不同，这是一本都市报转型实战的“笔记”，书中记录了李鹏老师自 2011 年以来推动《华西都市报》转型打造新媒体的点点滴滴，更像是一部《华西都市报》的“演变史”。

在本书中，我看到诸多《华西都市报》融合转型的有力举措，更加令人印象深刻的是李鹏老师带领华西都市报人“二次创业”、从头再来的决心和毅力。重构、颠覆也因此成为书中的“高频词”。这确实是当前传统媒体业需要的。而在此过程中，《华西都市报》作为一家纸媒，瞄准人工智能时代的大趋势频频发力，这是非常难能可贵的。

在移动互联网时代向人工智能时代过渡的时间窗口内，《华西都市报》打造的封面传媒横空出世，在 2015 年 10 月一亮相就引起高度关注。此后，坚定提出“重新联接世界”的使命，打造“引领人工智能时代的泛内容生态平台”的愿景，其打造的核心产品——封面新闻客户端——在 2016 年 5 月上线之后即拥有了算法推荐的技术，陆续推出了小封机器人写作等新功能。这些 AI+媒体的探索实实在在，封面新闻首倡的“迈向智媒体”的目标也格外坚定而有力，它也让我感受到传统媒体融入移动互联网所迸发的激情与活力。腾讯也在人工智能技术方面大力投入，《华西都市报》和封面传媒的内容专业性毋庸置疑，我相信未来两者之间也将有更多的合作空间和可能。

技术的确可以颠覆产业，但绝对颠覆不了人的创意与才华。写稿机器人的确能写出奥运会比赛分数这类简单的快讯，但永远写不出《巴黎烧了吗》《最漫长的一天》这类兼具事实和才情的长篇报道，更写不出《围城》《老人与海》这样震撼人心的鸿篇巨制。

对于媒体，腾讯一直满怀尊重与敬畏之心，期待共同寻找“向未来、共成长”的路径。我相信结合腾讯的微信、QQ 平台、社交广告、云、大数据等技术资源，涅槃重生的传统媒体势必能如虎添翼，振翅高飞。

预祝李鹏老师的新书大卖！

（作者系腾讯集团副总裁）

序言　坚守初心　拥抱变化[①]

时光奔流，快速向前，有点猝不及防。用户触媒习惯快速变迁，都市报断崖式下滑已成定势。趋势难逆，形势倒逼。再不改变，我们将被逼入绝境。

如果把时间回放到5年前，再把中间过程进行压缩，这种变化是惊人的。5年前面临的环境和现在面临的环境，5年前思考的问题和现在思考的问题，已发生了颠覆性的变化。第二届世界互联网大会流行一个段子，有人在论坛上打个盹，世界就全变了。互联网彻底改变了世界。互联网就像乌镇的水，连接运河，通达长江，奔向大海，融汇全球。互联网之水无时不在、无处不在，任何人、任何行业、任何地区都无法置身事外，无法独善其身。正如世界互联网大会的主题：共同构建网络空间命运共同体。

"十二五"鸣金收兵，"十三五"大幕已启。传统行业每天都会上演死亡悲剧，新业态、新产品每天都会诞生，百舸争流、千帆竞发。任何时代，机会都是垂青最先觉醒起来的人，而留给我们的机会可能只有这一次。如果不能顺应趋势，不能抓住最后的机会，我们的舞台和空间就会越来越小、越来越窄，最后被淘汰出局。

拥抱变化，才有未来。近期，《华西都市报》密集召开工作会。我们反复强调，一定要主动拥抱变化，而且这种拥抱的姿势必须是积极的，发自内心的。我们认为，报纸作为一个品种不会消亡，但并不代表个体不会死；优秀的报纸固然承载着文化与精神，但一定要不断改革创新才能传承文化

① 摘自作者2015年12月20日在集团党委扩大会上的交流发言。

与精神。我们需要重新定义都市报。它不再是信息的总汇，不再是信息的管家。作为传统的报纸，我们要回归到报纸本位上，回归到内容上，回归到看报看什么的命题上，这是第一位的，这是根本。在纸媒的世界里，只有原创才能拯救自己。不然你的位置就要被搬走，就要被侵占。产品导向，原创到底，互动引领，走差异化的路子，这是我们生存的根本。这也是“大众化高级报纸”定位的题中之义。在越来越有限的传统媒体发展空间中，人云亦云不行，你有我有不行，乃至你有我优都不行。世界太小，世界是平的，无法容纳太多的同质化内容。所以，谁能做出独特价值，就决定了谁有存在价值，只有独特性才能决定你的存在感。这也是我们开启创新改版工作的基本要义。我们坚信，《华西都市报》一定会更有作为，一定会更加精彩。

拥抱变化，拥抱未来。集团党委顺势而为，抢抓机遇，有力决策，成立封面传媒，以《华西都市报》为实施主体，打造机器推送、用户聚合、专业生产“三核驱动”的新型主流媒体。封面传媒顺应了融合发展的时代要求，寄托了川报集团人的高远追求。我们深感使命光荣、责任重大。互联网的竞争远远超过传统媒体的竞争，不仅要与体制内的产品同台竞技，更要在体制外互联网企业已经蚕食瓜分天下的背水一战中，抢夺用户，一决高下。快是互联网的显著特征，年轻是互联网的明显标签。封面传媒将秉承发展、改革、创新、创业“四位一体”的理念，突破技术难题，突破体制障碍，突破资本束缚，敢为天下先，引领都市报融合发展新浪潮。这是一次全新的探索，是一次崭新的出发。我们必须具备创业的勇气、创新的精神、创造的禀赋和超常的付出，脱胎换骨，凤凰涅槃，浴火重生。一位互联网大咖说，封面传媒的产品还没有上线，但已具备商业运营价值，品牌影响凸显。我们也深知，天上从来都不会掉下馅饼，发展道路从来都不是平坦的，也不可能一帆风顺。“居高声自远，非是藉秋风”。集团的战略布局、领导的关心支持、资本的追逐青睐、团队的创造奉献，封面传媒定会行走在春天里，灿烂绽放。

记得创刊初期，有诗言志，《华西都市报》是一盏不眠的灯。这盏灯为读者点亮，灯光因理想而不灭，灯光因创业而璀璨。这是我们的初心，是出发的姿态。18 周年宣传片《温暖》中有句话，《华西都市报》是老百姓家里的第二盏灯。这盏灯走进千家万户，灯光因梦想而照耀，灯光因信仰而绚丽。现在，我们来到了拐角处，“报纸死亡”甚嚣尘上，转型是找死、不转型是等死，悲观论调此起彼伏。雾霭重重，荆棘丛生。叩问来路，初心尚存。有你在，灯亮着。我们殚精竭虑，让灯光汇成灯火，照亮远方。

坚守初心，拥抱变化。这是我们再出发的态度，这是我们重出征的誓言。在交汇处，在弯道里，我们将穿越迷雾，砥砺前行。

第一节　新十年，危与机①

2011 年，迈入 21 世纪“10 年代”，新的 10 年由此开启。在国家经济和区域经济大发展的时代背景下，《华西都市报》作为开创中国“都市报时代”的第一家都市报，经过 16 年发展，已跻身全球日报发行百强榜第 44 位，成为中国西部地区发行量第一的报纸，也是四川重点打造的五大文化品牌中唯一入选的媒体，广告收入同比增幅达 30% 以上。

伴着时代的鼓点，新到来的 10 年，必将是一个传媒形态急剧变革，新兴传媒快速向数字化、网络化、移动化升级的年代。对报纸而言，必将是一个充满考验、机遇与挑战并存的年代。一直敢为人先、勇于创新的《华西都市报》，将正视新挑战、抢抓新机遇，通过“内容维度、渠道维度、地域维度”的“三维转型”，推动报纸与新媒体的融合和可持续发展。

一、传媒生态环境变数增大

互联网技术的快速发展，让传媒的变局和变革日趋激烈，传统媒体之间、传统媒体与新媒体之间竞争不断加剧，传媒生态环境变数增大，传统媒体面临更大的考验和挑战。

1. 新媒体发展提速，蚕食报纸市场蛋糕

21 世纪头 10 年，传媒生态的一个显著特点是，新媒体的出现周期呈现加速化趋势，新的各种媒介形态层出不穷，普及周期也越来越短，网络媒体、手机媒体等新媒体不断蚕食以报纸为代表的传统媒体的市场蛋糕。2010 年，以微博为代表的自媒体和以 iPhone、iPad 为代表的便携移动传播终端，更是在知识层次高、消费能力高、社会地位高的受众中受到热捧。新到来的 10 年，新媒体的发展必将速度更快，冲击更猛。

---

① 摘自《实施三维立体发展战略　谋求发展新突破新跨越》，刊发于《新闻战线》2011 年第 2 期。

2. “三网融合”提速，传媒面临重新洗牌

除了新媒体发展势头强劲，以广播电视网、电信网与互联网为主体的“三网融合”工程，正在国家层面的主导下有力推进，“十二五”时期“三网融合”将全面推广实现。对于处于快速发展期的传媒业而言，三网融合影响深远，它意味着，不论报纸、广播、电视等传统媒体，还是网络、手机等新媒体，都将面临着重新洗牌，一个深刻变革、深度竞合的传媒时代已经来临。

3. 报纸内容升级减速，打破瓶颈将是必然

在媒体外部环境变数增多的同时，曾经风光一时的都市类报纸经过较长时间的发展，也在内容创新、传播渠道和受众拓展方面遇到瓶颈。内容方面，都市类报纸经历了从社会新闻、民生新闻到主流新闻的发展历程。目前，这几种新闻形态仍然是报纸的主要构成，但对于以标新立异著称的年轻读者而言，显得吸引力不大。传播渠道和受众方面，仍然以传统的传播途径和受众构成为主，在年轻受众中的拓展进度缓慢。与此同时，由于报纸版权保护机制尚未健全，新闻信息被网络媒体、手机媒体等新媒体无偿占有，报纸处于“为他人作嫁衣”的窘境之中。如何升级内容产品，如何适应年轻读者的信息消费习惯，如何保护自身的产品利益，对报纸来说将是不小的挑战。

二、“三维转型”

新10年，是媒介形态的急剧变革期。面对激烈的竞争形势、迅猛的媒体变革，《华西都市报》将通过内容创新升级、全力打造全媒体和区域组合发展模式，从内容维度、渠道维度和地域维度方面实现“三维立体转型”，打造核心竞争力、提升品牌影响力、扩大有效传播力，推动报社的可持续发展和战略转型。

（一）内容创新升级，打造“内容维度”的核心竞争力

1. 升级报纸定位，塑造主流形象

在发展过程中，《华西都市报》一直致力于通过升级报纸定位持续推进

新闻创新。在办报定位上，经历了从“市民生活报”向“新主流都市报”的转型，秉承“责任、新锐、主流”的办报理念，围绕目标受众，通过加大时政、经济等高端内容的报道，推动内容产品升级，力求贴近前沿、引领潮流，以深刻的报道主题和负责任的报道精神，扩大报纸的权威性和影响力，塑造《华西都市报》主流媒体的崭新形象。

2. 升级新闻深度，强化“深阅读”

尽管目前媒体竞争激烈，但“内容为王”对于传统媒体来讲也许永远不过时。为打造内容的核心竞争力，《华西都市报》通过升级新闻深度来扩大影响力，通过精心打造《华西锐点》版，做强做大《华西访谈》版，扩充《华西评论》版，增设《成都故事》《城市地理》等栏目，增强了报道的穿透力和影响力。这些报道拓宽了报道题材面，挤压了低端和负面的新闻，提升了报道品位。接下来，将进一步创新新闻品牌，优化报道结构，扩充报道内容，强化舆论监督报道，在新闻的深度和厚度上下功夫，强化报纸的“深阅读”功能。

3. 升级文本形式，顺应“浅浏览”

为顺应快速的生活节奏和年轻读者的阅读习惯，《华西都市报》从升级文本形式等方面努力，通过提倡稿件写作短句化、开设“微新闻”专版等，向微博写作方式靠拢，帮助读者实现“浅浏览”，增强报纸的易读性和可读性。我们提倡“浅浏览”，不是要把本来可以说深的事说浅，而是要深入浅出，在读者注意力越来越分散的情况下，为读者营造阅读快感，千方百计提高新闻内容的易读性、到达率和接受程度。版面包装方面，将进一步优化版式，适应读者全新的阅读习惯。

4. 升级双向沟通，做强互动新闻

为加强双向沟通，《华西都市报》新成立了互动新闻部，以原城市新闻部热线110为基础，以报网互动为特征，以“华西都市网”为依托，立足网络、手机报等平台，深入高校BBS论坛、主流社区QQ群等城市神经末梢，加强报纸与读者互动，实现华西新闻滚动播报，弥补报纸新闻传播时效性差、单向性强、互动性不足的弱点。接下来，将通过多种形式的创新，进一步升级双向沟通，完善互动方式，做大做强互动新闻，深度联接社区，深度联接受众。

（二）全媒体全覆盖，提升“渠道维度”的品牌影响力

1. 构建全媒体

在媒体发展多元和传播渠道多元的竞争格局下，单一媒体的传播难以形成舆论优势和信息强势。媒体全覆盖和受众全覆盖成为新的目标诉求。为应对竞争,《华西都市报》成立了“华西1+N全媒体联盟”，初步实现了纸媒与视听媒体、网络媒体、手机媒体的联姻、联合，扩大了《华西都市报》的号召力和影响力。为适应传媒发展规律和竞争需要,《华西都市报》成立了全媒体发展部，主要职能是以“华西1+N全媒体联盟”为核心，进一步发展覆盖网络媒体、手持媒体、视听媒体和户外媒体的产品链，探索新的发展模式，着力提升品牌影响力。

2. 推出新网站

在报网互动的发展过程中,《华西都市报》虽然早已推出电子报，但形式仍然较单一，仅是报纸的简单翻版呈现，这不利于读者的即时互动参与和报纸产品的多元化。我们将全力推出“华西都市网”，形成具有特色、具有竞争力的网站，提升新闻报道的时效性，实现内容生产的多元化，扩大报纸在网络受众中的影响力，为报纸的发展营造新的营利点。

3. 嫁接新媒体

新兴媒体虽然对报纸发展形成一定威胁，但同时也给报纸扩大影响、扩大传播渠道提供了机遇。为扩大《华西都市报》在高知识、高消费、高层次受众中的影响力，我们致力于快速利用新媒体、全速嫁接新媒体。近日,《华西都市报》iPad阅读器正式上线运行，这是四川第一家真正意义上开通iPad阅读器的报纸，同时支持iPhone 4和iPod touch 4客户免费下载和阅读。广大用户只需轻触屏幕上的“华西都市报”，即可非常方便地在线阅读到每日更新的数字版《华西都市报》，比传统的需要键入URL地址的网页阅读方式更加快捷。我们还将推出集滚动新闻、互动留言、实用信息查询等功能于一体的《华西都市报》iPhone专业客户端，方便广大读者与《华西都市报》随时随地全面互动。

（三）区域市场协调发展，扩大“地域维度”的有效传播力

1. 构建区域组合城市媒体

《华西都市报》已成功构建了一个以成都为核心、辐射川渝经济区 30 多个大中城市的区域组合城市媒体，成为中国西部发行量最大、影响力最强、覆盖面最广的综合性日报。《华西都市报》持续领跑西部报业，在成渝地区率先实现同步阅读，除成都之外，已完成了在重庆、泸州、宜宾、绵阳、西昌、南充六个分印点的同步印刷和发行，标志着《华西都市报》作为“区域组合城市媒体”的影响力得到进一步强化。

2. 深度拓展区域媒体市场

由于我国城市发展的二元结构特点，随着国家经济社会的进一步发展，各地发展呈梯次化发展趋势，次中心城市市场和内陆地区城市的传媒业市场，也将在这种梯次中迎来快速发展期。这为《华西都市报》区域组合战略的深度推进带来了新的市场机会。为深度融入区域市场传播格局，《华西都市报》在川内二级城市进行深入拓展，建立针对二级市场的传播平台，进一步扩大本报在各区域内的影响力和传播力。

三、融合发展

未来的 10 年，《华西都市报》在着力推进内容创新升级、拓宽传播渠道、扩大覆盖地域的同时，还将通过培养全能记者、打造多元新闻产品和开发报纸的“长尾”，走多媒体全面发展的融合之路，从而实现报纸的战略转型。

1. 人才融合，培养全能型记者

在推进三维立体转型的过程中，《华西都市报》将抓紧培养一批适应新媒体以及数字转型的新型新闻人才，培养全能型记者。我们将着重培养记者具备以下几个方面的能力：一是能同时熟练运用各种采访与编辑工具，如照相机、摄像机、剪辑软件、制图软件、网络技术等；二是能熟练把握文字、图片、音频、视频的各自特点，并能将它们进行综合运用；三是具有超强的信息筛选和组合能力，加强内容的深加工。通过这些方面的努力，

为进一步实现媒体融合做准备。

2. 内容融合，打造全媒体产品

内容产品方面，《华西都市报》将逐步开发文字、图片、视频、音频为一体的全媒体产品，做大做强内容优势。我们将利用报纸的权威性和公信力，从内容发布和内容销售两方面扩大影响，实现营收方式的多元化。一方面，我们将通过自身建立的纸质、网络、视频传播渠道，刊登、发布能满足新时代受众心理需求的信息，扩大华西全媒体产品在不同年龄、不同层次、不同地位受众中的传播力。另一方面，我们将利用纸媒作为权威内容生产商这个优势，变信息为产品，向不具备新闻原创资格的网络媒体和新媒体出售融文字、视频、声音等介质为一体的多媒体信息产品。

3. 产业融合，开发报纸的长尾

长尾理论说明，商业和文化的未来不在于传统需求曲线上那个代表“畅销商品”的头部；而是那条代表“冷门商品”的经常为人遗忘的长尾。在网络时代，由于关注的成本大大降低，人们有可能以很低的成本关注正态分布曲线的“尾部”，从而导致“尾部”产生的总体效益甚至会超过

《华西都市报》近年来获得的重要品牌荣誉

"头部"。在报业价值链的长尾中，多元化的都市报产品，将实现从"卖报纸"到"卖活动"再到"卖影响力"的转变，依靠与受众信任和互利的关系，以较低的成本，维持尽可能大且相对稳定的受众使用群和传媒品牌影响力，以此获得潜力无限的"顾客长尾"，进而在媒介消费用户的个性化需求中寻找无限商机。在未来的发展战略中,《华西都市报》将着眼于打造媒体产业链条，开创报业长尾的"蓝海"，向报纸和新闻的上下游要影响、要效益。

4. 媒体融合，构建立体传播格局

《华西都市报》在报纸、"1+N"全媒体联盟和网络方面的融合发展已经起步。未来，还将通过人才技能、内容产品、发布渠道、产业链条和受众终端等环节的融合发展，开发多元化的传播技术，打造多元化的媒体集群，通过交互媒介产品的生产、发布和销售，构建立体传播格局，真正实现各类媒介资源的优化配置，并最终在数字时代的媒体竞争中保持优势地位。

第二节　推进五大战略[①]

2011 年，我们既有宏观形势总体趋好的难得机遇，同时又面临巨大挑战和考验。宏观经济增长态势明显，但同时也面临一些不利因素：国内通胀压力上行，金融政策日趋收紧。房地产市场“限购令”席卷全国 20 多个大中城市，成都主城区出台“限购令”。2011 年中国楼市呈现政策高压、市场利空的态势，让房地产市场形势不容乐观。汽车市场整体存在产能过剩隐患，面临较大市场压力，其他各个行业也存在不确定性的因素。

从媒体自身发展态势来看，虽然区域媒体的生命力还将持续显现，但也切身感受到当前媒体竞争带来的空前压力。纸媒不仅面临平面媒体之间日益激烈的竞争，同时还面临新媒体越来越严峻的挑战。媒介生态环境多元多变，传播介质“碎片化”，人人都有“麦克风”，“人人都是记者”，都市报生存和发展的空间日益受到挤压，广告经营受到的影响和冲击只会越来越大，不会减缓。

2011 年，《华西都市报》工作的总体思路是：树立“责任至上、公信天下”的办报取向，坚守“责任、新锐、主流”的办报理念，坚定“高位求进、持续发展”的总体工作取向，强力推进“内容创新与升级战略、营销创新与变革战略、华西全媒体平台构建战略、区域市场深度拓展战略、人才储备与结构优化战略”这“五大战略”，全面推动《华西都市报》发展再上新台阶、实现新跨越。

一、内容创新与升级战略

始终坚持正确舆论导向，高度遵循新闻传播规律，不断创新内容和呈现方式，提高新闻的可读性与感染力，进一步提升《华西都市报》的传播力、影响力和公信力，是我们矢志不移的取向和目标。实施“内容创新与

① 摘自 2011 年 2 月 22 日在《华西都市报》2011 年度工作会上的总结发言。

打开春天
刷新时间
——改版致读者

华西都市报

央行加息0.25个百分点

航拍薪新家园 鸟瞰美好四川

春回都江堰
全国看巨变
青山映秀水
花重新家园
路通永昌城

2.9亿同时建三桥
省出8个月通畅时间

两批驴友被困
北京警方两度出动直升机
放射性污水入海
日本捞到放射超标玉筋鱼

40060-95500

2011 年 4 月 6 日,《华西都市报》头版

新一轮创新改版，国际国内版块、文娱体育版块、财经证券版块是我们的主攻领域。关注这几大版块的读者，都是有较高投资力、有较高消费力、有较高话语权的主流读者。同时，这几大版块创新的空间相对较大。所以，要以更先进的思想、更开阔的视野、更清晰的思路、更丰富的信源、更主流的品位，处理好创新与转型、大众与专业、主流与边缘、空间与资源这几个方面的关系，对热点事件、热点话题、热点人物做有深度、有广度、有高度的独家原创呈现，搭建起与高端读者的对话平台。

3. 做好舆论监督，体现责任担当

做好舆论监督是媒体的一项重要职责。作为都市类媒体，在坚守正确舆论导向的前提下，对社会的消极、丑恶、不公现象和行为进行监督报道，是媒体守望社会、推进文明进程的责任。这是我们的优势和长处，任何时候都不能丢掉、任何时候都不能削弱，只能不断改进和加强，这是新闻创新所必须坚守的重要标尺。

二、营销创新与变革战略

数字化时代，也是一个营销多元与变革的时代。要以变应变，实施“营销创新与变革战略”，围绕深入推进经营模式创新、专刊版面质量创新、品牌建设创新和服务体系创新等方面，促进报社经营工作提质增量。

1. 创新广告经营模式

华希广告公司作为广告经营模式创新的平台和载体，定位于《华西都市报》的销售公司。深化广告经营模式创新，事关《华西都市报》经营战略转型，事关《华西都市报》持续发展，这是当前和今后一个阶段经营工作的重中之重。按照新的流程和模式，已经进入了全新的运营阶段。从两个多月的情况来，总体朝着预期目标转变，收到了初步成效。

一定要深刻理解广告经营模式创新的意义，充分发挥华希广告公司的平台优势。经营部门员工要树立全新的经营理念，与新的平台对接，在运作模式、工作流程和反应机制方面不断创新，有效促进经营资源的聚合与延伸，促进经济效益的快速增长，促进核心竞争力的增强，实现“1+1>2”的聚变效应，不断巩固和深化广告经营模式创新成果，强力推进报社和公司发展方式的大力转变。要下更大的功夫，尽百倍的努力，力争使广告经营模式创新取得实质性突破和进展。

2. 打造全新营销服务体系

快速变化的市场形势与激烈的市场竞争，要求我们不断对经营战略、经营模式、营销体系等进行创新与变革。今后，要加强品牌营销、跨界营销、数据库营销、全媒体营销、终端服务营销，形成立体营销体系。要加快融合联动，积极开发新的营销模式，建立具有市场竞争力的、完备的立体营销工程体系。

激烈的市场竞争，产品和服务是两大关键因素，服务可以创造更多附加值、增强竞争力。我们已初步建立了融新闻信息服务、营销策划服务、广告售后服务为一体的“三维立体客户服务体系”，成为拉动经营增长的有效手段。报社和华希广告公司的各部门要加强联动，进一步完善“三维立体客户服务体系”，通过资讯、经营和售后的全方位服务，提升客户的忠诚度，不断将异动客户转化为忠实客户，不断提高市场份额。

三、华西全媒体平台构建战略

面对新媒体给传统媒体带来巨大压力，快速推进“华西全媒体平台战略”刻不容缓。要将不同形态、不同介质、不同传播渠道的媒体整合在一起，形成立体传播态势，做到内容产品的N次开发、N次发布，N次传播。从2011年起，我们要进一步做大华西全媒体平台，不断丰富和提升华西全媒体的内涵和外延，大力促进报纸数字产品的升级换代，为报纸的转型升级和可持续发展打造新的媒体平台。

1. 打造华西都市网

随着传媒形态转型升级呈现出加速化的大趋势，发展新媒体已成为传统媒体谋求出路的必然选择。应对现代传媒“全媒体化、全域化”的前沿动态，我们必须积极探索，大胆实践。经过多方市场调研和论证，我们正在加紧华西都市网的前期筹建工作。要按照“高起点、新模式”的目标要求，力争尽快实现华西都市网的上线公测。要跳出传统的做法和路径，按照专业化、市场化、公司化的运作模式，在成都和四川形成具有一定影响力的全新网络媒体，打造有较大影响的社区生活资讯平台。

2. 加大移动媒体内容植入建设

2010年，我们在微博、iPhone、iPad上植入《华西都市报》报道，实现了报纸内容在移动阅读器上再传播，取得了初步成效。新浪和腾讯的《华西都市报》微博粉丝初步形成影响力，要快速扩大粉丝群体覆盖面。同时，要进一步深度推进和开发以iPhone、iPad等移动终端为代表的内容建设，着力抢占高端移动读者群，实现《华西都市报》内容的一次生产，多元传播。

3. 做大全媒体平台

我们要对“华西1+N全媒体平台”成员进一步优化，深入整合平台资源，发挥更大的品牌价值。我们要开展更高层次的媒体合作与媒介融合，孵化出更多的媒体项目。条件成熟的情况下，可以与电视、广播、网络、手机、户外媒体合作经营一些栏目或者时段，使《华西都市报》的品牌得到深度拓展和开发。

四、区域市场深度拓展战略

我国城市发展的二元结构特点，呈现出梯次化发展态势，次中心城市和内陆地区城市的传媒市场，还有新的发展机遇。《华西都市报》作为密集覆盖成渝经济区的区域组合城市报纸，经过16年的发展，在二级城市形成了很大影响。但我们在二级城市的深度开发上，还没分享品牌影响力带来的成果。我们要抓住统筹城乡、区域新规划、新功能定位重大机遇，推进实施“区域市场深度拓展战略”，深入拓展大成都市场、省内二级市场和成渝经济区市场。

1. 发挥“大本营”和“主战场”优势

大成都市场，是我们的大本营和主战场，任何时候我们都必须全力坚守、巩固和加强。我们的读者构成、广告份额，基本依赖和依靠大成都市场。我们要进一步做大做强主城区一圈层，改善读者结构。同时，要进一步开发大成都二圈层、三圈层市场。随着城乡统筹的推进，无论是房地产还是汽车市场，都将逐步向二圈层、三圈层的县（市、区）市场转移，这是要努力争取的增量。

2. 深度拓展省内二级市场

由于诸多原因，拓展二级市场的计划一直未能实施。今年（2011年），我们要转换思路，转换角度，打开局面，切实抓好《华西都市报》二级市场产品的开发。拓展二级市场初期，可以采用“渗入式”手法，开设地方版，地方版可考虑分区域轮流出版的方式。相关部门要发挥《华西都市报》的品牌优势，积极谋划、积极实施、创新方式、创新平台，大力拓展二级市场，进一步提高《华西都市报》在区域市场的影响力。

五、人才储备与结构优化战略

传媒竞争，人才至关重要。合理配置人员，做好人才工作，是提升报社核心竞争力的关键。构建一支结构优化、素质优良的人才队伍，是推动报社各项事业不断向前发展的动力和源泉，所以必须大力实施“人才储备与结构优化战略”。

1. 储备人才队伍

我们要在继续注重内部人才培养的基础上，广开渠道，广纳贤才，不断从高校招聘一批优秀学生，从成熟媒体、强势媒体引进一批优秀传媒人才，以新鲜血液充实“血库”质量，为事业的发展提供源源不断的人才支撑。

2. 优化队伍结构

我们的员工多为传统的新闻人才、经营人才和管理人才，对新媒体、全媒体的发展认识不足，对新形势、新情况的适应能力不强，这是传统媒体人才队伍存在的主要问题。要不断加强业务培训和轮岗交流，不断实施优胜劣汰，坚持“末位淘汰制”。同时，着力培养一批既懂传统媒体又懂新媒体的人才。

3. 建立培训学习机制

一方面，通过机制促使员工不断更新自身知识结构和能力结构。2011年起，推行“导师培训制”和“学分考核制”，充分发挥首席记者和业务骨干的传帮带作用，每个员工必须修满15分以上的学分，促进员工自主学习。另一方面，开展“杜绝虚假报道　增强社会责任　加强新闻职业道德建设”专项教育活动工作，牢固树立“杜绝虚假报道”的思想意识，始终将之融入到所有的新闻采编工作中去。谁若触犯这根底线，将实行“一票否决”制和“连坐”处罚制。“杜绝虚假报道”不是一阵风，我们要以此为契机，长期坚持开展，这是打造责任媒体、公信媒体的一项基础性工程。

第三节　本土、原创、深度、个性[①]

2011 年 4 月 6 日，《华西都市报》全新改版，标志着《华西都市报》在媒介融合趋势下寻求平面媒体优势的创新探索全面启动。此次创新改版，是在新媒体发展提速、媒介融合提速、“三网融合”提速、报纸内容创新升级减速这“三提一减”的背景下进行的，因此此次改版不仅仅是针对《华西都市报》这个纸质媒体，而是基于《华西都市报》全媒体发展平台而进行的。

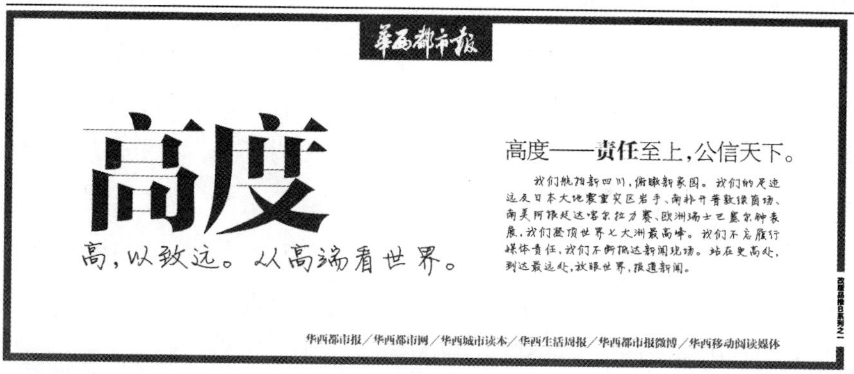

《华西都市报》2011 年改版品推广告系列 1：突出新闻立意的高度

《华西都市报》此次改版首次明确了“责任至上、公信天下”的办报取向，丰富升级了“责任、新锐、主流”的办报理念，并进一步强化本土资讯、原创新闻、深度报道和个性表达，推进新闻话语体系创新，锁定主流目标读者群，推动以报纸为核心的全媒体平台的融合、区分发展，从系统再造的角度促进《华西都市报》的融合转型和变革创新。

① 摘自《媒介融合时代的报纸创新路径》，刊发于《中国记者》2011 年第 6 期。

一、观念创新：强力推动办报理念的升级

虽然近年来网络媒体和移动媒体发展快速，但其内容的权威性、公信力一直为人所诟病。相对而言，报纸则因为专业操作、专业操守、严格把关，坚守社会责任，在权威性和公信力方面具有网络媒体不可比拟的优势。《华西都市报》2011 年内容创新与改版，就是要强化这方面的优势。

1. 确立“责任至上、公信天下”的办报取向

媒体能否切实承担和履行社会责任，是获得公众信任的根本。本次创新改版中,《华西都市报》将“新锐、责任、主流”的办报理念升级为“责任、新锐、主流”，将责任提到了办报理念中最重要的位置，以此高度强化责任意识，着力提升报纸公信力。

责任至上，就是以大力传播主流信息为己任，我们力争在解读重大政策中抢占第一解释权，在重大突发事件中快速、真实、准确、深入地反映事件全貌。责任至上，就是以不断探究新闻真相为己任，力求通过层层深入的调查采访，抽丝剥茧，为读者提供最客观、最全面、最独到的分析和观点。责任至上，就是以有效加强舆论监督为己任，对社会的消极、丑恶、不公现象和行为进行监督报道，守望社会，推进文明进程。责任至上，还要以着力强化人文精神为己任，以不断强化民生情怀为己任，无论是解读政策，还是关注城市发展，我们的报道都坚持从民生角度出发。

公信天下，就是要坚决捍卫新闻真实，确保刊发的每一篇报道都真实可信，对从事虚假报道的责任人实行“一票否决”。公信天下，就是要牢牢坚守职业道德，通过每一篇报道体现和担负起大众媒体的社会责任。公信天下，就是要坚决杜绝有偿新闻，严禁在新闻报道中掺杂个人私利。公信天下，就是要持续抵制低俗媚俗之风，不断提升新闻报道的品质和品位。

2. 打造新锐新闻纸

《华西都市报》是一张新锐新闻纸，包括“四新”。一是树立新锐思想，重在提升新闻报道的思想锋利性、穿透力和敏锐感，敏锐把握时代变化和新闻事件的背景，深入挖掘新闻事件的幕后。二是力推新锐报道，重在前卫、新锐地报道有新闻性、有冲击力的新闻，宽领域、多角度、前瞻

性地记录和引领社会生活。三是打造新锐版面，在版面上呈现一份个性十足的新锐新闻纸，为不同版块塑造不同风格，满足不同读者群的阅读诉求和习惯。四是构建新锐平台，充分利用华西都市网、《华西城市读本》、《华西都市报》微博、华西移动阅读媒体，促进内容产品的传播升级与扩域。

3. 服务主流读者

改版后的《华西都市报》，将从四个方面持续推进报纸"主流化"。传播主流新闻，表现为密切关注党和政府重大决定、举措，密切关注财经领域各种重要时机、商机，密切关注现代都市生活的新动向、新趋势。服务主流读者，表现为明确以社会主流群体为主的读者定位，他们具有较高教育程度，在历史发展中起着主力推动作用。整合主流资源，表现为有效整合要闻报道中的时政资源，财经报道中的企业资源，文体报道中的文化、娱乐资源，为读者提供更具深度、广度的服务。占领主流阵地，表现为进一步熟悉成都、深耕成都、融入成都，进一步拓展四川省内二级市场，挖掘主流阵地的新闻富矿和蓝海领域，把报纸办成成渝经济区、四川新兴城市群的主流媒体。

二、内容创新：强化本土、原创、深度、个性

为有效发挥和提升报纸内容相对于网络、新媒体的竞争优势，此轮创新改版，《华西都市报》在内容上以"本土、原创、深度、个性"为创新着力点，以"国内国际、文娱体育、财经证券"为重点突破领域，开创了"星期六、星期天"的周末阅读新模式。以此前瞻性地向"推动力新闻""观念性报道"转向，做理性且富于激情的建设者。

1. 本土

对于读者而言，有关本土的、贴近性强的报道无疑最具关注度，这也是报纸相对于新媒体和网络媒体竞争的区域性优势。此次创新改版，《华西都市报》要强化对本土信息的绝对掌控，强化对本土新闻的重点挖掘。

具体怎么实现?《华西都市报》在继续保持要闻强势的前提下，通过深耕成都新闻、覆盖市州新闻，强化报纸在本土的影响力，以此着力为本土

立足于都市报自身优势，利用新媒体传播优势，打造全媒体传播平台，把“改版”的理念和“版”的范围进行延展。此次改版，《华西都市报》对华西都市网、《华西都市报》微博、华西移动阅读媒体、《华西城市读本》等全媒体发展平台进行融合区分创新，让各媒介取长补短，各展所长，促进各个平台传播效果最大化和各种传播介质全覆盖，探索《华西都市报》的全媒体发展之路。

《华西都市报》2011 年改版品推广告系列 3：突出融合报道的广度

1. 报纸做思想，网络做休闲

印刷版《华西都市报》与华西都市网强调融合、双向、互补，各有核心信息产品。报纸强调新闻信息的权威、公信、影响力传播；“华都网”强调生活社区消费功能。报纸强调对事件的深度挖掘和深刻分析，“华都网”则强调对事件的快速、及时动态传播和对报纸第二天报道的导读、跟进功能。报纸强调新闻本身的全面、准确、真实、独家报道，“华都网”则强调对具有话题性和争议性新闻的讨论、分析和情感宣泄功能。报纸更加理性，“华都网”则强调碎片化、广泛互动功能，更加感性，以此为受众营造生活消遣、自媒体传播的社区生活资讯平台。总体达到报纸做新闻、网络做互动，报纸做思想、网络做休闲，报纸做推广、网络做消费的融合、区分发展之路。

2. 报纸做深，微博抢快

印刷版《华西都市报》强调对新闻进行有深度、有思想、有价值的报道功能。微博则强调对重要信息的及时、快速、敏捷反应功能，强调与用户的双向互动功能，在重大突发事件面前不缺位，弥补报纸时效性弱的缺点。微博要力争在重大突发事件发生的第一时间领先于其他媒体发出信息，抢占报道的“第一时间落点”，并为第二天的深度报道进行引导，以此扩大《华西都市报》的品牌影响力，实现重大新闻报道的N次传播，在不同类型受众中营造广泛、持久、放大的传播力。微博还要与用户开展有趣、生动、有效的沟通，在“你来我往”的交流中增强用户黏性。

3. 让移动阅读媒体更时尚

印刷版《华西都市报》强调传统的平面阅读习惯和阅读功能，满足绝大多数传统报纸受众的信息需求和阅读需求。华西移动阅读媒体则强调通过iPhone、iPad、安卓等移动传播媒介，抢占移动传播平台，顺应未来信息的移动传播趋势，适应未来新闻的移动报道方式，尽快锲入未来媒体的移动传播平台。移动阅读媒体不能仅仅满足于印刷版《华西都市报》的翻版传播，而要不断进行升级换代，开发新产品，实现产品多元化，满足年轻、时尚受众的消费新需求。

4. 读本深度拓展市州

版面定位上，市州版应定位于满足全域范围内主流、高端读者的阅读需求，重点聚焦在全域范围内有关注度和影响力的报道；《华西城市读本》应定位于区域城市群的核心读者，实现对相应区域的精准传播，通过跟市州、区县读者贴近性强、服务性强、冲击力强的报道，为当地读者提供新闻和资讯服务，持续扩大报纸在市州城市群的竞争力和传播力。

《华西都市报》2011年内容创新与改版，是在媒介融合背景下纸媒优势再造的一次尝试和探路。这次创新与改版致力于以报纸为核心，全力做大做强全媒体平台，促进平面报道的立体传播；致力于将不同形态、不同介质、不同传播渠道的媒体整合在一起，构建立体传播格局，做到内容产品的多次传播、多次开发，从而为推动传统《华西都市报》的转型升级和持续发展奠定基础。

第四节 大众化高级报纸[①]

变动的世界，改变、改革深度席卷一切。不过两三年的时光，2014年，云计算、大数据、移动互联网的冲击让传媒生态演进更深刻、传播规律变化更快速，媒体生存竞争更激烈，纸媒进入下滑通道，都市报向何处去？如何重塑竞争力？

面对传媒演进的“新常态”，都市报转型的要义之一，就是推动内容转型升级。只是，残酷生态下的内容转型，小修小补已经于事无补。2014年2月20日，《华西都市报》再次启动新一轮创新改版。只是这次改版，我们以网络思维为先导，推动报纸由“大众化市民报”向“大众化高级报纸”转型升级，打造“以24小时为出版周期的杂志”。我们希冀通过办报理念、报道内容的转型，持续不断地提升传播力、公信力、影响力，为转型发展和媒体融合提供强大内容支撑。这次改版和转型探索，“在国内都市报转型升级中尚属首次”。[②]

一、都市报转型的三个维度

都市报要打好转型升级这场硬仗，必须重新审视自身，找准自身在快速变化市场中的位置，为制定准确的战略战术提供参考。

1. 内容维度：都市报不再是舆论主要引爆点

在信息无处不在、数据量化一切、移动改变生活的时代，都市报作为“大众化市民报”的优势不再明显，功能已发生变迁。一是传统的记录式报道功能变迁。新的传播环境下，“拇指一族”随时随地发表所见所闻，让

① 摘自《论都市报转型“大众化高级报纸”》，刊发于《新闻与写作》2014年第12期。

② 晋雅芬：《〈华西都市报〉改版提“大众化高级报纸”概念》，《中国新闻出版报》2014年3月11日。

报纸“我来了，我看见”式的报道模式已不再具有优势，只有实现“我超越”才更具竞争力。二是传统的舆论爆发起点变迁。在信息相对匮乏的年代，都市报由于新锐的报道风格和舆论监督，常常成为舆论爆发中心，如今这种优势越来越弱。自媒体平台上的各类消息往往快速广泛传播，成为社会舆论始发点，都市报则不再是“风暴式舆论”的主要产生源头。

2. 受众维度：信息获取渠道和需求发生变化

当前，受众与新闻信息的关系发生了两大变化。一是渠道变化。与10年前相比，移动终端已成为人们获取信息的主要渠道，“低头族”成为社会景象。二是需求变化。都市报当年的年轻读者成为社会的中流砥柱，成为理智成熟的读报群体，他们对信息的需求也发生了显著变化。如何更好地满足这部分读者需求，并将新的年轻读者吸引过来，是报人要直面的历史课题。

3. 历史维度：高级报纸成就世界大报

在美国，以《纽约时报》打造高级报纸为代表，在对抗“黄色新闻”的第三次创新浪潮中，诞生了一大批具有世界影响力的大报。“与当时的黄色新闻相反，《纽约时报》的商业成功在于报纸品位的高雅以及它准确的金融信息和国际报道……之后，《华尔街日报》《洛杉矶时报》以及《今日美国》等几家严肃型报纸先后创刊，形成美国报纸的一大类别”①。

在日本，“《读卖新闻》原来的主要读者对象也是普通市民。但是，随着日本社会的现代化，人们的文化水准逐步提高……这家报纸很注意读者群这种不知不觉的变化，将报纸内容做了相应调整，适应读者和用略高一些的品位引导读者，变成了一份高级报纸”②。此外，英国《泰晤士报》、法国《世界报》等走的都是高级报纸路线。

从国内报业来看，“许多都市报提出了‘向主流媒体迈进’的口号。但由于盲目追求发行量及诸多弊病，往往被人们归为‘量报’而非‘质报’。

---

① 魏艳平：《由美国便士报的发展看我国报业的走向》，《新闻世界》2011年第1期。

② 陈力丹：《一流财力三流报纸——香港报业现状简析》，《新闻大学》1996年第3期。

报业中既定位普通市民，又兼顾市民较高层次需求的报纸类型几乎一片空白。我国真正的高级报纸还处于缺失状态。一部分实力雄厚的都市报要在同一市场竞争中继续前进，必然要改变其受众定位和功能定位，逐步向‘质报’模式发展，即高级化”①。

二、什么是“大众化高级报纸”

近几年，广告下滑、一些报纸关停并转，报人似乎正陷入一轮集体恐慌。这种恐慌，本质上是对传媒发展规律把握不到位的反映。纵观传媒发展史，报纸经过上百年大浪淘沙、优胜劣汰，仍然生机勃勃，根本还在于纸媒有不可替代的优势。

《华西都市报》创新升级提出打造“大众化高级报纸”，就是在准确把握上述变化和规律的基础上，力图通过办报理念和报道内容的创新，重新打造独特竞争优势。

1.“大众化高级报纸”的定义

要为“大众化高级报纸”下定义，必须先搞清楚高级报纸是什么。中国人民大学教授陈力丹认为，“与大众化报纸相对应的是所谓‘高级报纸’，这种报纸提供的主要是硬新闻，以及关于新闻的最权威的专家解释、专业性预测”。还有专家认为，“高级报纸所传播的信息内容往往是关乎国家安全、社会稳定、人民福祉的硬新闻……它是社会思想的一面旗帜，是社会动向的一个风向标，是社会性格的一个媒介代表”。

因此，我们尝试给出“大众化高级报纸”的定义：在网络空间下向广大市民提供更加注重思想引领、深度挖掘、价值再造、资讯整合的权威报纸。转型打造“大众化高级报纸”，是《华西都市报》对“大众化市民报+高级报纸”优势的综合嫁接。它以市民生活报为基础，对都市报办报定位、办报理念和办报内容按照高级报纸的方向进行升级换代。

“大众化高级报纸”的目标读者是广大市民。内容上提倡办“精报”，

---

① 欧颖峰、孙海英：《浅谈都市报纸高级化之路》，《现代企业教育》2008 年第 6 期。

能赢了岁月的，终究是那碗“芙蓉鸡汤”

——改版致读者

人的一天为什么有24小时？古埃及人有这样一种说法：“如果伸开左手，用您的左手拇指触碰左手其他四根手指的关节，您会发现总共有12个关节。”试着想象这样一个场景：当我们和周围的人都手心相抵，这12个关节互相重叠，时间序列就会找到一种新的递进。这些被叠放的时间，共同构成了我们所处的年代。

而每个向别人伸出手的人，都是这个时代的守护者。纸质书写，恰如掌心的细密纹路，电光石火间，全是岁月印记。

这岁月中，有着恒久不变的温暖流淌。

2月9日，新年初雪，西门一家医院，住进一位爷爷。24小时前，他摔倒了。房间里，刚刚过完本命年的老人很委顿。晚辈们为逗他开心，说成都人现在一下雪，都闹着要吃“啤酒和炸鸡”，源于一部叫《来自星星的你》的韩剧。爷爷虚弱地笑了，“这些都不咋个，好想念妈妈做的芙蓉鸡汤啊。”

24年前，爷爷的妈妈谢婆婆，住在天府广场毛主席像右手旁的忠孝街仁义巷46号。婆婆手巧，下雨了，会把炉膛里的火烧得旺旺的，烤红苕……天凉了，芙蓉花开，婆婆就会张罗着，把粉的、紫的花收集起来，用白棉线连成一串串，挂在篱笆墙上。吹到半干，与白果、自家养的鸡炖成一锅。

爷爷说，这是妈妈收集的偏方，为给儿子治哮喘。一条巷子的小孩，都爱乐颠颠地帮着婆婆去寻这美丽的“灵药”，挂满一墙又一墙。那几天，巷子里都飘着芙蓉鸡汤的香味，远在青神的儿子会风尘仆仆地准时赶回家……

忆起这些老故事，像喝从锑壶倒出来的水，流淌中多了一份岁月的味道。记忆去掉碎片，变得温暖，可靠。如同您手中这份报纸，力图沉淀的岁月品质，温暖徜徉。

这岁月中，闪耀着清澈澄静的思想之光。

时光，总是在一代代人之间划开一道道边界。爷爷的后辈们，对妈妈的记忆不再是温暖的鸡汤，而是网上流行的“妈妈再打我一次”，动不动就问：“妈妈，您怎么又在看手机，可不可以不玩手机陪我玩？”

碎片化的时代正蚕食着我们的生活。拇指翻动，24小时不停地刷微博、微信，人们忙着粘贴自己又吃了什么，喝了什么，害怕自己错过了什么。半个世纪后，孩子们回忆起父辈、祖辈时，是否都是那手机屏幕闪烁的亮光？

老严在大学教汉语言文学。他说，学生都用平板了，上课还得关注黑板；学生都用 APP 了，老师做的 PPT 还要拷回去看。尽管不以先生自居，他还是经常被擅长百度的学生，戳穿精心的准备。孩子们依然需要他，他说，这是一份思想引领者的工作，也是服务者的工作。

随着时代的变化，老严也在努力将每堂课讲得更妙趣横生；为同学们着想，勾画考前重点。在老严看来，网络海量，专业是稀缺的，思想也是稀缺的，无论媒介怎么演变，岁月如何沧海，依然需要有智者、有载着思想的纸，可以为您隔离喧嚣。

这岁月中，还有报人洞察世界的梦想。

编辑部有同事说，一天中最幸福的时光，就是晚上一家人在台灯下，一起看书。孩子看她的童话书，爸爸看报纸，妈妈在看小说。依恋这些被专业生产者的文字净化的时光，不疾不徐。

马尔克斯，1954年开始任《观察家报》记者，兼电影专栏负责人。职业锻炼出了他的悲悯、勇气与孤独。狄更斯、马克·吐温、范长江……他们都曾用文字守护人们的梦想。曾获得诺贝尔奖的海明威，在二次世界大战中当战地记者，一颗炮弹曾使他的双腿中了二百三十七枚弹片。生命与死亡比，前者才是无限的。他们如此无畏，只因这是一个能洞悉世界本质的职业。

或许，每一位80后媒体人，都揣着一个“钢铁侠”的梦——守护这座城市，守护在这里香甜生活的人。当半夜文字记录下城市某火灾现场，一早醒来，人们才知道，废墟下曾演绎过怎样的惊心动魄；当铅字蹒跚在不间歇晃动的芦山大地，人们才能体会到，没有瓦砾飞石滚下的一夜安眠，是多么可贵。大数据时代，不缺刊发，只缺阐释。当网络奔涌着海量信息时，华西都市报人则开始了自己更高的追求，只为让人们不被琐碎的信息缠身、不被雁过无痕的热闹牵绊、不被那闪光的触摸屏局限，让人能读透这个世界的变化。

漏断，人初静。为了让这个世界睡得更安稳，生产文字的却不能睡。出版大楼的灯全亮着，深夜班的编辑们在紧张地改稿，排版，为梦乡中的人们监控着周围的信息，洞察着这个世界的变化，透视那些隐蔽的动向。

岁月轻灵，只为24小时的执着。今天，华西都市报再次改版，“一朝一会”间，我们想让岁月的印记变得更加清晰，让思想的光芒永远为您绽放。在每一个24小时的发行周期里，我们还是当初那些热血青年，只想用心守护一座城市，守护这个城市百姓的生活，守护一个风情万种的年代。

天地为局，人做棋；岁月为界，心做帅。最后能赢了岁月的，无非那碗“芙蓉鸡汤”。

华西都市报编辑部

《华西都市报》2014 年改版致读者信

以注重编辑思想引领为灵魂。它不是简单的信息超市、昨日播报，而是以理性来帮助受众深入理解环境，做受众的参谋，透视事态背后的隐蔽动向，让受众看到重大事件的本质。

2. 与“大众化市民报”的区别

“大众化高级报纸”致力于摒弃市民报过时的内容和形式。

去碎片化，丢掉信息量包袱。传统意义上，都市报要讲求信息数量，但面对海量的互联网，这一办法已行不通。“大众化高级报纸”将舍弃深度不够、故事性冲突性不强、难以引发广泛关注的碎片信息，调出更多的版面，对热点进行专题化呈现，突出深度优势。

去浅表化，改造新闻构成体系。抛弃政经新闻中的公文式题材、社会新闻中肤浅的“黑、土、恶”题材和娱乐新闻中的低俗媚俗题材，推动新闻转向“让人们认识经济和政治生活的规则，预告社会可能突发的事变，防范社会危机，对社会以至整个世界的突变最先报道，最快做出精辟准确、独具眼光的解释”①。

去单一化，降低抽象阅读成本。强调新闻可视化，通过图表设计、魔码视频报道等方式，让纸媒信息表现方式更加多样，更加直观。版式设计强化信息提炼和要点式呈现，满足“浅浏览”需求，并以精致、美观、简约、大气的艺术化创意来提升“深阅读”的视觉体验和魅力。

《华西都市报》2014 年改版品推版面

去单向化，弥补大众传播短板。顺应用户至上的趋势，变受众为用户，变单向为双向，积极吸引读者提供个性化定制报道选题，吸引读者参与非新闻事实、非时政元素的内容生产，增强参与性，探索用户参与报纸传播的“众筹”生产模式。

3. 需要廓清的几个误区

不是办成精英报，而是让大众享受“精品报”。“大众化高级报纸”不是办给所谓的“精英”们看的，仍然把广大市民作为受众定位。只是要致力于让他们看到更加不一样、体现更高水平的新闻，以“思想上的精深、内容上的精致、呈现上的精美”来摆脱新闻的粗浅层次，推动内容更具品位，更体现专业价值。

---

① 刘建明：《把党报打造成高级报纸》，《当代传播》2006 年第 1 期。

不是精英办报，而是让编采人员走到市民中去。“大众化高级报纸”不是坐在书斋里办报，不是凭个人喜好办报，而是推动编采人员更加深入践行群众路线和“走转改”，到基层，进社区，了解大众要什么，知冷知暖，为大众服好务，从而赢回大众。

不是只关注严肃政经题材，而是让报道内容更具人文关怀。解读政经大事、聚焦时代进程、关注城市发展是“大众化高级报纸”的应有之义。社会新闻中绿色、有氧、健康的元素，突发事件中温暖人心的力量，市井百态、民生冷暖中的人性光芒，更需浓墨重彩。

不是板起面孔说话，而是让话语表达更具个性。“大众化高级报纸”在报道文字和叙事结构上，不是空洞生涩，以灌输说教口吻教化大众，而是坚持改文风，更加追求可读性、追求短实新、追求关注度、追求趣味性，是老百姓爱看的文字，为大众带去“悦读”体验。

不是局限于一张纸，而是让多介质呈现和融合传播成为常态。“大众化高级报纸”不再局限于一种媒介、一次呈现，致力于“纸”的介质拓宽，尤其注重打通纸媒与移动媒体之间的通道，推动传统媒体和新兴媒体同频共振、融合发展。

三、都市报如何转型为“大众化高级报纸”

事物的发展，离不开对环境和规律的准确把握。《华西都市报》创立之初能够一纸风行，并快速形成“都市报现象”，与当时的时代背景密不可分。20 年后，科技深刻改变社会，互联网席卷一切，信息严重“超载”。环境变了，市场变了，需求变了，办报理念与方法就必须与时俱进、以变应变。

打造“大众化高级报纸”，就是都市报求变的探索。我们认为，传媒“新常态”下的都市报，应以网络思维为先导，以打造“24 小时为出版周期的杂志”为路径，再造纸媒优势、强化专业价值、提升权威影响。

1. 强化思想引领、价值优先的立报原则

信息海量，消息已不稀缺，稀缺的是思想。“都市报高级化，要求以高

《华西都市报》2014 年改版品推版面

质量的主流新闻和深度报道铸造高品位的大报风范。它要立足于对重大社会现象的理性阐释，对新出台法规政策的权威解读，对社会和经济现象的专业化描述，对海量信息的筛选梳理来深度介入，深切关注，为读者提供更具见地、更有价值的信息精品。”①《华西都市报》开设了《政策全解读》和《民生发布惠》两个专栏，报道重点是对四川省委省政府出台政策的深度权威解读，提供独到的分析与观点，进一步架起政府与百姓之间的沟通桥梁。专栏开通后得到了四川省政府的肯定和批示。

思想引领，凸显纵深，是“大众化高级报纸”最大的优势。要突显报道的思想性，就要提供更多原创、深度、负责任的观察和有分量、理性、可依赖的观点。一方面，为报道赋予思想。对于关注度高的报道题材，以杂志化的思路，专题化的呈现，为受众提供与众不同的深度观察和价值服务。另一方面，以观点突显思想。《华西都市报》推出了《第壹评》《立即评》《评论版》《财富论》等“评论矩阵”。

2. 坚持原创信息体现竞争优势的发稿准则

原创始终是报纸制胜网络的法宝。《华西都市报》注重推动新闻从单纯的事实报道转向新闻解读、新闻分析和趋势预判等更高层次的价值服务。

① 欧颖峰、孙海英：《浅谈都市报纸高级化之路》，《现代企业教育》2008 年第 6 期。

2014 年 3 月 17 日起，《华西都市报》策划推出的《华西观察 · 民生备忘录》大型系列报道就致力于实现这一目标。报社派出多路记者前往全国各地，分别针对房价、交通、教育、医疗、环保、就业、养老、理财、食品安全等热门话题实地调查报道。每周一个选题，探寻和挖掘各类热门民生问题的幕后、趋势和前沿，成为在热门话题上提升解读力、影响力和话语权的有效探索。

信息整合也是原创。信息的“整合”加工已成为互联网时代社会化分工的趋势，通过对海量内容进行纵向、横向等多重梳理，让有关联的信息重新配置、组合，就会产生不一样的原创报道。

3. 确立网络思维决定热点顺序的生产规则

打造“大众化高级报纸”，既要在网络空间下重新打造价值支点，又要运用网络思维创新报道和产品，依靠网络、区别网络、引领网络。

引领网络舆论。网络已经成为舆论场的重要组成部分，对网络热点给予积极的关注、回应理所应当。但对于网络线索的报道绝不是剪刀加浆糊，而是以专业生产重新赋予全新视角和全新思想，重新成为网络焦点的制造者。《华西都市报》开设《求证》专栏，对网络上引起广泛讨论而又真假未明的信息进行求证，如《实验说话：隔夜菜亚硝酸盐不超标》，就以实验的方式，证明“隔夜菜不能吃”的传言是假的，重新引发网络广泛传播。

打造网络接口。推动报纸与移动互联网的融合，是“大众化高级报纸”的必然要求。《华西都市报》提出，将报纸作为接入移动互联网的“插件”“接口”，尝试打造“动报”和“融合报”。即以华西“魔码”等二维码为通道，让读者通过报纸链接到移动互联网的视频、互动话题和移动支付当中，探索“有效空间的无限传播、有限平台的无限延展”。

推行“华西定制”。如何改变报纸单向性，增强报纸与读者之间的互动性，一直以来都是报纸着力要解决的问题。《华西都市报》探索“华西定制”报道模式，通过构建的华西传媒集群（WMG）内的各媒体，让用户定制式提出报道选题，《华西都市报》完成报道任务。全国两会、高考、世界杯等热门事件，《华西都市报》持续推出定制式报道，让用户参与到办报中来，满足了用户的个性化需求，产生了很好的效果。

探索融合传播。《华西都市报》致力于通过构建的华西传媒集群探索“一次采集，N 次加工，N 极发布”的融合传播模式，形成以《华西都市报》“大众传播”为主，集群各平台“分众传播、分时传播、分域传播”同频共振的全媒体、全覆盖传播格局。2014 年 4 月 2 日晚 10 时 30 分，马来西亚沙巴人质劫持事件发生，其中一名中国上海籍女孩被劫持。正在现场的《华西都市报》记者直播了事件的全过程和进展。从 4 月 3 日凌晨 1 时到早上 7 时 53 分，《华西都市报》纸质版进入市场前，华西各类新媒体平台已发布动态消息 14 条，图片 20 余张，示意图 1 张，视频 1 个。报道引发了全球媒体的广泛转载、连线，总阅读量超过 2500 万次。

4. 引入数据新闻作为可视化创新的重要载体

数据即信息。它可以是信息的来源，也可以是讲述新闻故事的工具。“大众化高级报纸”可通过数据的深度挖掘创新报道品种、提升报道品质、改善阅读体验。

利用数据资源挖掘出有价值、有意义的新闻。《华西数据》专栏正在成为品牌栏目。专栏致力于挖掘、展示数据背后的关联，将冷冰冰的数字信息与有说服力的叙事能力相结合，帮助读者更好地理解当下所处世界中发生的事情，以及这些事件对生活的影响。将数据转化为可视化的内容。

《华西都市报》2014 年改版品推版面

顺应新闻可视化发展的趋势，《华西都市报》加大了“新闻可视化”产品打造，将相对抽象、复杂而又具有广泛关注度的题材进行“可视化”制作，让报道更易读、更时尚。四川发布《中共四川省委关于贯彻落实党的十八届三中全会精神全面深化改革的决定》,《华西都市报》以16张制图全景解读了《决定》要点，让抽象、枯燥的文字鲜活了起来。

5. 改变部门架构主导版面资源的分配模式

打造“大众化高级报纸”对版面资源分配方式提出了新要求。之前，以版块为区分、部门主导版面安排的分配机制，难免出现以次充好、拼凑版面的情况，不利于精品打造。

为改变这一情况,《华西都市报》创造性推行“内容竞争上岗制”，将版面资源与读者市场和新闻质量有机对接。每天的版面编排不再以部门版块决定，而是实行“版面订货”机制。每日编前会按照采访部门提供的新闻质量的高低排序来设置版面，根据稿件的新闻性择优上版。以文体版块为例，如果当日没有质量过硬的好稿件，能够获得的版面数量将大大减少甚至取消，改变过去有无好稿件都要安排几个固定版面的做法。与之相对应，经常会出现的情况是，往往一个好的选题策划、一篇重磅报道就可以获得几个版面的规模。通过内容竞争上岗制，实现了内容的优胜劣汰，保障了“大众化高级报纸”打造精品的要求。

第二章

重　构

第一节 实施两大整合[①]

自2013年以来,《华西都市报》构建了一个集纸质媒体、网络媒体、移动媒体、视听媒体、社区文化传媒、城市公众服务平台和电商平台为一体的华西传媒集群（WMG）。纸质媒体包括《华西城市读本》、《华西社区报》，网络媒体包括华西都市网，移动媒体包括《华西都市报》“两微一端”、成都范儿客户端、爱哟客户端、成都红娘微信公众号等核心产品、垂直产品和众筹产品矩阵，视听媒体包括FM90.0广播频率、《天府旅游》电视栏目，社区文化传媒包括LED、社区文化墙，城市公众服务平台主要为华西传媒呼叫中心96111。构建起华西传媒集群后,《华西都市报》将集群发展摆在更加突出的位置。我们通过强力实施“两大整合”，纵深推进“五大战略”，把华西传媒集群打造成全国一流的全媒体集群。

一、整合传播与整合营销

1.“整合传播”

这是对传统大众传播模式的一场变革。变革立足华西传媒集群的整体视野，树立“整合传播”理念，强化报纸为核心的纸媒优势和华西传媒集群的平台资源，实现传播平台的整合、规模信息的整合，以大整合确立大传播优势，从而在总体上形成以《华西都市报》“大众传播”为主，集群各平台的“分众传播”“分时传播”“分域传播”为辅的立体互动传播架构，扩大华西传媒集群在各类受众中的影响力。

2.“整合营销”

在单一传播平台已不能满足客户营销需求的情况下，充分利用华西传媒集群的全媒体传播平台开展整合营销，提升产业发展能力。报社各部门和集群各平台一定要将整合营销列入日常工作，充分整合、发挥报纸主业

① 摘自2013年2月22日在《华西都市报》2013年度工作会上的总结发言。

平台和新兴媒体平台的作用，形成营销合力，取得1+1>2的效果，实现最大的经济效益。

二、三种观念

强力推进“两大整合”，推动各部门、集群各平台的整合运营，需要树立三种观念：

1. 互动互补：集群作战

我们已告别了单一平台发展、单一媒体传播的时代，因此必须在工作中树立集群传播、全媒传播的观念。不论是新闻报道还是经营工作，不论纸媒平台、网络平台、广电平台、社区户外平台还是城市公众服务平台的运营，都要破除传统的、狭隘的、单一的传播观念和传播模式。要树立全新的互动互补观念和工作模式，在把握各种媒介传播规律的基础上，从集群发展的高度，进行战略互补，开展集群作战，推动集群各平台形成同频共享、同频共振、同频共赢，实现传播力、营销力、竞争力的再造。

华西传媒集群产品矩阵图

2. 融合区分：分兵攻坚

集群的互动互补和媒介融合，是为了推动集群各平台的共融、共生、共发展。在融合的基础上，各平台要立足于自身在媒介生态中的优势、长处，明确各自定位，找准不同的市场坐标，确立各自的发展优势。各平台在开展整合传播的同时，要牢记自身的市场化主体地位，始终强化市场意识，不断加大市场开拓力度，不断扩大自身在目标读者和分众市场的影响力，实现自身平台的区分发展，实现“两个效益”的提升，从而为整合传播和互动互补奠定坚实基础。

3. 做强做大：聚合效应

强力推进“整合传播、整合营销”，从根本上来说是为了传媒集群整体的做大做强。集群各平台不是《华西都市报》的附属品，更不是给客户的赠送平台。一方面，集群各平台自身要树立做强做大的目标，充分挖掘市场增量，搭建分众营销平台；另一方面，报社各部门要充分发挥《华西都市报》的引领作用，发现、挖掘和培养客户的整合营销需求，帮助各平台做大做强。通过多方齐心协力、团结合作、攻坚破难，产生1+N的聚合效应，合力做大做强华西传媒集群。

三、一个核心，多点多极

构建华西传媒集群，我们始终以《华西都市报》为核心，将《华西都市报》的优势最大化、特点鲜明化、影响最大化，始终不渝地做强做大主业，同时统筹推进“两大整合”，统一规划、统一协调、统筹安排、统筹兼顾。

要立足集群大视野，大力统筹集群平台资源，把握各种平台的传播规律，合理整合各种媒介的传播优势、营销优势，以《华西都市报》为核心驱动集群各平台的发展，以各平台的发展反哺《华西都市报》和集群的整体发展，从而在传播格局的变革潮流中，不断推动都市报变革和发展转型，形成华西传媒集群传统主业和新兴媒体多点多极共同发展的生动局面。

1. 一次采集，N级发布

对媒体来说，持续不断地提升传播力和影响力始终是安身立命之本。要紧紧抓住主报内容创新这个核心，统筹集群各平台内容资源和渠道资源，大力探索“一次采集，N级发布”的传播模式，在立足内容深耕的同时，利用集群平台进行多媒体联动，促进华西传媒集群的整体内容创新有所突破，再造几个百万级的传播平台。

要持续深入推进新一轮内容创新与改版。在“本土重构、原创升级、整合传播”的三个着力点上进一步加大创新力度，以传播理念升级为创新核心，以做强本土新闻为创新支点，在新平台下推进全新“集群改版、整合传播”。要以整体推进报网深度融合为抓手，对网站内容进行改造升级，着力构建有效的报网互动新模式，提升报纸和网站的双重影响力。要在重大事件、重大活动报道中体现整合传播的优势，通过重大策划创新体现主流媒体影响力。要在舆论监督报道上有新突破、新影响。新的舆论环境为我们提供了新的机遇，要敏锐地把握机遇，着力提升舆论监督报道能力、重大突发事件突破能力、深度报道解读能力。

2. 一个链条，N 次销售

在经济形势严峻和传媒深刻变革的双重压力下，广告运作的传统基础体系正在逐渐解构，崭新的以信息平台为基础的海量信息数据库体系、传统媒体和新媒体共融的“混媒体系”和全媒体营销理论体系构成的全新基础体系正在逐渐形成。根据客户需求合理统筹经营资源，探索“一个链条，N 次销售”的营销模式，必将成为收入结构转型的重要途径。

《华西社区报》版面图

要不断探索“营销多元化”，通过探索集群“组合套餐”，深化“都来惠”电商模式创新，举办多元落地活动，参与跨界经营等方式，扩大多元收入在报社收入中的比重。要持续推进“营销平台化”，围绕华希广告公司作为报社广告主业经营平台这个中心，不断强化市场主体作用，持续构建“全链条的立体传播服务体系”，加快实现多点多极支撑。要加快推进“营销数据化”，通过华西都市网、华西传媒呼叫中心、《华西社区报》和各种落地活动建立庞大、有效的数据库资源，分门别类地开展精准营销，推动经营方式向集约型、精细化转变。要深入实施“营销品牌化”，高度重视营销的品牌化策略，通过集群品牌推广和品牌活动，让客户认识到华西传媒集群（WMG）的全新品牌形象、品牌价值、品牌作用，提高营销的层次。

3. 一种经验，N 次复制

按照四川省委推进多点多极支撑的战略构想，将在 5 年左右形成一批经济总量超过 2000 亿元的市州，一批超过 1500 亿元的市州，形成强有力的市级经济支撑点。这必将为区域市场拓展带来前所未有的机遇。我们要以《华西城市读本》为载体，复制川南读本的成功经验，探索“一种经验，N 次复制”的拓展模式，实现区域市场的全域化拓展。

要统筹好城市群发展资源。要在认真总结川南读本运营经验的基础上，重兵集结、高举高打，深度拓展川南舆论阵地，助推川南读本形成垄断性优势，打造川南第一都市报。要加快推进川东北读本及其他城市群读本的筹办工作，积极拓展各大城市群舆论阵地，稳步推进读本的全域化覆盖进程。

要统筹好中心城区资源，深度培育中心城市舆论阵地，助推华西传媒集群提升核心城区影响力。通过运营“华西社区文化墙”和《华西社区报》，发掘成都社区报市场的蓝海，让华西传媒集群的触角向核心城区深度拓展，以此精耕社区市场，扩大集群在社区的影响力和竞争力。

4. 一个平台，N 次培育

培育华西传媒集群的新兴平台是推进报纸转型发展的重要使命。这个使命能否完成，转型发展能否成功，形成较强的营利能力是重要标志。各新媒体平台要牢牢强化市场意识，强化市场主体地位，着力加大经营工作力度，不断孵化新的营利渠道，形成较强的营利能力。

要以华西都市网为平台，大力探索新媒体营利模式，培育华西都市网营利能力。在搭建好平台、打通“两个舆论场”、具有较大影响力的基础上，华西都市网要将营销工作的突破作为重中之重，以网站、微博、移动阅读媒体、魔码等为渠道，不断探索新的营利途径，形成较为稳定的营利模式，实现收入倍增效应，为报社的收入多元化做出贡献。

要以华西传媒呼叫中心为平台，拓展城市公众服务营利渠道。通过不断提升城市公众服务平台的影响力，探索开展服务外包等多种方式，持续探索新的营利模式和利润增长点。

5. 一个集群，N 极联动

改革是发展最大的“红利”。无论严峻的市场形势，还是集群发展的态势，都要求我们对现有的运行机制、制度进行大刀阔斧的改革。要立足于集群“整合传播、整合营销”的需要，以建立现代传媒企业制度为方向，持续不断重构体制机制，进一步解放生产力，为华西传媒集群的统筹运营、快速发展提供动力和保障。

改革运营流程，建立整合联动机制。无论是报道的“N 次传播”还是营销的“N 次销售”，都必须对单一的运营流程进行改革。在实施“两大整合”的过程中，要打破传统的纵向管理体系，建立“谁执行，谁主导”的横向整合联动机制，由任务的主要执行部门、执行平台牵头，主导其他关联度较高的部门和平台，整体推动任务的完成。

改革管理制度，制定集群管理制度。在制度上，要根据运行实际，对常见的、多发的整合运营规律进行总结，分门别类地将常态化的集群整合模式上升到制度层面，更加科学、更加规范、更加高效地为“两大整合”提供制度保障，确保各项工作有力、有序、有效进行。

改革绩效考核，完善多元考核体系。要建立各层级、多媒介、全覆盖的绩效考核体系，根据不同部门、不同岗位的实际情况，分别编制科学的、严格的考核指标、考核方法以及奖惩措施，进一步构建更具竞争优势、更具比较优势的薪酬体系。编采方面，要丰富完善全媒体报道稿酬体系；经营方面，要加大整合营销的捆绑考核力度，对完成主报经营任务的同时又为集群其他平台做大刊量的部分要加大奖励力度；平台拓展方面，要大力激励为新平台发展做出突出贡献的人员。

创新培训模式，建立全媒体培训体系。要高度重视和解决互联网时代能力建设不足的课题，在深入推进导师制、讲座制、学分制、考试制、交流轮岗制、外派学习制等培训的基础上，制定适应集群各平台传播规律的培训计划、培训体系，促进全体员工学会“全媒体运作”技能，推动华西传媒集群向深度发展、向广度拓展。

第二节 打破"路径依赖"[①]

诺贝尔经济学奖得主道格拉斯·诺斯提出的"路径依赖"理论认为，人类社会中的技术演进或制度变迁一旦进入某一路径，就可能对这种路径产生依赖，从而朝着两个不同方向发展：一是收益递增的正反馈机制不断实现自我强化，制度演进进入良性循环；另一种情况就是出现"制度锁定"，阻挡生产力的发展。在传媒大变局持续走向深入的新旧转轨时期，曾经推动报业发展的一些传统路径，某种程度上正在成为限制发展的"制度锁定"。深化改革、加快发展，就是要打破那些阻碍我们发展的过时路径和制约因素。

一、我们需要打破哪些路径依赖？

在发展和改革就是跟危机赛跑的时代背景下，传统的路径依赖，都将成为这场比赛中的负担，让我们不能轻装前行，从而直接影响赛跑的结果。直面挑战，至少存在三个方面的问题：

1. 结构依赖

在媒体结构上，我们仍然以传统报业为主，新媒体和全媒体发展结构有待进一步丰富完善和形成较强营利能力。在收入结构上，对广告刊量的依赖性仍然非常高，尤其是对房产广告、汽车广告的依赖性非常高。在产业结构上，对多元产业的发展还没有形成规模。同时，还面临着报业读者构成老化、年轻受众开发不力等发行结构的问题。

2. 机制依赖

在强化市场化导向上，一些具备条件的平台公司化力度还不够大，对产权、股权等现代企业机制的运用还处于初级阶段；生产机制方面，传统、线性、单一的生产方式和生产流程已经不能适应新的传媒竞争形势。管理

---

① 摘自 2013 年 4 月 18 日在集团深化改革工作会上的交流发言。

机制和考核机制方面，也进入了管理提升期和人力资本投入加大期。

3. 能力依赖

根本而言，发展面临的挑战还是传统报业人员的能力挑战，无论在资源整合、市场开拓还是在网络媒体运营、移动新媒体开发上，我们都表现出很大的不适应。守成意识严重，对新的项目拓展本能地表现出抗拒和恐慌，不能胜任新的发展形势所需。

二、华西的增量在哪里?

市场竞争很大程度上是一种优势竞争，其中既包含本身优势的再发现、再发掘，又包括对市场优势的再创造、再嫁接。新的传媒环境下，报业要打破路径依赖，与危机赛跑，就需要深刻分析各种媒体的竞争优势，立足区域纸媒的优势深挖增量，打造不同于新媒体的核心竞争力，到新媒体力所不能及的地方去。

1. 拓展区县蓝海

从受众贴近性来说，如果说网络媒体和新媒体在心理贴近上更具优势的话，纸媒尤其是都市报在地域贴近上就更具优势，并且这种优势延伸到区县市场。所以，做大增量改革更要强化二、三级市场的开拓和深挖。2012 年，川南读本周五刊运营已成功落地、异军突起、超出预期；2013 年 3 月5 日，川东北读本已经试水。在做大增量上，报社一方面将加快二、三级市场拓展力度，加快全域化覆盖的进程。另一方面，办报只是第一步，我们将在更广阔的、更多元的市场进行拓展，依托政经资源、媒体资源开疆拓土，丰富、扩大收入来源。

2. 深耕社区金矿

纸媒区域的贴近性优势除了二级市场，中心城区市场的细分和深度挖掘也是大势所趋，这为做大做强社区传媒提供了机遇。2012 年，股神巴菲特投资收购了 115 家报纸，它们都不是全国性大报，而是社区性中小报纸。巴菲特的投资逻辑是社区性报纸具有更加稳定的经济特权，他说，“我相信那些集中报道社区新闻的报纸将有一个很好的未来”。而对于我们来说，已创办了西部第一家社区报《华西社区报》，这种免费精准投递的模式，必将为深挖社区资源提供有力支撑。同时，LED、社区文化墙等华西社区户外传媒平台的构建，也将开拓新的经营阵地。

3. 深化“报商团购”

在传统广告刊量遭遇瓶颈的情况下，能否推动收入结构转型和多元化创收，决定着报业未来的增长空间有多大。2012 年 11 月以来，《华西都市报》通过整合华西传媒集群的相关平台，推出了全新的房产电商产品“都来惠”，开启了报纸房产经营的新路径。这种与传统广告宣传完全不同的“报商团购”新模式，至今已为报社创收 1000 多万元，也为推动经营结构转型和收入多元化打开了一条新路。报社将把“都来惠”作为重点项目，不断创新升级，强化核心竞争力。

4. 实施整合营销

集团党委决定打造华西传媒集群，以集群发展的模式支撑未来，符合传媒发展方向，得到了业界认可，与对手形成了比较优势。在构建全新传播和营销体系上，报社重点战略就是立足于华西传媒集群的整体视野，强力实施“整合传播和整合营销”。即着眼于形成以《华西都市报》“大众传播”为主，集群各平台“分众传播、分时传播、分域传播”为辅的立体互动传播架构，以大整合确立大传播、大营销优势，培育“一个链条，N 次销售”的营销模式和营销合力，取得“1 + 1 > 2”的效果，实现最大的经济效益。

《华西都市报》打造的 SoLoMo 产品“成都范儿”

5. 强化活动策划

受众注意力分散的时代，对媒体来说就是受众注意力竞争、注意力拼抢的时代。我们在通过内容创新与升级强化纸媒核心价值、争取线上注意力的同时，还应该加大活动策划，通过活动营销策动政经资源，聚拢受众线下注意力，发掘新商机和经济增长点。报社将成立活动策划部，策划、运营、打造出一批具有品牌影响力的落地活动，发挥活动在经营工作中的杠杆作用。

6. 抢滩移动互联

随着“生产消费者”时代的到来，生产者和消费者两种角色将融为一体、界限模糊，移动互联消费将成为社会生活的重要方式，为实力强劲的IT企业、通信运营商和媒体机构带来前所未有的发展机遇，与移动互联网联姻也是传统媒体转型的方向。我们应抓住机遇，加大与通信运营商合作力度和深度，在移动互联领域拓展新项目、新产品。

三、怎样深化增量改革?

打破路径依赖，更重要的是通过体制、机制、考核的改革来进一步解放和发展生产力，从而为增量改革提供保障，释放改革活力。我们将针对不同增量领域的不同特征，实行三种改革发展模式。

1. 公司治理模式，主要是建立“三主体”

根据华西传媒集群发展需要，拟分别组建《华西城市读本》有限公司、华西社区传媒有限公司、华西都市网络运营有限公司，确立市场竞争主体、利益共享主体、风险共担主体，牢牢强化市场化导向。

2. 项目管理模式，主要是做到“三明确”

比如报商团购、活动策划、移动互联的项目运作，将打破传统的行政架构，以单独的项目团队进行管理，明确责任目标、明确实施主体、明确收益挂钩，大抓项目抓大项目，确保抓出成效。

3. 考核创新模式，主要是增强“三联动”

整合营销是常态工作、增量工作。通过队伍联动、机制联动、刊量联动，加大考核激励力度，实行集群捆绑考核，让经营人员与收益捆绑更紧密，推动整合营销产生实质效果。

深化改革、加快发展时间紧迫、任务艰巨、使命光荣。无论外部环境怎么变，无论外部压力多么大,《华西都市报》都将始终打造一流“华西铁军”，做到环境可以变，立场不能变、要求不能变、风气不能变、精神不能变、队伍不能变、贡献不能变!

第三节　营销体系重构①

中国传媒大学广告主研究所开展的中国广告市场生态调研显示，2012年广告主营销推广费用的比例降至历史最低点，只有8.5%。广告主预算紧缩带来的直接影响即媒体广告市场遭遇寒冬，报纸媒体出现了7.5%的降幅，为近年来最大降幅。

于国内报业广告来说，2012年起一年更比一年坏。不同于此前2005年和2008年的两次报业广告低谷，国内报业遭遇的广告困境，除了宏观经济的原因，还在于新兴媒体对报纸等传统媒体的强烈冲击，以及“泛传播时代”传统广告营销系统的“地壳变迁”，具有不可逆的趋势。

一、“泛传播时代”的到来

微博、微信等社交媒体和移动新媒体的全面兴起，宣告了全新传播时代已经来临。在这个新的时代，传播具有分散化、全景化、扩展化、自媒体化以及一体化的属性，因而称为“泛传播”②。单一的媒介传输已不能适应社会要求，取而代之的是，一切传播终将汇入基于互联网观念和方法论的泛传播，一切媒介属性亦将归于泛介质属性。这种泛传播的观念促使传统媒介进行泛化革命，以网络的特质进行自身的改造，实现“交互性传播、多通道型传播及多元化服务”。“泛传播时代”具有两大特征：

1. 传播渠道分散

随着现代信息技术的快速发展，以互联网为代表、数字技术为基础的新兴媒体迅速发展，尤其是移动通信技术与Internet的结合，以及碎片化应

---

① 摘自《“泛传播时代”的纸媒营销体系重构》，刊发于《中国广告》2013年第8期。

② 杜骏飞：《泛传播的观念——基于传播趋向分析的理论模型》，《新闻与传播研究》2001年第4期。

用商业模式的成功，使得以iOS、Android系统手机为代表的智能手机、以iPad为代表的平板电脑，以其丰富的应用、宽大的屏幕、快速的网络速度以及贴近人性的使用体验赢得受众青睐，使得信息传播渠道越来越分散，逐渐分流传统媒体的市场，并呈现出与传统媒体分庭抗礼的态势。

2. 注意力分散

传媒经济也称为注意力经济。然而，传播渠道的日益多元化，催生了一个注意力分散的时代。新媒体浪潮让受众的注意力被分散在不同的时间和媒介，碎片化日益加剧，注意力成为稀缺资源。从媒体时间消费来看，关注在传统媒体上的注意力资源被新媒体加速分化，年轻有消费力的受众群体快速成为新媒体的粉丝。在一、二线城市，部分企业高管，职业白领，以及年轻人的上网时间已超过看报纸时间。

二、广告营销的“地壳变迁”

新的信息传播体系中，无论媒体还是广告主都力图将消费者生活中所有的时间和空间发掘出来，以视觉、触觉、听觉甚至嗅觉的沟通形式，对高度细分化的受众进行集中的、有针对性的传播，以求达到最大的传播效果，从而引起广告营销方式、营销渠道和营销系统的“地壳变迁”。

1. 从二次售卖到多极营销的变迁

对报业来说，最熟悉的营销模式莫过于“二次销售”。“二次销售”理论认为，媒体第一次销售的产品为有价值的新闻信息，获得特定读者群的注意力，第二次销售是向广告客户出售读者群的注意力，达到广告商的预期效果。在传统的营销体系中，报社是所有广告发布和主题营销的中心和意见领袖，读者和广告客户是旁观者，广告发布和营销活动是单向、单平面、单平台的。

但是在新的营销环境下，广告主为了追求传播效果的最大化，正在放弃单一的发布方式，转而寻求更新、更有效、更系统的推广方式。报纸为了适应这种转变，实现更大发展，也开始构建全媒体平台，尝试开展多极营销和系统性的整合营销。

2. 从大众传播到分众传播的变迁

有专家曾经指出，“从大众传播到分众传播的转化，是社会和媒体发展的第二次进步”。在“泛传播时代”，用户主导信息的获取方式正在逐渐取代传统的大众传播模式，不同的物质载体，不同的技术水平，不同的经济状态，不同的传播愿望，不同的用户需求，在传播与沟通的不同平台上，推动着传播方式向前发展。

这种变迁，导致“大众媒体”地位不再如原来那般高高在上，也促成了“小众媒体”和“个性化媒体”地位的提升，广告营销开始由大众流向分众乃至小众。

3. 从海量营销到精准营销的变迁

广告商对传播效果的要求越来越高，希望将广告信息精准传达给目标消费者，从而带来潜在客户或促使消费者立即行动。在此背景下，报纸广告难以满足客户的精准传播需求。

为提高传播效果、满足客户需求，帮助客户挖掘广告市场，占据更高的广告市场份额，一些媒体开始以庞大的受众数据库为基础，依托现代信息技术手段进行精准定位，帮助广告主建立个性化的顾客沟通服务体系，实现更精确、可衡量和高投资回报的营销沟通。

三、构建全新的广告营销体系

严峻的经济形势、传媒生态的演进和广告主投放方式的转变，让纸媒的广告经营面临很大挑战。面对复杂严峻的形势，《华西都市报》主动迎接挑战，通过深入实施“五大战略”，重构传播体系，起步构建“华西传媒集群”。广告经营方面，在 2010 年、2011 年同比增长 32%、24% 之后，2012 年继续保持稳定增长，广告总量超过 10 亿元，利润同比增长，达到近 2 亿。能够取得这样的成绩，与《华西都市报》大力革新传统营销路径，构建全新的广告营销体系紧密相关。

1. 构建市场化的经营平台体系

面对全新的经营环境，不断创新广告运营模式，推进经营体制改革，对广告经营进行公司化改造是释放纸媒生产力的有效途径。通过构建市场化、公司化的经营平台体系，一是能够以资本运作的方式打通报社与广告公司的“隔离带”，打通下游产业链，形成协作机制；二是报社与广告公司组建“联合舰队”，解决信息不对称问题，提高与广告代理公司协同作战和快速反应能力；三是细分媒体市场，创新构建以主业为本的诸多业务平台，多元拓展业务链条，实现经营产业化发展。

《华西都市报》的广告经营模式创新，就是以华希广告公司为创新经营平台，形成“一报一公司”的运营模式，强化“改革取向、市场取向、目标取向、合力取向”，推进《华西都市报》广告经营的市场化、公司化运作，进一步规范管理，降低经营风险，延长经营价值链条，实现资源的高度整合和市场的全面对接。通过这种方式，《华西都市报》不仅实现了效益的提升，还以华希广告公司为平台代理运营四川文艺广播 FM90.0 和四川卫视《天府旅游》栏目。在营销手段上，构建了“全链条的立体传播服务体系”，打造精细化、专业化、高效化的服务链条。

2. 构建立体化的整合营销体系

信息爆炸时代，大众对信息的接收模式是：遗忘和过滤 99%，只能记住 1%，整合营销传播让“零散的 1%”，最终在受众头脑中形成企业想要的 99%。新的传播形势下，纸媒广告经营更应将单一的传播途径拓展成为多种媒体和渠道同频共振、同频共赢的整合营销体系。

为给整合营销奠定渠道基础，《华西都市报》立足于华西传媒集群的整体视野，强力实施“整合传播和整合营销”（详见本章第二节），即强化以《华西都市报》为核心的纸媒优势和华西传媒集群的平台资源，实现传播平台的整合、规模信息的整合、优势资源的整合，形成以《华西都市报》“大众传播”为主，集群各平台“分众传播、分时传播、分域传播”为辅的立体互动传播架构，以大整合确立大传播、大营销优势，培育“一个链条，N 次销售”的营销模式和营销合力，取得 1 + 1 > 2 的效果，实现最大的经济效益。

3. 构建品牌化的活动营销体系

受众注意力分散的另一个潜台词，就是受众注意力竞争、注意力拼抢。

为争得更多的市场蛋糕，传统媒体、互联网、新媒体在“跑马圈地”的过程中，越来越注重通过活动营销转化政经资源，聚拢受众线下注意力，发掘新商机和经济增长点。

自 2012 年起,《华西都市报》共主办、承办的大小活动超过 100 个，紧紧围绕《华西都市报》品牌，构建报社层面、部门层面的各种大、中、小型活动，有效拉动了经营。较有代表性的就是报社打造的品牌活动 C21 论坛。论坛的举办，源自 2010 年西部大开发新 10 年战略实施。在这样一个历史时刻,《华西都市报》首开先河举办 2010 第一届 C21 论坛，邀请到四川 21 个市州长、专家学者、企业领袖齐聚成都，共商四川城市发展的机遇与挑战。峰会先后邀请到博鳌亚洲论坛秘书长周文重、国务院发展研究中心副主任侯云春，瑞典利德雪平市市长凯尔·哈德威等重量级嘉宾。

通过举办这样一场峰会,《华西都市报》至少达到了五个层面的效果。一是整合党政资源，21 个市州的政府负责人参会，为报纸的区域市场拓展提供了更好的契机；二是整合企业资源，让企业看到了《华西都市报》的巨大影响力；三是搭建了政企融资平台，峰会上多家企业与市州政府达成合作意向；四是扩大了品牌影响，尤其是扩大了报纸在政府、企业高端领

《华西都市报》主办的 C21 论坛

导者当中的影响；五是实现了经济效益，峰会直接带动的经营收入从2010年的500多万元增长到了后来的1000多万元。

4. 构建产业化的多元收入体系

在传统的纸媒经营已经成为竞争红海的情况下，多元发展是纸媒突围的重要方向所在。多元化不仅为报业的长远发展提供了更多支撑，更有利于报业收入结构的改变。报纸应该充分凭借和整合自身的多元资源，稳妥有序地发展多元产业，构建多元收入体系。

《华西都市报》也在持续构建产业化的多元收入体系。在媒体产业上，华西传媒集群的《华西城市读本》、华西都市网、华西社区报、华西户外传媒等新的媒体平台正逐渐显现社会效益。在跨媒体产业上，报社开创的“都来惠”房产电商平台，曾在一个月内为报社带来近300万的增量收入，成为房产经营的一种新营销模式。会展经济方面，报社嫁接大型会展活动，在2012年的成都国际车展上实现了营收。此外，还通过房屋串换、艺术品投资以及整合96111购物平台资源等方式，拓宽收入渠道，改变以平面广告为主的收入方式和收入结构。

5. 构建精准化的数据营销体系

《大数据》一书里面有句话：除了上帝以外，任何人都必须用数据说话。数据蕴藏价值，数据创造价值。作为一种新型、有效的营销方式，数据库营销能从受众数据中挖出“金矿”，为企业、传媒和消费者搭建有效传播的直通车，帮助企业精准地扩大传播效果。而对于媒体来说，广告营销本质上是一种对受众的数据营销，各种各样的信息和内容都可以转化为数据。在数据资源的整合方面，媒体具有先天优势。

数据库的建立和数据的营销，事关未来竞争的胜负。纸媒应当依托长期以来搭建的读者数据库资源和产业链资源，细分开发，定向营销，打造新的经营增长点。《华西都市报》依托读者资源和华西都市网、华西传媒呼叫中心96111、华西社区报和各种落地活动建立有效的数据库资源，根据受众的性别、年龄、收入、学历、职业、兴趣爱好以及产品的消费情况等等，深入研究受众的背景价值，把有价值的受众挖掘并呈献给与之相匹配的广告产品。《华西都市报》各行业部门还与所在领域的专业机构，成立行业研究院，结合行业研究数据，分门别类地开展精准营销，推动经营方式向集约型、精准化转变。

美国作家贝拉米有一句格言，他说，“黄金时代在我们面前而不在我们身后”。在文化大发展大繁荣的时代背景下，面对泛传播时代的经营大变局、大变革，纸媒应该善于识别和把握时机，积极适应新技术背景下的传播趋势，大力构建崭新的以信息平台为基础的海量信息数据库体系、传统媒体和新媒体共融的“混媒体系”和全媒体营销体系。

第四节　构建网络空间强势主流媒体[①]

报业危机的深度到来是在 2013 年，“高位求进、进中趋稳、稳中显忧”是这一年发展的基本盘面。在这个盘面中，我们处于什么环境，处于什么位置，必须有清醒的、深刻的、触及灵魂的认识，要有充分的、全面的、行之有效的准备，这是推进工作的前提，是应对变化的基础，是立于不败之地的必需。

《华西都市报》2013 年改版由报社记者代言，这是擅长摄影的首席记者谭曦

一、上半年的答卷

2013 年上半年，是宏观经济下行压力持续加大、媒介演进速度持续加快、区域报业竞争持续残酷的半年，在集团党委的坚强领导下，在社委会的直接指挥下，《华西都市报》准确把握发展态势，始终紧盯发展目标，倾力攻克发展难题，奋力抢抓发展机遇，纵深推进“五大战略”，起步探索“整合传播和整合营销”，在构建一流华西传媒集群的崭新道路上稳健前行。

---

① 摘自 2013 年 7 月 11 日在《华西都市报》2013 年半年工作会上的总结发言。

大成都 A05

我来了！我看见！我超越！

华西都市报记者

杨东

我是华西都市报记者杨东。2012年1月，天府新区诸多项目开工，我在现场；2月12日，成都"北改"第一签，我在现场；3月5日，我在全国两会记者会上发问，国家发改委主任张平为未能将CPI控制在4%道歉；12月，踏访"金砖国家"，我为读者揭开"双面俄罗斯"的神秘面纱。

2013年，"美丽中国"已经吹响号角，我希望见证更多的新闻现场，记录新时代的改革步伐。

《华西都市报》2013 年改版由报社记者代言，这是擅长时政新闻的首席记者杨东

1. 传统主业创新有新提升

新闻创新创造新业绩。上半年，我们在新一轮内容创新与改版中着力创新，以“本土重构、原创升级、整合传播”为着力点推进影响力决战；我们在重大突发事件报道中着力应对，“4 · 20”芦山强烈地震报道创造了若干个第一，进一步提升舆论引导力，3 次获得中宣部《新闻阅评》肯定；我们在重大主题报道中着力突破，“财富全球行，探访 500 强”大型跨国采访等系列大手笔是《华西都市报》发展史上报道对象最高端、报道地域最广阔、报道形式最新颖的一次集中突破和集中展示。

大成都 A05

我来了！我看见！我超越！

华西都市报记者

曹笑

我是华西都市报记者曹笑。2012年，我将目光集中在政经领域，搜索催人奋进的正能量；8月，我行走在山洪过后的绵阳山区，寻访纪检干部杨洁生前的感人点滴；10月，我辗转上万公里的航程远赴南美，试图解码巴西，找到世界经济新格局下的新动力。

2013年，法治进程、社会进步，将是我关注的重点。

《华西都市报》2013 年改版由报社记者代言，这是擅长舆论监督的首席记者曹笑

经营创新开创新格局。上半年，我们以必攻不守的姿态，倾力打响 1 : 1 的市场份额决战，在市场竞争中取得明显进步。在份额比例上，将与主要竞争对手的市场份额改写为 1 : 0.97，实现了超载。在多元经营上，报

社着力探索新的营销模式，以“都来惠”报商团购模式为抓手，有效拉动了房产经营，目前已实现刊量2000万元。在品牌影响上，报社品牌价值达74.52亿元，排名中国500最具价值品牌第257位，位居西部纸媒第一。与2012年相比，品牌价值增长15.06亿元，名次再升3位。

《华西都市报》2013年改版由报社记者代言，这是擅长评论的首席评论员李晓亮

2. 新兴领域布局有新亮点

区域媒体加大覆盖。一方面，将川南读本的总部调整到泸州，抢占川南第一高地，争抢阵地比较优势；另一方面，于3月5日推出川东北读本周二刊，并于6月17日提前实现周五刊运营，加速区域市场全覆盖进程。

社区传媒加速深耕。2013年1月8日，中国西部第一份社区报——《华西社区报》正式创刊。半年来，社区报不断提升办报质量，不断优化发行结构，不断提升经营能力，已实现刊量近200万元，发展前景可期。

《华西都市报》2013年改版由报社记者代言，这是擅长娱乐新闻的首席记者杜恩湖

移动媒体加快布局。上半年，报社推出了移动客户端“成都范儿”，开设了官方微信，新浪和腾讯官方微博粉丝总量达 240 万，还对 iPad、iPhone、Android 客户端进行全新改版升级，用户反应积极。

公众服务平台实现盈利。华西传媒呼叫中心 96111 影响力不断扩大，已初步实现变服务平台为营销平台的发展目标，截至 6 月 30 日实现利润 50.7 万元。

3. 探索“两大整合”有新突破

整合传播效果显著。在新的形势下，报社紧紧抓住内容创新这个核心，统筹集群各平台内容资源和渠道资源，大力探索“一次采集，N 级发布”的传播模式，在立足内容深耕的同时，利用集群平台进行多媒体联动，促进华西传媒集群的整体内容创新有所突破。上半年，报社在省两会、全国两会报道中将“华西传媒集群会客厅”设进会场，在“4·20”芦山强烈地震、新二环通车、《财富》全球论坛等报道中积极探索整合传播，积累了一定经验。

大成都 A05

我来了！我看见！我超越！

华西都市报记者
李逢春

我是华西都市报记者李逢春。过去的2012年，我的笔下有两个关键词：孝心弟和巴西。前者是一个成都大学生火海中救爷爷的亲情故事，感谢“孝心弟”，他是正能量传递的起点。后者是华西都市报走出国门的一次大型采访，我有幸奔赴巴西，为大家揭开神秘桑巴之国的面纱。

2013年，我希望更多地挖掘美好的、善良的题材，带给我们的读者。

2011年初春，李逢春在都江堰探访与外界中断交通的山村，冒雪涉险走过摇摇欲坠的索桥。

《华西都市报》2013 年改版由报社记者代言，这是擅长突发报道的首席记者李逢春

整合营销成效初显。顺应集群发展形势，报社合理统筹经营资源，探索“一个链条，N 次销售”和“1+1+N”的组合营销模式。上半年，以报社专刊事业部为主，带动集群各平台整合营销实现较大突破，正在朝着“1+1>2”的设计方向迈进。

上半年，尽管我们取得了一些成绩，但在构建一流华西传媒集群的进程中还存在不少现实困难和严峻挑战。

困难方面，主要表现为两点：

一是刊量下滑。尽管上半年与主要竞争对手相比，在份额比例上进步明显，初步实现了“份额决战”的年初制定目标，但广告刊量下滑已构成事实，正在演变成一种趋势。一方面，受宏观经济下行总体大环境影响，各行业广告主缩减营销费用。另一方面，网络媒体和移动新媒体的快速发展，让广告主投放渠道发生转移，纸媒广告刊量下滑将成为一个残酷而现实的趋势。

二是平台较弱。在构建一流华西传媒集群的征程上，我们才刚刚起步。集群各平台目前都还处于投入阶段，无论传播力、影响力，还是竞争力、营利能力都很弱，还达不到承接广告投放转移的能力，达不到肩负报纸自身转型发展的要求，做强做大平台还有很长的路要走。

挑战方面，主要表现为三点：

一是观念的不适应。在探索实施“两大整合”的过程中，我们还有很多的不适应。首当其冲的就是我们的观念。不论老员工还是新员工，都不同程度地存在观念转变不到位、认识转变不深入的问题。这种观念不改变，集群发展和“两大整合”就很难做到位、做成功。

二是能力的不适应。构建一流传媒集群，需要我们具备更先进的现代传媒理念，更领先的复合传媒知识，更全面的全媒体业务技能，但目前团队中传统型、单一型、技能型人才较多，传统的编采业务技能已经不能适应整合传播、整合营销的需要，迫切需要通过加强学习、不断培训、交流锻炼来提升能力。

三是机制的不适应。报纸由平面到平台再到集群的转型和发展壮大，需要一整套现代企业的运作机制来保障。但目前我们对传统理念、传统机制、传统路径的依赖较大，亟待建立和创新适应现代媒体集群的发展规划、整合机制、运作机制和考核机制，用制度来推动集群建设步入快车道。

二、多重困难叠加

2013 年上半年，给我们的一个深刻体会就是环境变化正在以加速度的方式演进。这种加速给我们带来的影响比以往任何一年都要快、都要深、都要广。

1. 最严峻的宏观经济背景

持续3年的经济中低速增长步伐、2008年经济刺激政策后遗症显现、国家经济发展的“硬着陆”表现等等，让我们的宏观经济环境面临前所未有的挑战，让各行各业都在“蝴蝶效应”中持续受到影响。各种效应叠加，让经济环境日趋严峻。

2. 最剧烈的媒介演进趋势

当前，媒介变迁正在以加速度的态势推进，各类新兴媒体日新月异，给传统媒体带来巨大影响。而反观报纸尤其是都市类报纸，发展了18年仍然没有新的品种诞生，从产品的生命周期、生长规律来看，都难以适应市场要求。

3. 最惨烈的区域竞争环境

宏观经济背景、传媒演进加快等多重压力，让都市类报纸的市场蛋糕越来越小。放在区域范围内来看，竞争对手通过价格战、信息战、关系战等多种方式与我们抢夺市场，让竞争环境变得空前惨烈。

4. 最尴尬的团队水平困境

从内部来看，我们作为传媒人，走在时代潮流的前沿，却与时代的变化脱节。面对各方面的剧变，我们的反应迟钝、应对不力，我们的能力严重匮乏、提升缓慢，我们的惯性思维过于强大、疏于改变，应对的速度与环境变化的加速度很不匹配。

多重困难的叠加，让我们面对的挑战比以往任何时候都更加巨大，能力比以往任何时候都更加不适应，但这种变化对整个业界都是相同的，都是公平的。谁先主动应对，谁先主动转型，谁就先赢得涅槃新生的主动权和领先权。所以，站在转型发展的历史节点上，我们要明确提出构建网络空间强势主流媒体的发展目标，把目标喊得更响亮，让脚步迈得更铿锵。

三、树立三种思维

构建网络空间强势主流媒体，是前所未有的转型，是决定未来的启程。

在不断追逐潮流、不断追逐市场走势、不断推动转型发展的历史进程中，我们要进一步解放思想，牢固树立三种思维：

1. 网络思维

我们已经身处巨大的网络空间，技术没有国界、没有圈层，人人都可以去运用、去掌握、去变为有利于自身发展的工具。在工作中，我们不能排斥和拒绝网络，要主动、积极地拥抱网络。一定要树立网络思维，以此作为办事、工作的逻辑起点。任何一个报道的进行、活动的开展、平台的搭建和媒体形式的拓展，都必须放在网络空间来重新考量、认识，认识它存在的价值在哪里，它的优势如何发挥，它如何与网络空间进行互动。

2. 数据思维

数据改变一切，大数据、云计算的时代真正做到了哲学上所讲的普遍联系，它把世界上一个个零散的个体联系起来，它要求我们牢固树立数据思维，把资源转化成数据，再用数据去整合更多资源。数据思维要求我们一定要利用各个平台构建数据、运用数据。我们要利用华西传媒呼叫中心96111、华西都市网、社区媒体和各类活动建立数据，做强做大数据库，有意识地运用数据为传播工作、营销工作服务，达到用数据整合资源、推动发展的目的。

3. 集群思维

报社已经构建了一个全时、全域、全媒体的华西传媒集群，这要求我们一定要具备集群思维。报社集群各平台之间互补性非常强，每个平台都有其独特性，都有其对应的受众群体，都有其对应的区域市场。我们应该更充分地把握各个平台的优势，把握各种媒介的传播规律，从集群发展的高度，进行战略互补，开展集群作战，推动集群各平台同频共享、同频共振、同频共赢，实现传播力、营销力、竞争力的再造。

解放思想，还要保持三个基本态度：

适应一切不可能改变的。外部环境、传媒趋势、发展方向不可能改变，我们必须去适应，只有不断把握变化、适应变化、利用变化，顺势而为，才能在历史的滚滚潮流中找准自己的发展方位，拓展自己的生存空间。

改变一切可以改变的。在加速度演进的变化之中，如果我们没有变化就只有死路一条。我们要以变应对万变，不断改变我们的基本认识，不断提升我们的基本能力，不断创新我们的基本手段，从你我做起，从现在做起，改变一切可以改变的。

把不可能变成可能。发展前进的过程中，挑战很多、困难很多，问题和挑战躲不开、绕不过，必须通过深化改革加以解决。我们只有保持必攻不守的姿态，积极地克服困难、解决问题，将不可能变成可能，才会在事业发展中有新的收获。

四、开启二次创业

解放思想是为了更好地找准发展路径，我们要进一步明确方向、迎难亮剑，通过变革创新的突破战，强化执行的阻击战，降本增效的持久战，持续发展的全媒战，革旧鼎新，乘势而上，再造报业，再创辉煌，开启都市报的二次创业新征程。

集团党委把集群发展战略交给了我们，并以华西传媒集群“整合传播、整合营销”实施方案的项目制加以具体化。这对我们来说不是一个课题，而是一场二次创业的真正开启，是一次具有标志性意义的转型。在互联网技术带来深刻革命的重大历史关口，再创业的意义得到凸显。面对全新挑战，我们要甩掉包袱、打破束缚，重新创业、重构报业，借助全新平台、开创全新事业。

1. 再思考是二次创业的前提

要对创业动因进行再思考。与创办都市报不同的是，二次创业在一定程度上是环境使然、外部推动，是涅槃重生、转型发展的必需，同时也是保持生机活力、打造百年传媒的必然。要对创业环境进行再思考。与 18 年前宏观经济环境增长势头强劲、传媒竞争相对较小、新闻传播信息匮乏不同的是，二次创业是在经济增长下行、媒体竞争白热化、信息传播海量泛滥环境下进行的，我们必须找到纸媒转型发展的最优策略。要对创业平台进行再思考。从单纯的大众报媒到全时、全域、全媒体的传媒集群，从以 24 小时为周期的新闻报道到全媒体、全时段的整合传播，从单一的广告售卖到多平台的整合营销，我们的二次创业平台已经完全不同于当年，观念、思维、能力、流程、机制等都要进行刷新换代才能适应新的要求。

2. 再审视是二次创业的途径

要对发展路径进行再审视。在转型发展的道路上，应该坚持什么，应该改造什么，应该增添什么，都要放在构筑网络空间强势主流媒体这个目标下来进行再审视。要对资源整合进行再审视。媒体作为资源聚合平台，深度整合资源、拓展资源是为创造更多转型的机会、发展的机会。从报社领导到普通员工，都要改变过去那种只懂采写新闻、策划新闻、营销广告的简单做法，大力提升资源掌握、资源挖掘和资源整合的能力。要对团队能力进行再审视。面对构建网络空间强势主流媒体这个目标，团队的观念、技能、水平能否达到整合传播、整合营销的新要求，我们都要进行认真审视、着力改进。

3. 再创新是二次创业的灵魂

要对产品进行再创新。要打破传统创新思维，立足网络空间对新闻产品、经营策划进行重构，要从华西传媒集群的整体视野出发，对产品如何在纸媒上呈现、如何在网络媒体上呈现，如何在其他媒体上呈现进行创新。要对流程进行再创新。流程的优化设计和创造性设计是产品创新的基础，我们要把握网络空间的传播规律，把握华西传媒集群各平台的传播优势，对整合传播和整合营销的流程、机制进行重构。要对考核进行再创新。全新的事业发展格局和工作方式要求我们对绩效考核、奖惩激励等措施进行全面梳理，为强力实施“两大整合”提供强劲保障和不竭动力。

4. 再明晰是二次创业的支点

在巨大的网络空间中，报纸要进行二次创业必须深入分析各种媒体的竞争优势，立足区域纸媒的长处深挖增量，打造不同于新媒体的核心竞争力、超过传统媒体的全域传播力。开启二次创业，要坚持渠道下沉。在线上空间不是纸媒优势的现实情况下，纸媒的发展空间要着力向线下延伸，到新媒体所不能及的地方去拓展空间，谋求发展。报社出版社区报、出版城市读本，就是要下沉到社区、下沉到区县，通过下沉，实实在在地接地气。下沉得越深，才能飞翔得越高、行走得越远。开启二次创业，要坚持市场细分。在传统大众传播模式效果受到影响的情况下，在传媒发展正由规模化的大市场向逐渐明晰、逐渐精准的细分市场聚焦的背景下，我们要变革传播模式，细分传播市场，坚定不移地推动报纸由大众传播向分众传播、分域传播、全时传播进行转型，持续不断地构建新的细分传媒平台。细分得越准，才能拓展得越大、开掘得越广。开启二次创业，要坚持整合发展。在巨大的网络空间下，单一的传播介质无论在传播方式、传播途径、受众覆盖还是传播效果上都难以实现最大化，而通过整合传播、整合营销既有助于自身产生全时空的影响力，又有助于聚集和整合更多的平台资源、政经资源、受众资源，推动集群各平台整体发展。整合得越优，才能发展得越快，壮大得越强。

五、问题与心态

在前所未有的事业发展坐标下，要对问题保持高度警惕，对心态进行重新梳理，与危机赛跑。

1. 要警惕两个问题

（1）警惕“青蛙现象”

面对传媒持续演变，我们中的很多人就像是一只被温水煮着的青蛙，危机意识远远不够，心态和心理准备也远远不够。所以对危机意识的树立，对狼性精神的塑造，必须深深扎根于每一个员工心中，不适应者必须淘汰。优胜劣汰是千古不变的法则，我们要持续不断地培育适者生存的狼性精神，持续不断地淘汰不适应华西传媒集群“战车”前行的人，把对报社高度认同、高度忠诚，对这份事业有热情、有执着追求、有理想和梦想的人留下来。

（2）警惕“破窗理论”

一扇窗户破了如果不去修补，就会有若干窗户被打破；一面墙垮了如果不去重新立起来，所有的墙都会陆续倒下。管理也如此。如果发现一个问题，不去及时纠正，不去制止，任其发展，就会出现更加严重的问题。所以我们在管理工作中一定要树立天天抓问题、事事抓问题、时时抓问题的问题意识，丝毫不能松懈。管理工作有时是一种重复，但这种重复是一种强化，是一种导向，具有重要意义。在管理出效益、管理出状态的过程中，我们一定要及时对团队中出现的不适应、不协调的现象进行纠偏，时刻保持科学、规范、高效的管理状态。

2. 保持三种心态

在开启二次创业的全新征程上，我们一定要保持三种心态：

（1）保持归零心态

吐故才能纳新，归零才能出发。面对严峻复杂的传媒格局和全新事业的发展要求，我们一定不能躺在过去的功劳簿、过去的经验、过去的成果上裹足不前。一定要把已经拥有的一切归零，以一无所有的心态再创业、再出发，奋然前行、奋力拼搏，去创造更加精彩的崭新局面。

（2）保持学徒心态

作为学徒，需要大量的经验来充实自己、提升自己。在强力实施“整合传播，整合营销”的过程中，我们完全没有经验，充满了很多未知的困难和挑战，我们必须大胆尝试、大胆探索、大量积累。我们要甘当小学生，如饥似渴地学习，在 8 小时之外下足功夫，不断提升自己的能力水平。

（3）保持海绵心态

成功不是赢在起点，而是赢在转折点。在报业遭遇危机、转型发展的关键节点上，战战兢兢、如履薄冰，我们要以开放的态度，合作的姿态，加强对外开放的力度，加强对外合作的强度。吸收别人的长处，吸收别人的优势，不断向内部学习、向同行学习、向其他行业学习，吸收一切有利的事物和经验为我所用。

3. 与危机赛跑

在转型发展的历史关口上，我们正经历一场前所未有的危机。要实现构建网络空间强势主流媒体的发展目标，就只有与危机赛跑，才能与未来并肩。

（1）丢掉幻想，立即行动

在全新的网络空间坐标下，任何事物的发展都要抛弃过去、不断更新。作为一张发展了 18 年的都市报来讲，我们更需要不断地告别过去。告别不必留恋，我们不必留恋过去的辉煌，不必幻想形势会马上好起来。告别一定是果断地出发、果断地前行，果断地投入到全新的事业、全新的挑战当中。只有这样，我们才有机会、有资格去体验全新的未来，去收获胜利的果实。

（2）放下包袱，背水一战

在都市报18年历程的历史坐标下，我们要重新打量过往的辉煌和成绩。这些辉煌和成绩既是我们的光荣历史，但也可能成为我们重新启程的沉重包袱。关键在于我们怎么去认识、怎么去梳理。如果梳理是为了再出发，这些成绩就会成为前进的财富和动力；如果我们不能调整好心态，这些成绩就会成为前进的包袱和累赘。我们一定要放下包袱、背水一战，义无反顾地投入到华西传媒集群整合传播、整合营销的事业发展当中。

（3）胸怀理想，疾步前行

在集群发展的未来坐标下，超越之梦在我们的奋斗中前所未有地贴近，也充满着前所未有的挑战。肩负这样的理想和梦想，我们要大力克服能力不足的危险，要比以往任何时候都更有信心完成使命。只要我们每一个华西人保持必攻不守的姿势，善于抓住机遇，勇于开拓进取，敢于迎难而上，胸怀理想，疾步前行，就一定能用实干托起华西梦。

在转型发展的道路上，在涅槃新生的征程中，只要我们敢于怀揣重构报业、二次创业的豪迈勇气，只要我们立志坚定构建网络空间强势主流媒体的发展目标，只要我们始终牢记打造西部领先、全国一流华西传媒集群的光荣使命，做到环境可以变，立场不能变、要求不能变、风气不能变、精神不能变、队伍不能变、贡献不能变，那么，我们失去的只会是锁链，迎接的必将是整个世界！

第五节　做好三篇文章①

2013 年，面对最严峻的宏观经济背景、最剧烈的媒介演进趋势、最恶劣的区域竞争环境，华西铁军以重构报业、二次创业的豪迈勇气，以必攻不守、击鼓奋进的工作状态，在新闻宣传、广告经营、集群发展、团队建设等方面取得了较大突破。

在重大新闻策划创新上，“财富全球行 · 探访 500 强”等财富论坛报道开创了都市报新闻策划新样本；我们在市场份额比拼中取得了较大突破，持续领先成都报业市场；在传媒集群构建上，创办了西部第一份社区报——《华西社区报》，出版川东北读本并实现周五刊运营，移动新媒体平台不断搭建和升级，川南读本实现盈亏持平，华西都市网、华西传媒呼叫中心实现盈利；在品牌影响提升上，跻身世界媒体 500 强第 394 位，成为西部唯一上榜媒体；在团队建设和生产关系重构上，通过第五轮续聘竞聘工作再造机构、再造机制、再造团队，为构建一流文化传媒集群奠定了有利基础；在传播方式创新上，致力于以整合传播构建“一

華西都市報 Western China Metropolis Daily A05-A08

华西财富全球行全方位解读世界500强财富密码

历时4个月 飞越5大洲 行程10万公里

财富全球行对话500强

Flying thousands of miles and crossing the oceans

Getting close enough to explore the fantastic Fortune 500

华西传媒集团记者财富全球行路径

我来了！我看见！我超越！

华西传媒集团记者财富全球行路径

金砖四国

探访500强

房企总部行

《华西都市报》“财富全球行 · 探访 500 强”报道双语版面

① 摘自 2014 年 2 月 12 日在《华西都市报》2014 年度工作会上的总结发言。

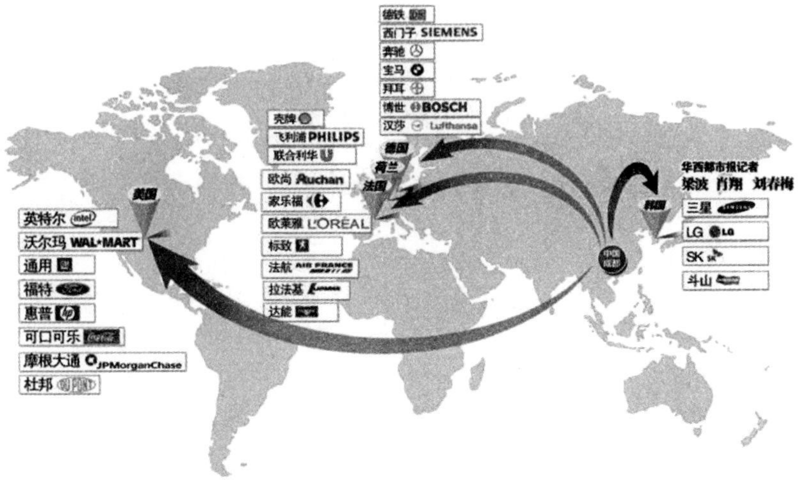

《华西都市报》“财富全球行”访问的世界500强企业示意图

次采集，N极发布”的全域、全时、全媒体传播体系；在营销方式创新上，致力于以整合营销构建“一个链条，N次销售”的全链条立体营销服务体系。

我们从未忘记过使命、从未停止过变革、从未放弃过拼搏，取得了可喜成绩，值得欣慰，但我们仍然面临巨大挑战。形势倒逼我们必须对自身及传媒业进行再认识、再审视、再思考。我们认为至少存在三个方面的问题：

第一，惯性思维行不通了。发展受阻，从根本上来说还是观念没有跟上，我们的观念还处于传统套路、传统模式之中。新闻观念大多停留在“我来了，我看见，我记录”的传统报道层面，缺乏“我超越，我独到，我服务”的高端思想和原创信息，因此难以留住受众；经营观念仍然停留在“二次售卖”的套路当中，对新的营销方式缺乏尝试，在线下和多元收入方面缺乏作为；发展观念固守传统、害怕变革，对新媒介、新产业疏于了解，对新平台、新手段疏于运用，即便有所触及，也只是疲于应付，没有深入下去，更谈不上效果。

第二，传统路径走不动了。从结果来分析，以平面广告收入为主的经营方式越来越难以适应竞争形势。在全年经营收入中，尽管报社通过活动、都来惠等方式开辟了一些新的收入来源，但这些收入体量仍然很小，平面广告收入仍然占据主要的份额。所以，在宏观经济下行压力加大和移动互联网瓜分广告蛋糕的双重因素叠加之下，报业平面广告收入下降就难以避免。从更深层次来看，广告商转移投放渠道也与报纸本身的影响力减弱高度关联。在移动社交媒体大行其道的传播环境中，我们的很多新闻仍然处于一事一报的状态、流于表面记录的层次，在与移动互联网的竞争中既没有时效的优势又缺乏专业的服务，难以在众声喧哗中脱颖而出。

第三，现有能力跟不上了。能力不适应发展形势的主要表现：一是以"流线型"为主的采编能力无法适应全媒体竞争所需。传统的现场采访、回报社写稿、编辑稿件的线性工作流程和以文字为主的报道形式，已经"弱爆"了，唯有全面提升能力、确立新的优势才能抢回传播话语权。二是以"粗放型"为主的经营能力无法适应精准营销所需。我们依然跳不出卖广告版面的初始层次，跳不出以价格作为杠杆的营销手段，与广告主的交流也停留在浅表层面，从而在客户追求精准营销和传播效果最大化的需求面前缺乏竞争力。三是以"内向型"为主的发展能力无法适应抗击风险的需要。长期以来，我们都局限于"自给自足，自力更生"的单一发展模式当中，在对外拓展市场、借力市场资源、借势资本资源方面缺乏作为、缺乏经验，能力尤为欠缺，从而导致转型发展的进度缓慢。

一、认清挑战与机遇

回首 2013 年，"改变"无疑是年度关键词，它实实在在地发生在每一个行业，无论媒体、企业，还是社会、国家，都在深刻地改变与被改变中重新调整、重新定位、重新寻求新的发展方位和机遇。

2014 年，是深入贯彻落实党的十八届三中全会精神的开局之年，是实现中国梦的"深化改革年"。在这样一个改革无处不在、无时不在的时代，无论传统社会组织形式还是传统产业土壤都将迎来一场更加深刻、更加剧烈、更加全面的变革。只有准确认识改革带来的冲击与挑战、机遇与空间，才能找到适合我们到达胜利彼岸的正确航程。

1. 正确认识外部环境的深刻变化

宏观环境方面，经济结构调整必将带来更多不确定性。国家统计局公布的数据显示，2013 年 GDP 增长 7.7%，为 14 年来最低。同时，根据中央经济工作会透露出的信号，2014 年宏观经济运行存在下行压力，部分行业产能过剩的问题严重，宏观债务水平持续上升，结构性就业矛盾突出，发展进入增速换挡期、结构调整阵痛期、前期刺激政策消化期。多方面因素叠加，进一步增加了 2014 年经济形势的不确定性。1 月陆续召开的全国各省区市“两会”中，四分之三的省份调低了 GDP 增速，进一步印证了宏观经济下行压力将持续增大的信号。从四川来看，我省经济长期积累的结构性矛盾与当前一些特殊因素叠加交织，导致全省经济下行压力明显加大。

传媒生态方面，纸媒兼并整合必将更为普遍更加常见。随着移动互联网的加速发展，随着 4G 时代的到来，传媒格局深刻变革带来的影响将比宏观经济下行带来的影响更深刻、更持久、更不可逆。最直接的表现就是传统媒体尤其是纸媒的兼并整合必将更加常见，类似《新闻晚报》停刊的事件将持续上演，无论国外还是国内媒体的发展都显示这一趋势将越来越明显。从国外来看，传统报纸经过近 100 年洗牌，早已形成了一城一报的成熟市场格局。从国内来看，在过去 30 年传统媒体发展的黄金期内，市场类报纸风起云涌，每个省会城市至少有四五家市场报。然而，面对互联网尤其是移动互联网的快速发展，报纸数量过剩的矛盾越来越凸显，广告市场已不足以支撑如此多的市场报生存，关、停、并、转在所难免，新的报业市场竞争必将造就强者恒强的新时代。

信息传播方面，用户生产内容必将加快传播秩序变迁。在社会化媒体快速发展的今天，信息传播已不再是专业媒体的专利。一方面，大量内容由用户自己创造，用户生产内容的 UGC 传播模式已成为与大众传播并驾齐驱的新传播方式；另一方面，信息通过移动社交的人脉传播大放异彩，各类信息通过熟人社交建立的社会联系广泛传递。2014 年，4G 必将进一步改变多年来由大众传媒主导的传播规则与传播秩序。在新闻事件尤其是动态突发新闻的第一发布权上，由自媒体产生的内容将给传统媒体带来更大冲击，手机视频播报将成为新潮流；在舆论监督的主动性上，自媒体由于不受宣传纪律的约束，在一些公共事件的发声和监督上比传统媒体赢得了更多的主动权和影响力；在新闻信息的交互性上，社会化媒体的人性魅力将赢得更多人的青睐。

媒体经营方面，广告投放趋势必将更具分散性与精准性。难以回避的事实是，随着经济下行压力加大，企业削减营销推广预算时，会更加谨慎、更加精细地规划有限的预算，选择更有潜力、更有效果的广告形式和投放媒体，而不再是简单的硬广告和粗放的投放。在投放平台的选择上，推广渠道转移到移动新媒体已经在所难免，势头也会进一步加快，传统媒体所能分到的蛋糕和份额将被进一步摊薄，报业广告市场持续下行的趋势在所难免；在投放方式的选择上，会更加注重精准性数据营销，谁拥有更强大的数据库、更直达目标消费者的渠道，就将赢得更多的话语权；在推广内容的处理上，更具新闻性、更具可读性、更具传播力的文案和处理方式将更受欢迎，有针对性的“私人订制”将更有利于满足客户需求、提升推广效果。

2. 正面迎接发展路上的严峻挑战

要直面受众信息获取渠道转移的挑战。移动互联网对报业的冲击不仅局限于内容，更大的冲击在于传播渠道的转移。过去，尽管有很多读者习惯于趴在电脑前阅读，但在上下班的过程中，总能看到公交车和地铁内有乘客手捧报纸阅读。而这几年，公交和地铁上手捧报纸的人越来越少，手上的报纸逐渐被手机取代，“低头族”已经成为一个社会景象。如何让用户尤其是年轻用户重新回到报纸面前，是我们不得不攻克的生存课题。

要直面经营收入结构持续调整的挑战。当前，支撑报业经营收入的主要行业是房地产、汽车、商业零售。但 2014 年房地产广告的不确定性将大大增强，汽车广告的下行可能进一步加速，网购的快速增长和消费者购物方式的转变也将对商业零售业形成更大冲击。要实现持续稳定发展，必须变“二次售卖”为“多次销售，多元营收”，大力推动收入结构转型，减少报纸对平面广告的依赖，寻求新的收入方式和营利模式。

要直面传媒集群发展加速推进的挑战。过去三年，报社基本完成了转型发展的初步工作，搭建起了一个全时段、全域化、全媒体传媒集群，但无论集群各平台的传播力、营利能力还是集群整体的影响力和竞争力都还较弱，还不足以支撑《华西都市报》转型的要求。同时，集群主要构成仍然是媒体，对广告的依赖性仍然很大，还没有形成线上线下相互支撑、传播影响和多元收入相互促进的产业集群，离构建一流文化传媒集群还有很长的路要走。

要直面深化改革带来系统风险的挑战。今天的华西，无论是应对传媒生态变迁，还是做强文化传媒集群，都需要进行更深入、更系统、更具颠覆性的变革。转型之路上，更艰难的挑战在于如何把握规律，颠覆产品形态、颠覆生产关系、颠覆激励体系、颠覆管理制度、颠覆观念能力。这一切，都取决于我们有多大的想象力和创造力。任何改革，都可能有风险。关键是可控，只要我们牢牢把握传媒变革规律和信息传播规律，稳步、有序、有效地推进改革，就一定能赢得新的发展机遇，攀上新的发展高峰。

3. 正向把握纸媒存在的生存机遇

分析环境是为了更好地适应环境，直面挑战是为了更好地应对挑战，面对纸媒正在经历的危机，我们必须辩证看待、正确分析、正向把握，既不能盲目自大，看不到危机的严峻性，又不能灰心丧气，看不到前途和未来。纵观传媒发展史，每种媒体都有其不可替代的优势，纸媒经过上百年大浪淘沙、优胜劣汰，历经广播、电视、PC 网络等“新兴媒体”一轮又一轮冲击，仍然保持着生机勃勃的生命力和竞争力。所以，即便移动互联网来势汹汹，报纸也依然具有不可替代的优势，依然存在大有可为的机遇，我们必须正确看待，准确把握，沉着应对，把困难和挑战视为实现弯道超车的机遇。

要看到专业优势不可替代。媒体融合时代，尤其需要专业的守望者。虽然“用户创造内容”前所未有地冲击着传播秩序，人人都可以发布信息，人人都成为“自媒体”，但也导致信息爆炸、众说纷纭、莫衷一是，人们更加需要具备“专业操守”的新闻记者为他们导航，让他们知道什么是可以相信的，什么是应该反对的，什么是应该敦促相关方面予以处理或解决的。社会对有高度公信力的专业声音的需要，从来没有像现在这样强烈。我们应该充分利用自身的专业优势，以专业知识、专业精神、专业素质，牢牢保持自身在专业传播领域的优势地位，持续保持旺盛的生命力。

要看到品牌优势影响巨大。品牌创造价值。对于纸媒来说，除了专业的优势，长期以来积累的品牌优势也是竞争法宝，以核心品牌力量作为武器大力转化新的竞争优势至关重要。《华西都市报》20 年的品牌优势是一笔宝贵资源，我们可以利用自身在社会上的强势影响力和企业对媒体品牌的依附性，依托品牌实行媒体内部的多层次经营，改变纸媒单一依靠广告经营的被动局面；依托品牌与强势新媒体合作，寻找融媒发展的新路径；依托品牌的强大辐射能力，在新的发展平台上追求效益最大化。

要看到集群传播优势强势引领。从本土来看，我们已走在了市场报转型发展的前面，构建的华西传媒集群具备直达各类型受众的传播优势。在地域覆盖上，既有直达区县的传播平台，又有直达社区的传播平台；在传播媒介上，在网络媒体、视听媒体、移动新媒体和社区户外都搭建了卓有成效的平台；在传播方式上，起步探索的整合传播、整合营销不仅有利于满足市场的多层次需要，更有利于做强华西传媒集群，做大文化传媒产业链条。

要看到资源聚合优势潜力无限。媒体作为资源聚合平台，对接的每个口子、每个行业、每个受众都存在着可以为我所用的资源。只要我们进一步强化市场意识，大力整合各方面的党政资源、行业资源、政策资源、平台资源、受众资源，挖掘潜力、转化效益，就能在加强联动、跨界整合、共同开发中将影响转化为效益，在深度整合资源、拓展资源的过程中将资源转化为更多转型的机会，对接为产业优势，持续不断地拓宽和壮大产业链条。

二、做好三篇文章

集团党委非常关心、非常关注华西传媒集群的持续健康发展，寄予厚望、提出要求，给予很大的政策支持、人力支持和资金支持，我们要明确肩负的责任和使命，拿出实实在在的行动和稳中向好的成绩，向集团交出一份满意的答卷。

2014年及下一阶段工作的基本思路是：认真贯彻落实集团党委扩大会议精神，以网络思维为先导，以移动媒体为融合平台，改革创新，止滑企稳，提质增效，转型升级，通过传统主业的做强做优、做精做深，新媒体产业的快马加鞭、快速布局，文化产业的借力借势、嫁接转化，体制机制的大胆突破、先试先行，将新媒体产业和文化产业作为重要增长极，推动产业结构不断优化，构建以《华西都市报》传统主业为引领、新媒体产业和文化产业为支撑的一流文化传媒集群。

1. 深化改革创新，“实施三大重构”

在全球信息技术革命的大背景下，传统的思维模式、运营结构、发展规则，都在新技术、新思维、新势力的冲击下土崩瓦解。我们必须以“改革创新”为统领，大力颠覆和重构传统生产关系、运营机制和考核体系，进一步解放和发展生产力。

（1）大刀阔斧地创新生产流程

要在起步探索的基础上，推进“整合传播整合营销”进入全面实施阶段。要继续大刀阔斧地创新生产流程，改革生产关系，为强力实施“两大整合”提供机制流程保障。整合传播方面，要根据网络传播优先原则、全时梯次传播原则、融合与区分原则、信息采集与信息处理分开原则，尽快出台《〈华西都市报〉（华西传媒集群）整合传播流程管理制度》，让“一次采集，N极发布”的传播模式常态化；整合营销方面，要根据数据化营销原则、订制式营销原则、项目制营销原则，尽快出台《〈华西都市报〉（华西传媒集群）整合营销流程管理制度》，形成“一个链条，N次销售”的集群营销模式，实现营销效果最大化，全面提升集群竞争力。

（2）项目制、产品制、公司化

在第五轮续聘竞聘对报社生产机构进行变革的基础上，进一步强化市场导向，按照互联网“去中心化”的思维，建立符合网络空间运行规律的组织结构和治理机制。一要继续建立科学高效的“项目制”管理模式。改变垂直管理的传统习惯，在跨界、融合的重大工作中形成横向矩阵式管理模式，最大限度地整合各方面资源。二要大胆探索“产品制”管理模式，为介入报业关联资源和产业提供机制保障。报社鼓励全体员工以任何形式自愿组建项目团队，提出项目创意，经审定，只要具有市场发展前景，就可以配备政策、人力和资金投入等多方面支持。三要深入推进“公司化”运营。充分利用集团提供的良好条件，发挥四个传媒公司的体制活力，充分发挥公司的市场化主体地位，确立市场竞争主体、利益共享主体、风险共担主体，通过责、权、利的捆绑明晰，明确责任目标、明确实施主体、明确收益挂钩，建立命运共同体，激发创业积极性。

（3）彻底改变“高级大锅饭”局面

华西传媒集群的快速发展和深化改革创新的形势，对建立多层次、全方位考核体系提出了更高要求。要对传统的以新闻采编、经营业务、行政管理序列构成的考核体系进行全新重构，彻底改变“高级大锅饭”局面。一方面，要让激励更多元、更到位、更直接，通过将多元收入纳入考核范畴，进一步量化考核等措施，提升员工积极性。另一方面，探索建立更加符合新媒体发展、创新项目发展、市场主体发展规律的激励约束机制。加大对基本年薪、项目奖励、股权激励等多种分配形式与报社目标考核体系相配套，长期激励与短期激励相补充，行业标准与内部公平相结合的激励方式的探索，力求对核心团队和项目各个层面、各个阶段的参与者起到及时有效的二次激励作用，最大限度调动工作积极性。

2. 全力止滑企稳，再造发展平台

2011 年以来，报社纵深推进“五大战略”，在内容创新与升级、营销创新与变革、区域市场深度拓展、全媒体平台构建、人才储备与结构优化等方面取得了较为显著的成绩，构建了一个全域化、全时段、全媒体传媒集群，为转型升级奠定了较好基础。但是，我们要清醒地认识到，离适应传媒生态变革和构建一流文化传媒集群的要求还有很大差距。今后，我们必须坚定不移地推进实施集群发展战略，全力做好传统主业、新媒体产业和文化产业“三篇文章”，奋力推动发展平台转型升级，立足网络空间打造“一核三极 N 带”强势主流媒体，构建一流文化传媒集群。

（1）做好传统主业这篇文章

重构报业、建设一流文化传媒集群，《华西都市报》传统主业仍然是核心、是根基、是引擎，必须坚决止滑企稳，时刻稳住传统主业的发展势头，稳住经营业绩，不断提升传统主业的传播力、公信力、影响力，驱动集群产业快速发展壮大。

推动《华西都市报》由“大众化报纸”向“大众化高级报纸”过渡。把握纸媒大众传播功能正被削弱、传统新闻理念正被颠覆的趋势，我们将以新一轮内容创新与改版来推动都市报价值创新，打造全新的“大众化高级报纸”，办一份“以 24 小时为出版周期的杂志化精品报”，推动新闻报道从“快速对新闻做出反应”向“探寻新闻事件的深层意义”转变。改变部门架构主导版面内容的分配模式，确立网络思维决定热点顺序的生产规则，坚持原创信息体现竞争优势的发稿原则，引入数据新闻作为可视化创新的重要载体，强化思想引领价值优先的立报原则，有效提升报纸的原创性、思想性、价值度，牢牢保持和提升报纸的专业度、公信力、权威性，重构报纸内容，建设网络空间强势主流媒体。当然，高级化报纸不是板起面孔说话、不是连篇累牍的“特稿式呈现”，依然要追求可读性，追求短、新、实，追求关注度，追求趣味性。

推动经营工作由“二次售卖”向“多元营销”转变。面对宏观经济下行压力仍然严峻和广告主投放渠道转移的实际，必须以深挖掘增量空间来确保传统主业止滑企稳。要以整合营销提升营销水平，利用“一个链条，N 次销售”的整合营销体系，既通过整合打包扩大经营增量，又利用分众化平台进行“个性化订制”，提升含金量；要以活动策划挖掘营销增量，全力办好 C21 论坛、四川首届“消费者最喜爱的 100 件四川商标”评选活动、创刊 20 周年等活动，以大活动出大影响、大效果，同时要抓住新丝绸之路、世界杯等重大主题、重大活动节点拉动经营；要以多元收入拓宽经营渠道，在提升“都来惠”报商团购经营效果的基础上，创新营销方式，加大资源变现力度，开展数据营销，持续优化收入结构。

推动传播渠道由“大众传播”向“分众传播”下沉。既然线上空间不是纸媒优势，我们就推动纸媒的发展空间向线下延伸，到新媒体所不能及的地方去拓展增量、谋求发展。《华西城市读本》要加快下沉到区县，把有限版面资源用到贴近本地上，不搞大而全的报道架构，开展差异化竞争；要紧贴新型城镇化发展步伐，在新区、新城、新镇加快布局，分享改革红利。华西社区报要加快实现周三和周五刊运营，提升报纸的服务性、生活味和互动性，要推动社区报由总体大包围向大社区、周边区县垂直渗透下沉，比如双流、温江、龙泉驿等都是很好的市场空间和增长机会，培育、引导、挖掘“组团式”的社区居民消费市场。

（2）做好新媒体产业这篇文章

互联网已经改变了每个行业。我们也将坚定不移地顺应趋势，把握规律，大力培育社区化、本土化、移动化的新媒体产品，布局未来。

以 SOLOMO 为方向做强产品。要持续推动华西都市网社区化，在已经取得一定成果的基础上，不断提升华西都市网市场主体地位，提升社交型综合信息服务商功能；要持续推动移动信息传播平台化，通过华西魔码等载体，构建报纸接口，打造云传播信息平台；要持续推动技术开发产品化，充分发挥新技术优势，在提升“成都范儿”等成熟产品经济效益的同时，加大社会化产品开发运营，打造新媒体产业链。

以媒介融合为纽带承接转移。4G 时代，终端将主导传播、营销以及市场。面对传播渠道转移，一方面要将新媒体作为传统主业内容传播、放大、转化的有效途径，通过改进内容生产方式和传播形式，占领新兴舆论阵地，实现品牌的多次传播；另一方面要加大与传统主业生产的融合力度，相互借力、相互促进，使内容、经营在主业和终端间流动起来，从而实现优势互补。

以数据营销为手段挖掘增量。随着数据化时代的快速来临，在整个信息服务的价值链条中，数据挖掘平台将成为真正的核心。数据库建设作为报社年度重点项目，要抓紧抓实。首先，要把我们现有的读者数据库建立起来，优化完善，这是最基础，也是最首要的事情。其次，要通过多样化的数据收集渠道，建立起数据挖掘和分析平台，依托精准数据库的分析、驱动，在垂直型行业中加大移动化、数据化运用，为开展数据营销提供重要支撑，创造新价值、获得新收入。

（3）做好文化产业这篇文章

文化产业作为报业的关联产业，既跟报业的现有资源匹配度高，又能发挥我们的资源聚合优势，是拓宽线下收入来源的重要方向。我们要利用行业上下游的独特优势，对优势进行再转化，对资源进行再利用，拓展文化产业长尾，培育文化产业项目。

进军文化资源业。要利用自身在文化领域已经积累起来的资源和影响力，在书画宣传、书画展览、书画拍卖中获取收益，在娱乐演艺、影视剧制作中嫁接植入，打造教育培训、理财服务新项目，从而对多年积累的文化资源进行“纵向开发”，实现从报道信息到经营资源的转变。

进军文化会展业。与文化资源的纵向开拓相对，文化会展重在横向关联。要充分把握成都作为中国会展第三城的机遇，结合报社活动日益增多的实际和宣传推广成本低的优势，将长期以来积累的办会、办活动的经验转化为生产效益，在文化会展领域实现突破。

进军文化旅游业。面对旅游业大发展的机遇和旅游需求不断增加的趋势，我们要进入到文化旅游业的链条中去，通过挖掘旅游资源，策划旅游活动，嫁接婚恋旅游产业，乃至参与运营旅行社和引入客源等方式，与文化旅游产业结成产业集群，从而拓宽收入来源。

3. 加快转型升级，“实现三大转型”再造发展空间

当前，纸媒面临的危机与其他传统行业面临的危机一样，本质上都是在互联网空间下对新的发展规律不适应，从而收窄了发展空间。有专家预言，未来三五年将是以报纸经营为基础的报业生死存亡的关键时期。所以，加快转型升级的步伐成为当务之急。

要由“平面”向“移动屏幕”转型升级。以用户为中心，以平台为基础，进入终端，寻求新的发展路径，是转型升级的首要条件。要打通“平面”与“屏幕”的接口。以报纸为基础起步平台，把魔码、客户端、微信作为端口接入纸媒，架起移动新媒体与报纸的桥梁，持续增强用户黏性。要打造符合“屏幕”经济的产品。持续加大开放力度，通过自主开发与外向型开发结合，持续不断地打造具有市场竞争力的移动新媒体产品，抢占移动屏幕阵地。要打好屏幕数据转化这张牌。通过持续不断地收集用户数据，建立分门别类的数据库，不断持续开发数据，开展数据营销，实实在在地增加收益。

要由“报业”向“文化产业”转型升级。推进转型升级，还要从自身

的优势上下大功夫、花大力气，做好优势的再发掘和再利用，让优势转化为转型发展的动力和效益。要转化影响力优势，以做好“三篇文章”为首要战略，在做好传统主业这个基础和核心的同时，辐射提升新媒体产业、文化产业的影响力和竞争力，实现新媒体产业和文化产业的快速做强做大。要转化资源优势，发挥每一个员工的积极性，对接到报业长期以来积累的各方面资源长尾中去，寻找关联资源中的每一个机会进行嫁接和切入，打造新的发展增长点。

要由“单一型”向“复合型”转型升级。企业的转型升级，说到底还是人的转型升级，要成功实现《华西都市报》的转型升级，关键还在于团队观念和能力的转型升级。理念和思维方式的转变对传统媒体人尤为艰难。放弃传统报纸思维方式，建立互联网思维方式，报纸的衰退或许不会改变，但报业一定会有新的春天。所以，在观念上要确立用户意识，确立数据库开发意识，确立产品意识，以观念的转型驱动能力的转型，提升转型的主动性、能动性。在能力上，要快速改变团队能力单一、工作构成单一、发展形势单一的现状，除少数在专业领域有影响力的专才外，大多数人要快速提升整合传播整合营销能力、产业拓展能力、移动新媒体运营能力，报社将不遗余力地鼓励大家变“单面手”为“多面手”，在所负责的领域实现多点开花、多点突破，实现个人能力和事业发展的转型升级。

2014年，是纸媒遭遇更大挑战的一年，也是都市报迎来20周岁的一年。20岁，正当风华正茂、青春年少；20岁，更当迎接挑战、勇挑重担。当前遭遇的严峻危机，无疑是历史交给我们这个团队的巨大考验和重大使命，是临阵退缩当逃兵，还是肩负使命迎难而上，考验着我们每一个铁军战士的意志和品质。

我们要振奋精神，共渡难关，以跨越大坎的坚实步伐迈向20周年。无论一个国家、社会还是一个企业，精神状态都是团结奋进的内在灵魂、发展进步的根本动力。面对前所未有的挑战，我们要拿出逢山开路的闯劲、甩开膀子的干劲、抓铁有痕的韧劲，坚定信心、凝聚共识，以奋发有为、刚劲雄健的精神气质共度危难，共迈2014年的大坎。

我们要甩掉包袱，砥砺前行，以二次创业的崭新风貌拥抱20周年。站

2014 年 12 月 25 日，《华西都市报》主办“中国都市报 20 年暨媒体融合发展研讨会”

在转型发展的重大历史关口，我们一定要将“改革创新、止滑企稳、提质增效、转型升级”的指导思想，化为啃硬骨头、涉险滩的扎实行动，化作促改革、谋转型的突破之举，以破釜沉舟、背水一战的勇气，甩掉包袱、打破束缚，再造报业、成就明天。

我们要与狼共舞，引领未来，以百年传媒的华西梦想献礼 20 周年。沧海横流方显英雄本色。社会的大变革、大调整和传媒的大演进、大变迁，恰恰是我们可以大作为、大发展的历史契机。只要我们始终怀着开放的精神、合作的姿态、共享的理念，进一步明晰发展思路、专注发展定力、务实发展举措，持续不断地构建一个跨媒体、跨行业、跨区域的传媒集群，就一定能实现打造百年华西的宏大梦想。

奋斗之路上，“没有比脚更长的路，没有比人更高的山”。改革者的豪迈宣示，也是我们奔向未来的誓言：山再高，往上攀，总能登顶；路再长，走下去，就能抵达。让我们携手奋斗，共同拼搏，在构建一流文化传媒集群的征程中造就华西的未来，在实现“构建立体传播格局，建设现代传媒集团”的集团目标中再做华西新贡献！

第六节　新常态与新作为[①]

习近平总书记两次指出要正确认识中国经济发展的阶段性特征，适应新常态。《人民日报》对新常态的解释是，主要有中高速、优结构、新动力、多挑战的特征，是一种趋势性、不可逆的发展状态，意味着中国经济已进入一个与过去30多年高速增长期不同的新阶段。经济新常态之下，各行各业都进入了发展的新常态，报业也不例外。

新常态是新调整。与2012年以来中国经济增速放缓同步，报业发展也进入了新的时期，尤其是广告进入了下滑周期，广告作为“经济晴雨表”的特征充分体现。

综观报业新常态，本质是一场经济结构、生态结构和治理体系交互作用的深刻调整。其中有经济结构变化带来的调整，经济的增长速度换挡期、结构调整阵痛期和前期刺激政策消化期“三期叠加”，让纸媒的传统支柱行业分别出现不同程度的塌陷；有传媒生态演变带来的调整，移动互联网的快速入场，让传媒生态开始了新一轮重构，媒体“战争”前所未有地激烈，各种媒介形态的市场版图正在重新划分；有广告投放结构带来的调整，新媒体的冲击，让广告主在本已缩减的营销经费中，不得不重新考量投放什么介质更有效，不得不重新探索和适应新的营销规律；有治理体系完善带来的调整，除了广告治理的深入让诸多行业投放发生变化，新闻传播秩序治理的完善则在正本清源中让媒体经营行为进一步规范。

新常态有新空间。风险看似重重，却不必惊慌。不论经济新常态，还是报业新常态，都是市场的重新洗牌和深刻调整。调整就意味着旧的市场缩小，新的市场成长。只要看准新趋势，探索新空间，发掘新市场，就一定能证明报纸未老、报业更新，风景这边仍好。

向新经济要空间。经济结构调整带来的新领域一定要大力培育和发掘。李克强总理在国务院常务会议指出要重点推进六大消费领域，即信息、绿

① 摘自《新常态要有新作为》，刊发于《中国报业》2014年第11期刊首语。

色、住房、旅游休闲、教育文体及养老健康。这些就是新经济带来的新空间，报业当仁不让应在广告市场和产业市场大力进军。

向新媒体要空间。用户尤其是年轻用户信息获取终端和消费习惯的变化不可逆转，纸媒已经输在了 PC 互联网发展的比赛中，不能再输在移动互联网的新起点，必须不遗余力，用新思维、新观念、新技术、新人才打造移动媒体产品，加快推动传统报业和新媒体融合发展。

向新市场要空间。除了在新媒体领域有所作为，还要到新媒体力所不能及的地方去。新的传媒生态让市场进一步细分，纸媒应该把长期以来积累的政经资源进行转化，变资源的“一次报道”为“多次整合开发”，到社区市场、二级市场、文化产业市场等细分市场去做大做强，转型发展。

新常态要新作为。事在人为。世上的一切挑战，根本上还是对人的挑战。应对新常态，报人应保持定力，以新理念、新智慧、新方法沉着应对。

不当看客，全员转型。世界在变，只有以变应变。在信息传播读秒变化的今天，再固守老观念、老传统、老办法就只有进入废纸堆，必须大力推动人才团队的全员转型，不论从事传统内容生产的采编人员还是经营和行政人员，都必须从观念、能力等各方面推动转型。

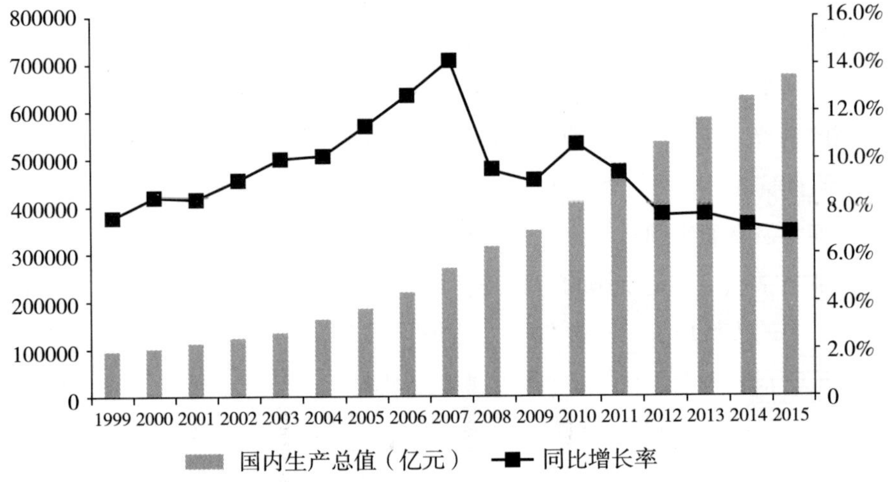

资料来源：国家统计局，川财证券研究所

1999 年—2015 年 GDP 增长示意图

不当“说客”，少说多干。面对未知的世界，不论新媒体拓展还是推动媒体融合，虽没有现成经验可循，但大势不可阻挡，报人只有大胆试、大胆闯，坚持改革取向，坚持实干精神，在认准的领域抓铁有痕、踏石留印，才能从摸着石头过河到向着太阳奔跑。

第七节　改革排头兵①

2013年年中，我们吹响了开启二次创业征程的号角，在2014年初又提出“做好产业拓展三篇文章”的转型升级目标。转型升级是发展目标，二次创业则是实现路径，分别解决做什么和怎么做的问题。关键在于怎么落实，怎么推动，怎么求得实效。

一、再谈二次创业

1. 二次创业是一次自我革命

二次创业除了发展形态、发展平台的转型升级，更关键的还在于这是一次自我革命。这场自我革命能否成功，决定了《华西都市报》将会走向什么样的未来。我们要来一场头脑的“手术”，从转变思维观念做起，对传统的新闻操作观念、广告营销观念、发展模式观念进行扬弃，革故鼎新，刷新理念；我们要来一场“造血”的变革，从运营机制上切入，改变传统的流线型运作模式，改造为网状式多线运营，让利益链接更直接，让发展捆绑更紧密；我们要来一场能力的升级，从团队能力入手，每个人都能具备全媒播报技能，每个人都能激活资源，每个人都投入到产业拓展中去，变“单面手”为“多面手”，在所负责的领域实现多点开花、多点突破。

2. 比第一次创业难度大了很多

相比之下，二次创业的难度比第一次大了很多。主要来自三个方面。环境不同。与20年前宏观经济环境增长势头强劲、传媒竞争相对较小、新闻传播信息匮乏不同的是，二次创业是在经济增长下行、媒体竞争白热化、信息传播海量泛滥环境下进行的，这对重新找准发展路径和优势来说更难了。背景不同。与创办都市报不同的是，二次创业是在主业挑战、融合艰巨的背景下进行的，其中既有环境变化、外部竞争的推动，也有涅槃重生、

① 摘自2014年7月11日在《华西都市报》2014年半年工作会上的总结发言。

转型发展的必需。第一次创业是创新驱动，第二次创业则是转型驱动。路径不同。当年，方向很明确，就是要办一张与众不同的报纸。而今天，则是要找到突围方向和重新崛起的着力点，要打破路径依赖，重新找、重新试，在“红海”中突围，重新确立新的可供长远发展的支撑。

3. 二次创业要实现“由报到业”的转变

本质上来讲，二次创业的目标，就是依托主业的强大影响力，完成营利模式、发展平台和产业形态的一次更新换代和转型升级。目标就是要推动自身从报纸到报业再到产业的多元化、产业化发展，从而实现“由报到业”的转变。在这种转变的过程中，打破依赖广告的天花板，形成新的多点多极支撑发展局面，从而形成产业倍增能力，实现整体的产业倍增、收入倍增，继续为集团发展作大贡献。

二、打“人民战争”

“走群众路线”是个伟大的创造。它的伟大之处就在于汇聚每一个人的力量，激发每一个人的创造性，改变一切可以改变的，变不可能为可能。国家的发展需要依靠群众，企业的发展同样也需要依靠“群众”。在推动华西深化“二次创业”的征程中，第一位的创新就是要变组织创新为个体创新，发动群众、依靠群众，让每一个华西人都成为创业转型路上的发动机、推动者。

1. 人人转型

文化人有个臭毛病，总是写两篇文章就完事，还自我感觉好得不得了。在用户制造内容的时代，总有人比你写得好；在传媒变革的时代，只会写稿子的人注定要落伍。我们要适应事业转型发展的需要，主动积极推动自身转型。传统企业运营机制、商业模式和管理方式的衰亡，实质是传统思维的衰亡。转型最重要的是观念的转型。首先是认识上要转过来，转型已经不是可有可无，不是几个人的转型，而是必须转、人人要转，全体员工都要转，不转就要被淘汰；其次是思维方式的转，要用互联网思维、用户思维思考问题，带动能力上、行动上的转型，在全媒播报、整合营销、产业拓展等各个方面成为独当一面的高手。

2. 人人创业

我们很多人习惯了当一颗螺丝钉，却没有试过去当拧螺丝的人。一方面抱怨单位不给机会，另一方面行动上又不给力。这场“二次创业”，就是一场“人民战争”，给每一个人机会，让每个人散发光和热。每一个员工都要主动积极地发现口子上、行业上的拓展机遇，整合资源、转化资源、变现资源，主动积极地在移动产品矩阵打造、文产项目矩阵打造上提出创业思路，迈出创业步子。英雄不问出处，创业不分形式，只要你有想法、有本事、有行动，报社都给你空间、给你平台、给你资源。

三、动大手术

动车与火车的区别是什么？过去常说，火车跑得快，全靠车头带。而动车跑得更快，靠什么？靠每节车厢都有动力。要“打人民战争”，就要解决一台机器转的问题，解决动力的问题，要像变形金刚一样，变一台大机器为多台“小机组”。要大力变革传统组织结构、考核体系和管理机制，从**“小、大、新、细”**四个方面动大手术，让该小的地方小起来，让该大的地方大起来。

所谓“小”，就是变大为小，让大组织化为小团队。要打破传统行政部门架构，以“产品小组制”和“项目制”为抓手，在报社内部形成多台创业的“小机组”，发更多的电，冒更多的光，激发更多活力，创造更多可能。

所谓“大”，就是变小为大，让新增量有大收获。对于传统业务以外的增量，报社将加大奖励力度；对于新的有前景的创业项目，探索股权激励等多种激励方式，让利益连接更直接，体现大贡献者有大收获的导向。

所谓“新”，就是变旧为新，以新机制适应新要求。对传统的组织机制、管理机制要进行大力变革，借鉴互联网企业产品经理制的管理方式，配套移动产品矩阵和文产项目矩阵的机制、流程和制度。

所谓“细”，就是变粗为细，让精细化替代粗放化。要进一步加强制度精细化、机制精细化、成本精细化管理，在精细化管理中提质增效，实现管理水平的飞跃，推动报业转型。

四、搞对外开放

历史多次证明，“闭关锁国”就要被动挨打，对外开放才是强国之路。只有加大对外开放合作，借力发展、借势发展、借智发展，才能让报业从“小农经济”过渡到“资本经济”。

1. 师夷长技

面对互联网新媒体的冲击，一切不以完全融入互联网为目的，并且试图继续在传统媒体的旧有体系内修修补补的做法都无济于事。只有彻底融入互联网世界，重新进化出互联网基因才是我们的唯一选择。我们要主动拥抱互联网，认认真真当好小学生，学习、借鉴互联网的做法，进化出互联网基因，在全新的传播生态体系中进化出新的生存本领，成功实现转型。

2. 开放码头

目前报社的发展仍然主要是内生式发展，没有社会力量和资本的进入，拓展显得较为困难。我们要充分利用《华西城市读本》、华西都市网、华西社区报和华西传媒呼叫中心的公司化优势，向社会开放项目、版面和资源，吸引外部资金、资源的加入，为各平台的快速发展和跨越式发展提供新的活力。

3. 借船出海

互联网时代是一个社会分工更加明晰的时代，开放合作、充分利用社会分工是纸媒变革的基本策略。如果什么都要自己做，不被累死也会被拖死。在文化产业拓展和新媒体产业拓展上，我们既要自己建项目，又要找项目，通过资源入股、资金入股等方式，进入到成长型的项目中去，借用别人的力量找到更广阔的空间。

五、扬铁军精神

李大钊说：历史的道路，不全是平坦的，有时走到艰难险阻的境界，是全靠雄健的精神才能够冲过去的。即将20岁的华西，积淀和积累了大量优秀禀赋、品格与精神。这就是华西精神，就是铁军精神，只有大力弘扬，才能不断扫清前进道路上的障碍，不断开辟通往成功转型的道路，达到前人达不到的高度，看到别人看不到的风景。铁军精神除了“目标高远、信念坚定、纪律严明、执行有力”，还应该包含以下精神：

1. 担当精神

勇于担当是一种责任、一种精神，更是一种能力。当前环境下，要将我们长期以来对社会责任的担当、对引领发展的担当转化到攻坚克难中去。面对挑战，不能退缩，不能逃避，更不能当逃兵，要勇往直前，迎难而上；面对逆境，要坚定信心，敢于啃硬骨头、涉险滩，发现逆境中的机遇，在逆境中有所作为；面对转型，要以主人翁的精神，以浴火重生的胆识、你行我更行的气度，勇于挑起担子、把责任扛在肩上；面对融合大考，要破除观念束缚，跟上发展步伐，增强融合能力，引领融合传播。

2. 创新精神

今天的创新比以往任何时候都更加艰难，也比以往任何时候都更加重要。要常怀创新意识，以“不走寻常路”作为工作和发展的追求，把随时随地创新作为一种自觉，作为体现自身创造力的一种重要路径；要掌握创新方法，注重学习，拓宽视野，改变思维，怀着“一切皆有可能”的态度和眼光大胆试、大胆闯，从而发现更多可能；要把握创新的重点领域，把内容创新、营销创新、产品创新和体制机制创新作为推动工作的着力点，在关键领域进行突破。

3. 创业精神

创业不是加减法，而是一部方程式，有着无限多的可能，只有下水去试才能有所收获。我们要勇于改变自己，改变安逸的惯性工作方式，在创业中给自己更多挑战，获得更多空间。要积极到项目拓展中去创业，在项目运作中锻炼自己独当一面的才能，展示自己过硬的才干；要积极到新产品中去创业，去触摸移动互联网的脉搏，把握新媒体的发展规律，从传统媒体人转型为移动互联网人；要积极到全新市场中去创业，整合新的市场资源，开辟新的市场空间，构建新的产业链条。

4. 执着精神

转型发展、二次创业不是一朝一夕能够完成，需要持之以恒，久久为功。要执着追求，始终把高远目标作为奋斗方向，不断朝着一个又一个更高远的山峰攀爬；要执着努力，不论遇到什么困难，遇到什么阻碍，都要努力克服，努力跨越；要执着坚守，坚守理想，坚守专业，坚守责任，在华西20周岁生日的节点上，大步踏上努力构建一流文化传媒集群的新征程。

第三章

新时代

第一节　三问[①]

大发展、大变革的时代背景，让每一个个体和团体在川流不息的时间路口都面临着一个又一个问题，一个未解决，一个又至。纸媒如何应对网络来势汹汹的问题还在昨天，今天又要思考如何抢抓移动互联网入口。

前事不忘，后事之师，在传媒生态大变局和纸媒生存压力前所未有的情况下，要拓展移动互联网，就很有必要将纸媒办网的历史梳理清楚。只有这样，才不至于在移动互联网浪潮中再次迷失方向。

一、过去，干了些什么？

过去十多年，面对互联网的冲击，报人并没有闲着，从电子版到数字报，从门户新闻网站到论坛，传统互联网有的形式，报纸可以说都在尝试，都有体现，区别只在于不同的报业集团发展的深度和层次略有不同。

1. 做法：把报纸搬上网

在向网络拓展、与网络融合上，报人很忙。但回过头来看，如果说得夸张一点，这十多年报纸似乎只做了一件事情，把报纸搬上网。纵观全国，几乎每一家报纸包括区县的报纸都有自己的数字报，都有自己的域名和网站。然而，在大多数纸媒办的网站上，内容与当天报纸上的新闻大同小异，基本为报纸的翻版。当报人近两年注重增加及时性报道，全天候发布消息时，PC 互联网也成了传统媒体，人们的注意力快速向移动社会化媒体转移。另一方面，纸媒所办网站在信息的海量性、即时性和互动性上，与门户网站相比基本没有竞争力，反倒成了各大门户网站聚合新闻的免费来源。

除此而外，无论以 BAT 为代表的任何一种互联网发展模式，还是行业垂直网站发展模式，基本都没纸媒什么事儿。

---

① 摘自《纸媒拓展移动互联网三问》，刊发于《新闻与写作》2014 年第 7 期。

2. 状态：从跟跑到恐慌

某种程度上讲，纸媒对互联网创新的贡献度很低。纸媒在数字化的短暂进化历程上，一直处于跟跑互联网的状态。从早期创办数字报，到中期创办区域新闻门户网站，再到微博微信时代创办官方微博和微信公众号，纸媒一直处于亦步亦趋的跟进状态之中。实践证明，在强者恒强的互联网生态中，领跑者一直可以笑傲江湖，跟跑者则很难拥有大的话语权，包括人民网投入巨资进军搜索领域，也只有以失败告终。

近两年，随着宏观经济下行压力的加大和传媒变局的进一步加剧，传统纸媒人在主业收入受到影响、拓展网络和新媒体缺乏营利模式以及收入不佳的多重压力下，对如何在网络上实现拓展似乎又陷入了集体迷茫和不理智的恐慌之中，对报业发展形势判断不清，对拓展互联网路径判断不明。

二、反思，问题在哪里？

客观地讲，中国报人进军互联网的时间，与互联网在中国兴起的时间相差不大。但从结果来看，无疑是“起了个大早，赶了个晚集”。十多年的时间过去后，报业在互联网领域鲜有大的作为；互联网领域的大佬，也基本没有来自报业。无论从显在的人力成本和资金成本来看，还是从潜在的时间成本和发展成本来看，报人办网所交的“学费”都是沉重的，也是在新的起跑线上拓展移动互联网必须避免的。

1. 简单办网

本质上讲，包罗万象的互联网主要满足了用户四个方面的需求，包括对信息传播的需求、对游戏娱乐的需求、对社会交往的需求和对商业交易的需求。BAT 能够各自一方独大，正是在各个领域将满足用户的这些需求做到了极致。但纸媒过去十多年拓展网络的实践，却将办网表现得过于简单，主要集中在信息传播一个领域。

首先是内容简单化。即便是把报纸内容搬上网，大多数纸媒也只是简单地原样呈现，而未以网络化的语言、网络化的操作方式对新闻报道进行再加工、再打造，生产出符合网络传播语态的信息。其次是产品简单化。

对于大多数纸媒而言，办网的主要形式为新闻和论坛，在其余的网络产品打造和创新上鲜有作为。最后是投入简单化。无论人员的投入还是资金的投入都较少。

2. 外行办网

从传媒发展规律来看，每种媒体都有其独特的发展规律、操作模式，互联网更是具有颠覆性，无论技术创新还是产品创新以及推广运营都有其独特的规律。但在报人办网的实践中，多是由各家报纸抽调编采人员从事网站的运营。在某种程度上，对于大多数报纸而言，办网只是“副业”。

两种媒体基因基本不同，传统报人办网在相当长一段时间都较为外行。在理念上，报人仍然以传统的新闻操作思路来办网站，这也是导致报纸网站内容简单化的直接原因。在技术上，偏重于技术维护，而在互联网技术产品开发和运营方面缺乏作为；在体制机制上，传统的新闻宣传管理体制机制，与互联网企业的运营体制机制差别很大，员工的动力和目标也各不相同。

3. 关门办网

互联网的优势之一就在于其无边界的属性大大整合了跨地域、跨行业的各种资源，为各个领域的整合发展提供了无穷无尽的想象空间。但在报纸办网的过程中，除了腾讯与全国各省会城市一些报纸合作办网之外，大多数报纸网站都是属于封闭式的发展。

除了人员大多来自内部，资金基本来自内部，在办网理念上也多以辅助内部办报理念为主，在经营收入上更是依赖传统广告。这种与外部缺少合作、自给自足的自然生长式发展模式，决定了报纸办网很难在资金、技术、人员、项目上实现体外循环，进而难以在短时间内实现跨越式发展，错过了快速发展壮大的时间成本和机会成本。

三、未来，能做些什么？

如同当年站在互联网发展起跑线上一样，今天的报人与报业又一次站在了发展移动互联网的起跑线上。所不同的是，能否认真总结和吸取过去十多年报人办网不成功的教训，不再走“搬报纸上手机”的老路，闯出一条条引领移动互联网创新的新路，将决定纸媒在接下来几年的生存关键期能否成功转身。未来，有太多不确定性，但在拓展移动互联网上，只要能把握住规律和命脉，就一定能闯出一片新的天地。

1. 做细产品：不是新闻客户端那么简单

据人民网2013年6月发布的调查报告，中国境内1400多份报纸，已有170家报纸在智能移动终端操作系统上开发了App。其中，绝大多数App仍然是新闻客户端。如果纸媒抢抓移动互联网借口仍然只是简单发展新闻App，那么无疑又将走上“搬报纸上手机”的老路。因为绝大多数纸媒作为区域性媒体，在新闻内容的集成上要与网易、搜狐、今日头条等客户端竞争优势不明显。

当然，作为移动互联网的呈现形式和载体，App是必须重点突破的方向，但前提是以产品思维为前提，打造独具特色的产品。纸媒必须开发和运营一款款符合用户需要、具有市场竞争力的移动互联网产品，才能找到落地生根的载体。在开发产品上，主要包括两个层面。

本地层面，发挥资源优势，做强行业产品。我国的纸媒绝大多数是区域性的，经过多年深耕，在所在地积累了深厚的政经资源。纸媒应该转化这些资源，着力开发垂直化、分众化的产品，挖掘用户需求，实现经济效益。以《华西都市报》旗下华西都市网开发的“成都红娘”为例，通过为本地用户提供一对一的相亲交友服务，在3个月的时间就积累了3万名用户。

全国层面，把握本质需求，挖掘用户潜力。由于互联网的无边界特性，纸媒拓展移动新媒体产品时不必拘泥于一城一地，只要是把握用户共性需求、在细分领域具有核心竞争力的产品，都应大力打造和推广，大众点评就是这一趋势下细分全国性用户需求的典范。

2. 做强团队：让技术成为引擎

科技改变世界。张小龙和他的微信技术团队让腾讯有了战胜新浪微博的有力武器，重新引领社交媒体发展。在拓展移动新媒体的过程中，技术是核心引擎，纸媒必须将重视技术和团队放到与重视内容同等重要的位置来抓。

要打造强大的技术团队。纸媒能否拥有核心的技术团队，决定着自身在开发细分产品上有没有自主权和话语权，因此必须高度重视技术产品的开发。过去三年，华西都市网的技术团队已先后成功开发十余款产品，如华西魔码、《华西都市报》客户端、成都范儿、成都红娘、微连等产品都在市场上产生了较好的反响。同时，还实现了技术输出，通过为企业开发办公平台和产品实现了收益。

要打造灵活的产品团队。与传统纸媒部门化运作、单兵式突破不同的是，小组化、灵活性的产品团队正在成为互联网时代产品拓展的新趋势。前文所述的《华西都市报》"成都红娘"产品运作中，就只由三个人组成了一个产品团队，产生了不菲的业绩。

3. 做活体制：与报纸分开

让专业的人做专业的事。报纸有报纸的专业，移动互联网有移动互联网的专业。目前，国内的时政类媒体多为事业性质、企业化运营，在拓展新媒体方面，也多以报社为主来开展。而与之相比的移动互联网公司，则是全部市场化的企业，在市场化运作中更加灵活。

纸媒过去十多年的实践也证明，只有赋予网站更多市场化主体地位，才能获得更多的竞争优势。《华西都市报》已成立四川华西都市网络科技有限责任公司来运营华西都市网，实现了单独的公司化运营，在市场融资、市场拓展方面获得了更为灵活的市场优势，在开发产品和产品运营上也更加符合互联网企业发展的特点。

4. 做好融合，实现优势的双向互补

4G时代，终端将主导传播、营销以及市场。面对传播渠道转移，推动"平面"和"屏幕"的融合是大势所趋。在媒体融合中，《华西都市报》以报纸为基础起步平台，把魔码、客户端、微信作为端口接入纸媒，架起移动新媒体与报纸的桥梁，持续增强用户黏性。

一方面，将移动互联网作为传统纸媒内容传播、放大、转化的有效途径，通过改进内容生产方式和传播形式，占领新兴舆论阵地，实现品牌的多次传播；另一方面，加大与传统主业生产的融合力度，相互借力、相互促进，使内容、经营在主业和终端间流动起来，从而实现优势互补。

5. 做大资本：在开放整合中快速壮大

事实证明，企业发展到一定程度，创新的原动力，乃至发展的新机遇不再来自企业本身，而往往来自开放环境下的合作伙伴。开放合作都是实现领域拓展扩大、做大发展增量的有效途径。长期以来，纸媒“内向型”发展的自然经济模式使得纸媒难以实现突破式增长。只有眼光向外，加强资源整合，才能实现要素结构的调整优化，做优存量、做大总量。

从国内外互联网企业的发展壮大来看，在开发整合中做大资本都是必然路径。新的发展形势下，纸媒拓展移动互联网要树立开放合作、资源整合新理念，既要眼光向内，以做优、做专为导向，以利益为联结聚合发展能量；又要眼光向外，以做大、做强为导向，以共赢为目的，走出去、引进来，借势借智借力发展。要通过开放合作，加大资本和资源“变现”的力度，主动积极寻求开放合作新途径，才有希望实现跨越式发展。

第二节　新时代[①]

1995 年 1 月 1 日，以《华西都市报》创刊为标志，中国报业的都市报时代大幕隆重开启。与国家大发展、社会大进步同行，中国的都市报走过了 20 年流金岁月，在中国报业发展史上写下了“黄金 20 年”的注脚，成为中国报业最亮丽的一道色彩。2009 年，原国家新闻出版总署副署长李东东就如此评价，“都市报的兴起与繁荣是新中国报业 60 年发展史册上尤为辉煌的一章”。

穿行 20 年，都市报紧贴中心、服务大局、铁肩担责、妙笔作文，为改革开放助威，为社会进步著史，为民生冷暖助力，跨入二十而冠的美好年华，迈入了革新图存的全新时代。

一、转型的新时代

关于这个时代，有太多词语可以描述，但毫无疑问，移动互联网时代是核心关键词。移动改变一切，都市报在自觉应变中迈入了属于自己的新时代。

1. 新定位

20 年前，市场经济风起云涌，信息需求快速扩大，新闻信息极度匮乏，都市报以“市民生活报”为定位，迅速得到了广大市民认可。随着经济社会大跨越，尤其是互联网的大发展，信息也进入了一个大膨胀的时代，海量信息让人目不暇接，人们获取有效信息的成本不断提高。敏锐判断新形势，都市报的办报定位也开始了新的转型。2014 年以来，《华西都市报》《东方早报》《深圳晚报》《南方都市报》等报纸先后提出了新的办报定位。

2014 年，《华西都市报》创新升级，在全国率先提出了打造“大众化高级报纸”的新定位，这是在新环境下努力刷新办报理念的一次探索。打

---

① 摘自《都市报迈入一个新时代》，刊发于《新闻战线》2014 年第 12 期。

造“大众化高级报纸”,《华西都市报》强调以网络思维为先导，重新把握网络空间下用户对信息和新闻的需求，以打造“24 小时为出版周期的杂志”为路径，推动报纸由信息的记录者、声音的传递者转变为资讯的整合者、社会的洞察者、思想的引领者、平台的融合者，让新闻报道从“快速对新闻做出反应”向“探寻新闻事件的深层意义”转变。

2. 新平台

相对于 20 年前乃至 10 年以前以单一的报纸为主，如今都市报群体的发展平台已经远非一张报纸。纵观国内各家都市报，无不在新媒体、文化产业乃至房地产、旅游等各行各业大力拓展。虽然拓展领域不同、营利程度不同，但都在形成全新发展平台。

近年来,《华西都市报》构建了一个集纸质媒体、网络媒体、移动媒体、视听媒体、社区文化传媒和城市公众服务平台为一体的华西传媒集群（WMG）。纸质媒体包括《华西城市读本》、《华西社区报》，网络媒体包括华西都市网，移动媒体包括《华西都市报》“两微一端”、成都范儿客户端、成都红娘微信公众号等核心产品、垂直产品和众筹产品矩阵，视听媒体包括 FM90. 0 广播频率、《天府旅游》电视栏目，社区文化传媒包括 LED、社区文化墙，城市公众服务平台主要为华西传媒呼叫中心 96111。在文化产业领域,《华西都市报》通过举办书画艺术展览、格莱美明星演唱会以及与成都演艺集团合作创办成都爱之旅文化传媒有限公司等，深度拓展文化娱乐演艺产业。

华西传媒集群成员单位架构图

3. 新品牌

平台发展随之而来的是品牌的升级和更新。目前，全国大多数都市报都已不再是一张报纸的单一品牌，实现了品牌的升级换代和再生细分，并且不遗余力地打造和推广。

首先是一些都市报实现了整体品牌的升级，传媒集群、全媒体集群、报系等，正在成为各地主流都市报的新品牌、新形象。其次是品牌的细分发展，各类社区报、读本、客户端、微信公众号、产业等新的品牌层出不穷。这些品牌的变化，充分反映了都市报转型升级的新群像。从《华西都市报》来讲，品牌就包括集群品牌、子报品牌、新媒体品牌等，加上主报品牌，实现了品牌发展的多层次化和多样化升级。三是品牌价值不断提升，国内主流都市报的品牌价值都实现较大幅度增长，《华西都市报》亦是如此。世界品牌实验室发布的“中国500最具价值品牌”排行榜，《华西都市报》品牌价值在中国西部报纸中排名第一，《华西都市报》(华西传媒集群WMG) 位居世界媒体500强，是西部唯一入选媒体。

4. 新模式

传统都市报以一种以24小时为周期的大众传播模式，新闻生产呈流线型，生产周期长。在经营上，是典型的“二次售卖”，主要依赖于版面广告。

随着发展平台的改变、现实环境的倒逼以及融合发展的推进，都市报无论传播模式还是经营模式都发生了新的变化。在新闻传播上，即时、全媒体传播成为常态，与用户的互动也成为常态，为用户精准服务的定制式报道开始出现；在经营模式上，基于全媒体集群和报系资源整合的整合营销模式开始成为常态，报商模式、多元收入正在带来新的生机活力；在发展路径上，一些都市报加快了借力借势发展的步伐，新的模式正在孕育，新兴产业正在形成。

二、新时代的生存法则

新常态下，都市报过去20年的发展模式已经难以为继，不足以支撑报社走向更远的未来。如果还寄希望于在传统模式上苟延残喘，就只能等死。

法则1：一定不能固守在纸上

人类社会的现代史，就是一部科技发展史。每一次科技革命，都推动人类生产生活迈上了一个新的台阶，又把固守传统的事物拍在了沙滩上。柯达胶卷固守传统胶片市场，走上了破产的道路；诺基亚没跟上智能手机的浪潮，只有跟亿万用户说再见。这些全球明星企业的风光不再，足以警醒都市报，一定不能固守在纸上。只有打通纸与网络的空间，才能挤入连接未来的通道。

法则 2：一定要加快拥抱互联网

最好的防守就是进攻。移动互联网大行其道的新时代，报纸与互联网已经谁都离不开谁。一方面，网络离不开报纸。多个统计数据表明，网络上的新闻传播大多来自报纸生产，并且大多是都市报生产。另一方面，报纸也离不开网络，无论影响力的再次传播，与用户的沟通互动，新闻线索的来源，还是互联网技术的运用，都已经成为报纸不可或缺的一部分。都市报对移动互联网一定不能持抗拒的态度，主动积极地拥抱互联网、运用互联网、占领互联网，才是正道。

法则 3：一定要走出去

都市报过去 20 年的发展，总体而言是一种较为封闭式的发展。由于体制机制、生产方式、专业特征的原因，加上发展形势的顺风顺水，大多数都市报要么安于守住报纸的“一亩三分地”，要么习惯于自己培育新的产品和产业，在开展对外合作、借用外部资本、进入新兴领域方面作为不大，收入规模保持在几亿元、十几亿元不等，缺乏更大的突破。所以，一定要改变“闭关锁国”的陈旧模式，走出去与各行业大佬合作，寻求超常规发展的资本、资源和项目。

三、强化互联网思维

生存法则变化的背后，是互联网的无所不在。互联网思维，不仅属于互联网，更属于敢为天下先的媒体人。都市报迈入新时代，必须大力向互联网学习。

1. 用户至上

在没有互联网的情况下，报纸也强调读者意识，但“读者”是一个假设的对象，更多是编辑部根据内容定位需要而模拟出来的。至于读者具体阅读情况，喜欢哪篇，不喜欢哪篇，读后有什么感想等等数据，除了问卷调查这样的高成本渠道之外，很难获取更多精确精准的数据。

互联网时代，核心就是用户至上，要清楚地知道自己的用户。都市报也必须强化用户意识，变读者为用户。要对已有读者数据库进行重新梳理、加工、分类，然后通过多种渠道收集更多的目标用户数据，开展数据分析，找准读者需要什么，为他们提供定制式的产品，提供更好的服务，让他们对你不离不弃，他从中获益，你从中获利，和谐共生。

2. 产品先行

真正要由读者思维到用户思维，关键是改变传统大众媒体的内容思维，强化产品思维，变内容为产品。两者的区别在于，如果说媒体思维是发散的、大众的，那么产品思维就是聚焦的、小众的。媒体思维注重趋势、格局，找到最吸引眼球的地方，行文造句如何吸引阅读者注意，等等。产品思维注重挖掘需求，为用户提供真正意义上的需求满足。“未来媒体将彻底产品化，越细分越有价值。”

对纸媒而言，传播本身的价值已经有限，只有把传播变成产品，为用户服务，才有商业价值。都市报应该深挖内容的附加值，根据客户的不同需求，分层次、分步骤地给受众、给客户提供更具价值的产品，实现内容的延伸开发、多次利用。

3. 服务制胜

在都市报的生产模式中，内容一直是中心。在生产流程上，一般是内容生产完成之后，生产就停止了。在后续服务上，要么是很简单的热线回馈，要么没有。

新的信息时代，服务变得前所未有的重要。必须建立起系统性的思维模式，善于打组合拳，改变原来的内容提供商角色，转变为以用户为中心的服务提供商，在信息服务、活动服务、平台服务、组织服务等方面创造更多价值。都市报必须转变观念，从以生产新闻信息为中心转向以用户需求为中心，从“给市民办报”转变为“给市民办事”，帮读者解决实际问题，靠实用服务留住读者，进而升级为用户，增强黏性。

4. 整合借力

互联网发展使得许多产业的边界变得模糊，导致了跨界思维的产生，如销售、金融、图书、娱乐、交通和媒体等可能都是一个整体。每一个行业都在整合，都在交叉，都在相互渗透。

未来的竞争，就是资源整合的竞争，是终端消费者的竞争，谁能够持有资源，持有消费者用户，就有希望立于不败之地；谁能够整合更多的资源，谁就拥有更多的话语权和机会。媒体作为资源聚合平台，在深度整合资源、拓展资源上拥有更多优势，必须充分把握，大力转化，才能创造更多转型、发展的机会。

5. 极致追求

互联网思维的重要构成就是极致思维，它强调把产品、服务和用户体验做到极致，超越用户预期，不断超越自己，从而让别人无法超越。对纸媒来说，在传统领域离做到极致还有很远，这就是发展的空间。

把内容做到极致。针对特定受众，将其内容、特点做到极致，或许是其在网络时代“突围”的关键性武器之一。从《华尔街日报》等几种美国至今仍非常成功的平面媒体来看，这无疑是生存铁律。

把经营做到极致。改变单一的平面广告的经营模式，把事件营销、活动营销、整合营销等十八般武艺都用上，全方位、多角度地挖掘经营潜力，就必然能带来更多的机会。

把发行做到极致。日本主流报纸发行量没有下降，跟报纸进家的订阅习惯和无所不在的发行网络不无关系。所以越是形势严峻，越要重视发行工作，既重视发行创新，又制定读者增长计划。

把管理做到极致。通过细化成本控制、细化版面管理、细化制度规范和执行提升管理效益，从而实现管理的科学化。

四、打造新型主流媒体

在中央加快推动传统媒体和新兴媒体融合的战略部署下，迈入新时代的都市报应以创新为基，以改革为要，加快打造形态多样、手段先进、具有竞争力的新型主流媒体，推动发展更新换代，从而开创更加辉煌的新时代。

1. 持续建设“移动互联媒体”

传统媒体的世界，各种媒介要么以文字为特色，要么以声音为特色，要么以影像为特色，你不兼容我，我不兼容你。而互联网的世界，已经兼容了所有传统媒体特色，融合呈现。随着4G时代的来临，移动互联网克服了PC互联网难以移动的弊病，更是加速了所有媒体特色的兼容，随时随地、文字声音影像全呈现。未来的世界，一定是移动互联的世界。

都市报作为融合发展的生力军，打造新型主流媒体的方向应是打造“移动互联媒体”。它是一种“小前端、大平台、富生态”的格局，即以多种多样的App和微信公众号前端移动产品矩阵直接面对消费者和市场，在越来越灵活的运营中创造越来越多的机会。保证前端灵活，需要功能强大的平台支撑。以都市报为依托的强大平台，将确保前端获取资源的成本最低，效率最高。依托平台的强大辐射力，还将产生出越来越丰富的商业生态系统来支撑小前端的运作，从而打造新的媒体发展格局。

基于以上判断，《华西都市报》(华西传媒集群）提出，致力构建以主报为发展依托，以华西都市网络科技有限公司为融合载体，以《华西都市报》“两微一端”等移动新媒体产品为平台支撑的“小前端、大平台、富生态”融合发展格局，建成拥有强大传播力、公信力和影响力的西部新型都市主流媒体集群。目前，《华西都市报》已经和正在形成四种类型产品，包括移动新闻产品、社交产品、电商产品和互联网金融产品。其中，又包含三个层次，分别是核心产品、垂直产品和众筹产品，三个层次之间可根据发展实际升级、降级或转换。

2. 加快推进融合发展

打造移动互联媒体只是实现渠道的占领，根本上还要靠内容来支撑。都市类媒体作为内容生产商，加快传统报纸生产和移动产品生产的融合改造是革新核心。

为加快推进融合发展，《华西都市报》出台了《华西传媒集群融合发展纲要（2014—2016)》。《纲要》除了上述提到的移动互联网产品规划，重点在于进一步理顺全媒播报融合流程、经营管理融合流程、产业融合流程，构建一体化运营的全新流程机制。

3. 积极拓展新兴产业

新常态下，文化产业、旅游、会展、房地产等产业某种程度上也是传统产业，有的行业市场还受到了较大影响。所以，都市报的产业集群拓展还应该瞄准新兴产业，在传统主业做减法，在新兴产业做加法。具体而言，就是要眼光向外，大力借力借势借智，在与互联网企业的合作中构建新型产业集群。

2014 年以来,《华西都市报》加大了对外开放的合作力度,《华西都市报》先后与阿里巴巴集团、中国移动手机阅读基地、百度等合作，打造相关产品。互联网时代是一个社会分工更加明晰的时代，开放合作、充分利用社会分工是纸媒变革的基本策略。如果什么都要自己做，不被累死也会被拖死。所以，都市报的产业拓展策略也应与时俱进。

改革创新，时代主场。20 岁的都市报不应迷惘，转型升级、融合发展之路正在绽放新的光芒。

第三节 20岁，再出发[①]

关于2014年，编委会、经管会分别召开系列专题会议作了总结，我们也以年度华西榜样颁奖典礼的形式作了总结和回顾。在这样一个异常艰苦、异常艰难的年份，我们仍然在传播影响上实现了提升，仍然在转型升级上取得了突破，仍然在经营利润上保持了稳定，极其难得，极不容易。认真分析，有以下经验值得继续保持。

改革创新是法宝。2014年，面对前所未有的大坎，我们坚持以改革创新解难题、保稳定、促发展。从年初推动整合传播整合营销，到年中制定《华西传媒集群融合发展纲要（2014—2016)》，再到年底推出《〈华西都市报〉（华西传媒集群）深化改革实施要点（试行)》，我们将改革创新贯穿于全年，贯穿于新闻报道、广告经营、集群发展、融合发展等各个领域各个环节，用改革的精神、思路和办法来推动传统都市报变革，以改革促融合，以改革促转型，打开了新的发展局面。

提质增效是抓手。过去这一年，我们准确把握竞争环境和竞争形势，不再简单以数量论英雄。通过强化精细管理，细化目标管理、成本管理、制度管理，更加注重版面质量、经营质量和发展质量。不论打造大众化高级报纸，还是严控广告刊赠，以及强力推动集群各平台传播力影响力竞争力提升，我们都始终以提高质量和效益为立足点，于提质增效中提振发展信心、赢得发展主动、增强发展后劲。

团队塑造是保障。这一年，面对行业的各种流言蜚语、各种现实危机，我们的铁军团队经受住了考验，稳住了发展大局，值得点赞。我们的信心经受住了考验，科学、准确把握报业危机，认清了报纸未老、报业更新的现实，迈出了危中寻机的坚实步伐；我们的状态和精神经受住了考验，振奋精神、共渡难关、爬坡迈坎，在全力保持主业稳定的同时，推动二次创业的征程又向前进了一大步。

---

① 摘自2015年2月6日在《华西都市报》2015年工作会上的总结发言。

一年来，每位铁军同人都很辛苦、很不易，但也很充实、很有成就感。这种成就感，既有主要目标任务的达成，也有我们在如此严峻形势下向集团党委、向报社创刊20周年交上了圆满答卷的底气。我们不负重托，不辱使命，集中展示了《华西都市报》20年发展轨迹所蕴含的宝贵精神。

20年峥嵘岁月，创业、创造、创新、创变是永恒的主题，也有无数经验启示值得总结传承，归纳起来有以下精神值得铭记。

一是敢为天下先的创新精神。20年前，我们创办了中国第一张都市报，开启了中国报业的新时代，推动形成了蔚为壮观的都市报现象，并持续引领报业、引领发展、引领时代，与我们始终秉持敢为天下先的创新精神紧密相关。经过20年发展，面临新的环境、新的考验，在国家将创新驱动战略提升到前所未有高度的时代背景下，我们更要继续高扬改革创新旗帜，以创新化解压力，以创新应对考验，全面激发创新创业的热潮和活力。

二是敢担天下责的担当精神。20年来，我们始终秉承“人民至上、公信天下”的办报取向，把责任担在肩上、刻在纸上，对读者、对社会履行守望暗礁、守护公平、推动进步的责任，对自身、对发展履行追求高远、

《华西都市报》20周年融合转型海报

转型升级、奠基未来的责任。面对前所未有的压力和大坎，我们更要强化责任担当，以坚定的理想信念、强烈的责任意识、无私的奉献精神，敢于担当、善于担当，不断开拓进取、创造新的辉煌。

三是敢破天下险的攻坚精神。20 年来，我们经历过无数挑战，面对过无数困难，无论来自采访一线的惊险，还是来自传媒竞争的危机，我们逢山开路，遇水搭桥，在全体华西人的共同拼搏下，赢得了一个又一个胜利。面对发展新常态、新挑战，我们必须时刻保持奋发有为的状态，唤起改革攻坚的勇气，永葆不惧风险的锐气，不畏难，不躲闪，敢啃硬骨头，勇于涉险滩，继续创造发展新优势、体制新优势和人才新优势。

一、面对 2015，战略研判是什么？

2015 年，是全面完成“十二五”规划的收官之年，全面深化改革的关键之年，全面推进依法治国的开局之年，通往梦想的道路上，2015 年十分关键、十分重要。只有科学认识当前形势，准确判断未来走势，历史地、辩证地把握经济社会、传媒演进的阶段性特征，才能保证前行之路不跑偏、不走歪。

1. 新常态与新趋势

认识新常态、适应新常态、引领新常态，是中央、省委提出的当前和今后一个时期发展的大逻辑。新常态揭示新特征，新特征体现新规律。对我们而言，必须准确把握新常态带来的新趋势、新机遇。

经济新常态带来市场新空间。经济新常态将是一种长期之态，更是一种变化之态。经济结构、经济发展方式、经济发展动力都将出现趋势性变化，涌现出一系列新的增长点，也会使一些行业付出产能过剩的沉重代价。对报纸经营而言，也必须咬紧牙关，忍住行业变化的阵痛，努力与新行业同步，与新增长点同行，在全新的市场空间谋求增长。

传媒新常态催生发展新使命。当前，万物互联互通、共享共治，“互联网物理化”正在成为新的趋势，数字世界的技术、商业模式将深刻改写传统产业格局和产业地图。在传统媒体和新兴媒体从形式上“合”转为全方

体之外的领域，开拓更多、更广的新路径。

融合创新的问题。推动传统媒体和新兴媒体融合发展，已成不可逆转的趋势和潮流，我们必须加快融合发展进程。要大力解决媒体融合在组织架构、生产流程、激励机制等方面的问题，持续不断地进行改革和重构；其次要解决融合只见影响、不见效益的问题，力争探索出新的营利模式，为融合发展提供长远支撑。当然，融合创新，首先必须把新媒体产品做出影响力，要把用户数、装机量作为最关键的目标。

"四个难以为继"的进一步凸显，对报社来说，必须处理好三对关系：

要正确处理好拥抱互联网与深耕主业的关系。我们提出全面拥抱互联网，深入实施融合发展"i战略"，提升新媒体的影响力，还必须以牢牢守住《华西都市报》这个主阵地为前提，不能捡了芝麻丢了西瓜。要在坚持不懈深耕主业、做强主报的基础上拥抱互联网，要在互联网空间下重新发掘和扩大报纸的影响力。深耕主业重在资源整合，要加大资源变现力度，进行纵深开发，为转型升级提供更多支撑。

要正确处理好适应治理新常态与抢抓发展新机遇的关系。治理新常态下，管理前所未有地加强，但不能因此就履职不为、无所作为、怨天尤人。一些人习惯于陈旧的操作方式，忘记了媒体经营的本质。大量经典案例说明，有创意的思想、有影响的作品、有针对性和整合性的营销组合，才能赢得客户认可，赢得更多发展空间，要在这方面下大功夫。

要正确处理好拓展新兴行业与稳住传统行业的关系。经济压力持续加大，防止经济效益、经营规模滑出合理区间，必须坚持两手抓、两手硬。既要开拓新兴增长点、挖掘新增量，也必须始终抓好传统支柱性行业的经营创新，想方设法承接这些行业的投放转移，牢牢稳住基本面，防止断崖式下滑。

3. 如何转方式调结构

2015年，将是异常艰难的一年。年前召开的中央经济工作会议提出，2015年经济工作主要任务的第一项是"努力保持经济稳定增长"，可见下行压力之大。如何应对？中央经济工作会给出了答案，即"关键是保持稳增长和调结构之间平衡"，更加凸显了向结构调整要增长、要质量、要效益的新导向。对我们这样一份传统的市场报来说，转方式、调结构更加迫切、更加紧要。

（1）转什么？

转变传播途径。互联网已经成为舆论斗争的主战场，我们不能固守纸媒，要全面拥抱互联网，运用互联网传播方式，养成互联网传播习惯和行为习惯，打通传统媒体影响力和新兴媒体影响力的通道，占领两个阵地，尤其是要占领年轻群体阵地。未来，得年轻人者得天下。

转变营销手段。传统营销方式风险重重、空间狭窄，必须改进营销手段，回归营销本质，用高水平、高传播效果的营销策划、营销活动赢得市场；必须变“广告硬推送”为“内容深营销”，发挥内容营销在品牌传播的作用；必须丰富营销载体，把集群平台、新媒体平台纳入营销范围，开展定制化营销，用大融合、大传播的多元化策略提升营销竞争力。

转变生产方式。每一轮生态演进、工业革命都是对落后产能的一次淘汰，此轮传媒生态演进淘汰单一落后产能的趋势越来越凸显。一定要变单一文字生产为多媒体、数字化生产，变“一专一能”为“一专多能”，变“24小时一个周期”为“24小时在线媒体”。

（2）调什么？

调整经营结构。至少包含两个层次，要改变主要依赖传统行业的经营结构，发现和把握新常态下新的增长点，与新的行业共成长；要改变主要依赖广告的单一结构，在活动创收、资源变现、线下销售、报商团购等多领域扩大收入来源，提升多元收入比重。

调整队伍结构。根据媒体融合和新媒体产品打造需要，推动采访部门全面新媒体化，推动编辑人员转岗、转型新媒体岗位。同时，加大移动互联网技术人才、运营人才引进，为队伍转型增添活力。

调整考核结构。以考核为杠杆，树立鲜明导向，推动全员转型。要按照《〈华西都市报〉（华西传媒集群）深化改革实施要点（试行）》要求，对编采人员加强新媒体生产的考核，提升其在绩效考核中所占比重；对经营人员更加注重利润导向，让考核更加直接。

4. 如何稳中求进？

要准确把握稳中求进的工作总基调，把握“稳”是基本前提、“进”是根本出路的要求，在“稳”和“进”上找到着力点。

（1）稳什么？

主业稳，则发展稳，转型稳。所有工作必须紧紧围绕主业稳固来开展，以此为基础来求进。

要稳住主业信心。坚信报纸特别是品牌报纸是永不消失的文化风景线。既要看到报纸在传媒丛林中有主导传播、需求永恒等“报”的优势，又要看到阅读习惯、设计独特等“纸”的特色，更有报纸作为党的事业组成部分的体制优势，坚信报纸未老、报业更新。

要稳住主业影响。始终不遗余力地做强影响力是奠基未来和持续发展的根本。要不遗余力地做强《华西都市报》的影响力，坚持不懈地推进新闻创新，持续提升主业传播力和公信力；要不遗余力地提升《华西都市报》在互联网领域的影响力，不断打造新的品牌影响。

要稳住主业收入。继续保持2014年良好势头，用好2014年爬坡迈坎宝贵经验，持续坚持提质增效，提高经营质量和水平，并调动可以调动的资源加以转化，拓宽主业收入来源，紧紧围绕2015年主要经营目标任务，稳住发展基本面。

（2）进什么？

进，是为了更好地稳。必须不遗余力地破除影响主业发展的关键症结，以补齐短板和拓展空间求进来为主业稳固提供保障。

以改革求进。2015年是转型调结构的关键之年，这一年能否有所作为，将决定我们的胜败和生死。要继续在深化改革创新的道路上疾步前行，大力推进流程、机制、考核、制度创新变革，释放体制机制新红利。

以管理求进。坚持精细化管理，总结精细管理的经验，进一步改进项目管理、成本管理、团队管理的不足，不断完善提升，在细致入微的管理中，创新现代传媒企业管理方式，向管理要效益。

以开拓求进。坚持必攻不守的工作状态，通过持续不断地开疆拓土让发展之路越走越宽。要着力推动集群已有平台的深度开拓，进一步向社区、向区县、向新媒体领域深耕；要大力推动新产业平台的全新开拓，向移动互联网、向文化产业发掘技术红利和产业红利。

以增量求进。传统存量下滑，开发新的增量空间将是 2015 年的头等大事。要奋力在新兴产业领域求增量，在集群各平台求增量，在资源变现上求增量，在项目开拓上求增量，力争形成新的支柱性产业，为稳中求进提供新的支撑。

二、穿行 2015，战略重点在哪里？

在中国都市报 20 年暨媒体融合发展研讨会上，与会专家和同行认为，当前，传统媒体与新兴媒体融合发展已成为不可逆转的大势，都市报迎来了应对传播新趋势和发展新要求的窗口期，都市报发端于市场、根植于市场，拥有巨大的受众群体，对市场反应尤为灵敏，应当在融合发展中发挥自身优势、率先实现突破。

《集团 2015 年工作要点》对《华西都市报》(华西传媒集群）的发展提出了明确要求，即“抓好《华西传媒集群融合发展纲要（2014—2016)》

《华西都市报》融合发展“i 战略”示意图

贯彻落实，推进融合发展‘i战略’落实”，“真正构建同频共振、共同促进的集群共同体，形成‘小前端、大平台、富生态’的融合发展格局”，“推动经营调结构转方式，稳住基本面，继续大贡献”。

做好2015年及下一阶段工作的基本思路是：认真贯彻落实集团党委扩大会议精神，深入实施《华西传媒集群融合发展纲要（2014—2016）》和《〈华西都市报〉(华西传媒集群）深化改革实施要点（试行）》，深耕主业，融合发展，转型升级，深入实施“i战略”，深化改革创新，细化作风建设，强化风险防控，加大资源整合，加快全员转型，倾力构建西部第一、全国领先的新型都市主流媒体集群。

1.“i战略”是什么？

所谓“i战略”，是以开放合作（i-Cooperation）理念，向资讯（i-Media)、社交（i-Link)、电子商务（i-EB)、互联网金融（i-Finance）四个方向突破，推出全新的新媒体精准投放广告系统（i-Delivery)，实现指数级增长（Induced Exponential Growth)，着力构建“小前端、大平台、富生态”的传媒融合发展新格局。

这是一个产品链条。全面拥抱互联网，我们不是盲目进入所有领域，而是要结合自身优势，将纸媒的优势与互联网相结合，在资讯产品、社交产品、电商产品和互联网金融产品上形成相互补充、相互联动、相互支持的移动新媒体产品链条。

这是一个开放系统。我们充分把握互联网互联互通、开放合作的特征和规律，在战略设计上强化开放合作的理念，以我们在本土的优势对接各个领域的强势资源；在产品设计上强化开放性，让各层次、各行业的用户和客户都能对接进来，从而通过若干个产品形成一个全覆盖的新媒体产品系统。

这是一个生态圈子。我们致力于形成环环相扣的发展生态闭环，以多种多样的App和微信公众号为前端产品矩阵直接面对消费者和市场，为用户创造最高水平的个性化价值；以《华西都市报》为强大平台支撑，确保前端产品获取资源的成本最低，生产的效率最高；在这个平台上，会聚集越来越丰富的产品生态和商业生态系统，进一步推动小前端成为平台级产品，从而构建新的互联网媒体发展格局。

这是一个增长体系。我们着力打造功能多样的产品矩阵，就是要力争在“村村冒烟”的氛围下，顺应移动互联网细分化、碎片化的趋势，打造多个覆盖较大用户基数的产品，为各行业商家提供直达用户的平台，与商家共同面对客户、服务客户，积小胜为大胜，汇聚强大合力，让引爆指数级增长变为现实。

（1）资讯为核（i-Media）

资讯产品是我们20年来积累的长处和优势，也是推动华西传媒集群融合发展的核心产品。要全力打造《华西都市报》两微一端、掌上四川两微一端、百度新闻华西频道，以此作为推动和承接《华西都市报》新闻资讯内容全面转型、引领移动互联网传播的平台级产品，推动“纸”变、占领年轻用户群。

（2）社交为要（i-Link）

社会化媒体时代，无社交，不阅读。我们要顺应内容跟着关系走的趋势，在社交新媒体产品领域实现突破。华西都市网络科技有限公司要在提升“成都范儿”“爱哟”和“广场舞”等产品影响力的同时，不断地推出新的社交产品，在社交传播链条上拥有更多用户和话语权。

（3）电商为径（i-EB）

作为互联网产业的重要增长极，我们要利用自身打造的电商平台，与阿里巴巴集团深度合作，推动“百县千店万人计划”、建设电商孵化基地、淘宝华西商学院等项目落到实处，同时快速抢抓电商移动化的机遇，打造“8小时移动商城”。

（4）金融为器（i-Finance）

要紧紧抓住与四川能投集团联手打造互联网金融平台的机遇，尽快推动“天府贷”上线运营，以此为杠杆，进入互联网金融领域，借力转型，撬动资本市场，实现由广告运营向资本运营的突破，加快转方式调结构步伐。

（5）精准为擎（i-Delivery）

顺应大数据发展趋势，要致力于推动以数据为支撑的营销重构。要不断积累有效的新媒体产品矩阵用户数据，搭建基于集群的千万级用户数据库，打造“全新的精准投放广告系统”，对用户数据进行深度挖掘和分析，再根据传播和商业的需要，进行定向精准推送，开展数据营销。

（6）开放为纲（i-Cooperation）

“长板理论”认为，把优势做够才是王道。我们要改变传统的自主发展思路，以蕴含互联网思维的开放合作（i-Cooperation）理念，发挥区域媒体的优势资源，整合政府资源和企业资源，在多个领域“开放合作”，发现更多转型升级机遇。

（7）增长为向（Induced Exponential Growth）

在新的平台实现指数级增长是“i战略”的意义所在。我们要以求新求变、合作共赢的理念，通过产品打造、平台再造、营销重构等，促进自身经营增长，与合作伙伴共建指数级增长生态圈，共同发展壮大，实现良性循环。

2. 如何对接“i战略”？

全员参与“i战略”实施，全员对接“i战略”，必须遵循传播规律，形成正确认识，迈出正确步伐。

（1）廓清误区

绝不只是开公众号就了事。报社倡导打造众筹产品，一些部门也花费了人力、物力乃至财力打造了产品，但在运营上缺乏新意、缺乏智力投入、与用户缺乏互动交流，照抄照搬报纸内容乃至网络内容，完全浪费了资源，离预期目标相差甚远，必须大力改进。

绝不只是卖广告那么简单。目前，一些垂直产品号充斥着广告软文信息，没有含金量，没有可读性，没有趣味性；一些经营部门在开展核心产品营销时，也仍然习惯于灌输式的简单推广，贱卖新媒体价值，损害了好不容易积累起来的用户信赖。一定要改变这种浅层次、粗表化做法，顺应移动互联网时代的品牌传播新常态，提升营销水平，创新营利模式。

绝不能忽略主业深耕。推进实施“i战略”，不能形成观念和工作上的误区，不能顾此失彼，不能弱化《华西都市报》本身内容产品的打造和深耕力度，更不能因为运营新媒体就降低长期以来积累的专业水准。实践证明，正是有了报社主业的优势，大型互联网企业才愿意与报社合作。这是根本，不能忘记。只有坚持不懈地打造和做强《华西都市报》的报道影响、经营创新和资源积累，才能推进“i战略”顺利实施，才能将两者优势发挥到最大，产生真正的效益。

（2）全面互联网化

互联网犹如一轮新生的太阳，必将照亮人类的各个角落，这是没有人可以打败的趋势，我们唯有顺应趋势，形成互联网思维，建立互联网习惯，才能迎着朝阳，顺势而上。

坚持产品先行。未来媒体将彻底产品化，越细分越有价值。推进实施“i战略”，要以用户为中心，以技术为支撑，围绕移动化、垂直化、精准化来设计、开发和打造明星级移动产品。通过App、微信公众号、微博、微视等终端，加快移动渠道布局，丰富和完善新媒体产品三级发展梯队。

坚持服务制胜。移动互联网时代，服务变得前所未有的重要。必须建立起系统性的思维模式，变以读者为中心的“内容提供商”为以用户为中心的“服务提供商”，与用户加强沟通，与用户互动常态化，加强信息服务、活动服务、平台服务、组织服务等。为用户创造价值，向用户提供服务。

坚持主业支撑。构建“小前端、大平台、富生态”的融合发展新格局，主业作为大平台的支撑作用至关重要。持续不断地做强报社主业，以强大的内容、丰富的资源、先进的体制机制为“小前端”新产品、新平台提供支撑。

要坚持生态共融。推进实施“i战略”，必须坚持融合的理念和思路，打通新媒体产品与各部门、各行业的融合通道，让内容优势得以连接，让政经资源得以共享，让融合流程得以流畅，推动“i产品”和“纸产品”全面进入“融时代”，从而谱写传统媒体和新媒体共生共荣、你中有我、我中有你的一体化发展篇章。

三、赢在2015，战略驱动是什么？

深耕主业，融合发展，转型升级，不能说在口中，停留在纸上，还必须落到实处。2015年，我们要狠抓“三大驱动”，为持续稳定发展和稳中求进提供强大保障和强劲动力。

1. 融合驱动

深入实施“i战略”，必须以融合为核心驱动。

一体化传播。进一步探索完善“一次采集，N极发布”的融合传播体系，将新闻报道的全时播报、深度展现、差异呈现纳入一体化统筹，创新完善一体化流程，大力推动集群各平台在线索生成、内容生产、终端发布上的同频共振。

一体化运营。进一步探索完善“一个链条，N次销售”的整合营销体系，尤其要结合新媒体营销规律和特点，实现重大活动、重大节点、重大项目营销的共同推进，形成经营合力，做大经营增量。

一体化发展。树立传统媒体和新媒体一体化发展理念，立足华西传媒集群各平台优势，推动传统媒体、新兴媒体和产业拓展协同融合，优化资源配置，避免媒体功能重复、内容同质、力量分散。

2. 内容驱动

内容始终是媒体生存发展的根本，加快媒体融合发展，必须以深耕主业为基础、为驱动，保持主业内容创新和新媒体产品创新的同调、同步、同向。

要办好“精报”。打造大众化高级报纸的基本要求就是办精报。在纸质版报纸的内容选择、加工和呈现上，必须走精品的道路，推动报道由“发生了什么”向“意味着什么”转变，力争让见报的每一篇报道都成为精品力作。

要办好“融报”。进一步推动报道融合，持续不断地创新“华西定制”报道模式，推动名专栏互联网化，探索将报纸作为移动互联网接入端口，打造“开放式新闻”，实现有限空间的无限传播、有限平台的无限延展。

3. 改革驱动

集团党委扩大会指出，要“把大力解放生产力、充分调动积极性放在更加突出位置，始终坚持改革创新”。我们要按照《〈华西都市报〉（华西传媒集群）深化改革实施要点（试行）》的部署，进一步推动改革具体化。

要打响“班长的战争”。2014年部署半年工作时，我们提出推动组织结构变革，变火车为动车，变一台大机器为多台“小机组”，解决动力问题。新的一年，要继续顺应互联网时代组织架构设计简约、速度、极致的趋势，进一步推动组织结构变革，推动组织扁平化、管理简单化，小单位作战，打响“班长的战争”。

要动刀机制的症结。融合变了，机制必须变；组织变了，机制也必须变。要进一步理顺《华西都市报》与集群各平台和“i产品”体系的生产流程和机制，为一体化运营提供保障；要为建立小单位作战机制配套管理激励制度，更好地激发组织活力、激发员工活力。

要搅活考核的“春水”。树立更加鲜明的考核导向，向项目拓展倾斜，向新产品拓展倾斜，向增量拓展倾斜，向新媒体报道倾斜；要树立更加注重利润的考核导向，引导各部门加强成本节约，自觉提质增效；要加大对资源变现、活动落地、跨界营销、多元收入的激励。总之，改革奔向哪里，就让考核倾斜到哪里。

与辉煌时代同行，我们用足迹、用笔迹，荣耀地将梦想、责任、信仰镌刻进20年历史记忆，书写了20年报业华章，开创了20年奋斗征程。奋进的时光总是短暂，我们还来不及梳理一下回忆，就已经站上了20周岁的关键节点，面临着前所未遇的巨大考验，迎接“天将降大任于斯人”的重担。

20岁，就是要告别过往再出发。全新的发展环境和竞争形势，让经验主义显得异常苍白，让过去的成绩不再重要，我们没有老本可吃，没有捷径可走。必须坚持扬弃、砸破过往，把已经拥有的一切归零，以一无所有的心态再创业、再出发，以归零心态、学徒心态、海绵心态，奋然前行、奋力拼搏，去创造更加精彩的崭新局面。

20岁，就是要肩负使命迎难上。登高揽山河，前路多曲折。20岁本就是与懵懂、与轻松告别的年纪，本就是挑重任、担压力的时候，无处不在的挑战和困难，正是证明我们能力、才干和担当的最佳时机。要以责无旁贷的精神，更加自觉、主动地担当起稳中求进、融合发展、转型升级的使命，迎难而上、攻坚克难，突破旧气象，开创新格局。

20 岁，就是要勇往直前攀高峰。生活总是充满希望的，成功总是属于积极进取、不懈追求的人们。面对未知的世界和无限的可能，我们唯有张开双臂，以创新精神推进改革发展，勇往直前但不心浮气躁，充满自信但不封闭保守，博采众长但不照抄照搬，全面拥抱一切新事物，顺应并力争引领一切新潮流，一步一个脚印向前走，一年接着一年攀高峰。

《华西都市报》创刊 20 周年“全家福”

第四节　创业加速度[①]

当前纸媒面临的危机和挑战，只是因为纸媒来到一个全新的时代，一个颠覆传统的时代，一个创新创业、创意创想的时代。能否顺应新的时代规律，进化出新的生存本领，决定了纸媒能否从旧到新、从弱到强。

一、加减与颠覆

今天，互联网，已不再是一般意义上的工具，它上升为矛盾主体，从设计、生产、销售到售后的全流程对传统产业进行改造，传统产业与互联网是“互联网+”，而不再是“+互联网”，传统产业正在变为被“+”的对象，传统媒体也不例外。

“减速度”是新时代的另一显著特征。2015 年上半年，我国 GDP 增速进一步放缓，同比回落 0.4 个百分点，达到历史最低点，传统的拉动经济增长的“三驾马车”——消费、投资、出口增速都有放缓的迹象，是否到底尚未可知。

“减传统”。目前经济正在向服务业主导转变，媒体赖以生存的传统支柱行业受到的冲击进一步扩大，传统产业面临调结构、去库存的压力，增长速度持续出现回落。

传媒重塑的时代。6 月 29 日，以《今日美国报》为旗舰的美国传媒业巨头甘耐特集团一分为二，美国最后一个既有报业资产又有电视资产的大型媒体集团正式解体。传媒市场格局重塑不可阻挡，传媒价值功能重塑不可阻挡。报纸的新价值是什么，新空间在哪里，这是我们所有人必须认真面对、深入思考的生存命题。

广告颠覆的时代。一是不知道广告该去哪儿。新媒体渠道的海量增加和无限分散，传播媒介渠道和平台越来越多，使得传统企业市场营销投入

① 摘自 2015 年 7 月 31 日在《华西都市报》2015 年半年工作会上的总结发言。

的分配对象越发显得泛滥，广告商一时之间无法做出一个精明的选择，便减低了传统渠道的投入。二是广告“触电”了。随着传统企业纷纷开始电商实践，以淘宝天猫为典型范本的电商模式，让品牌展示、公关客服、市场营销以及销售实现和物流交付集为一体，导致企业对于传播和营销的需求发生了巨大的变化。

我们不得不面对的现实是，经济社会加速互联网化的趋势不可逆转；宏观经济调结构、转方式带来的各行各业调整不可逆转；纸媒传播价值和生存空间转换的趋势不可逆转；广告业持续演变和推动纸媒经营转方式、调结构的趋势不可逆转。于是，像过去那样一种模式包打天下、一种状态一管多年的情况难以为继，主要依赖传统媒体继续提升主流舆论引导力难以为继，主要依赖传统广告加快报社发展难以为继，传播格局不重构、发展方式不转变、产业结构不优化，持续发展难以为继。

二、主业深耕与创业转型

做好 2015 年下半年工作的思路是：深耕主业，融合发展，转型升级，深入实施“i 战略”，深化改革创新，加速创新创业，加大资源整合，加快全员转型，强化风险防控，倾力构建新型主流媒体。

1. 在主业深耕中挖掘新力量

“凡是向多种领域扩展其业务，却又紧靠它们自己的老本行的企业，表现总比别家好。”无论融合发展，还是转型升级，都要始终坚持咬定主业不放松，深耕主业不松劲，坚持不懈地推动主业转型、稳住主业优势、提升主业影响，为深入实施融合发展“i 战略”和转型发展奠定坚实基础。

（1）转变办报方式，深耕报纸新内涵

必须着力打造报纸的新内涵，通过持续打造“大众化高级报纸”推动报纸转型，由“新闻纸”向“思想纸、关系纸、服务纸”转变。

要做深**“思想纸”**。以高质量的主流新闻和深度报道铸造高品位的大报风范，强化对重大社会现象的理性阐释，对新出台法规政策进行权威解读，对社会和经济现象进行专业化描述。

要做牢**"关系纸"**。要持续策划推出与用户利益切身关联的报道及活动，将之做强做大、做透做深，做出人文关怀与心理接近，成为一份用户离不开的报纸。

要做强**"服务纸"**。进一步提升报纸的服务功能，推动报纸进一步由"鼓与呼"向"帮与扶"转变，以媒体为介质，提供更多个性化的服务，提供超越于信息内容的服务和体验。

（2）转变经营方式，深耕市场新空间

并不是传统媒体没有希望，而是固守传统模式、传统路径没有希望。必须加快转变经营方式、开拓新的营收空间，为稳住主业提供支撑。

向**"华西定制"**要空间。提供基于个性化的"全案服务模式"：以传媒业服务链条为主线，跨界整合媒体和媒介资源，并为客户提供品牌传播、市场营销、产品促销、活动执行等综合服务。

向**"纸媒O2O"**要空间。把活动营销作为整合资源、拉动经营、提升影响的第一策划和第一抓手，策划和打造层次多样、类型丰富、关注度高的精品活动，着力提升两个效益。

向**产业外延**要空间。要进一步做强产业长尾，做大产业外延。一方面，顺应商家注重线下销售的趋势；另一方面，集群各平台要进一步细分，不断提升多元化拓展水平。

（3）转变发展方式，深耕集群新市场

在充分发挥各平台市场主体地位的基础上，如何进一步做大各平台影响、整合各平台价值、做强各平台效益，是摆在我们面前的重要课题。

要明确发展定位。总体而言，集群各平台定位相对明确、市场相对细分，相对都有独特的定位和功能，但必须进一步梳理清晰。

要做强两个效益。经济效益不高、整体实力不强，是各平台面临的共同问题。要把提升经济效益摆在更加重要的位置来抓，把提升平台竞争力放在更加重要的位置来抓。

要强化同频共振。集群各平台和报社各部门都要强化大局意识、整体意识，加强嫁接整合，加强内容、经营、项目等各方面资源的合作，做到相互补充、相互借力、相得益彰。

（4）转变工作方式，深耕资源新价值

新闻之外，报纸还有什么？长期以来，我们在各行各业积累了大量资源，但大多数人还存在着只注重新闻报道，不注重资源整合的问题，让大量政经资源“躺着睡大觉”。

要加强资源转化。这一优势如果不加速深耕，将难以长久保持。要加快将资源转化为效益；要加快将资源转化为项目。

要加强资源培育。切实从观念上加以改进，改变“一次报道了事”的陈旧观念；切实从方式方法上加以改进，要高度重视抓住“关键资源”。

2. 在融合转型中培育新力量

2015 年下半年，要以打造互联网媒体企业为战略方向，以深入实施融合发展“i 战略”为战略路径，以打造新型主流媒体集群为战略目标，培育新力量，推动融合发展工作再上新台阶。

（1）树立新目标：新型主流媒体

必须从技术与应用融合、内容与服务融合、平台与渠道融合、终端与用户融合这四个维度着力再造，运用新型融合技术、强化新型融合方式、打造新型融合平台。

从**“技术融合”**进入到**“技术应用”**。加强尖端技术的运用，以此驱动实现“互联网+媒体”，而不是“媒体+互联网”。

从**“内容融合”**进入到**“服务融合”**。由“内容提供商”转变为“服务提供商”，加强信息服务、活动服务、平台服务、组织服务等等一切可行的服务。

从**“渠道融合”**进入到**“平台融合”**。加快构建“小前端、大平台、富生态”的媒体融合生态圈，通过资源聚合、用户参与、需求响应和创造价值，打造多主体共赢互利的媒体生态系统。

（2）构建新支撑：注入技术基因

互联网的快速发展，每一次都是以技术的重大突破为支撑。必须把互联网技术（i-Technology）摆到头等重要的位置加以对待和攻关，抢抓“技术红利”，实现技术与内容的双翼齐飞。

机器人技术。机器的个性化信息“推荐”替代了信息“搜索”，更代替了传统的“大众传播”。必须加强机器人推送技术的学习、运用，引领“智慧力量”发展前沿。

大数据技术。加快大数据技术的掌握和使用，通过实时数据研判新闻趋势，通过精准算法确定热门选题，依靠资深编辑撰写原创内容，根据用户兴趣推送个性服务，将数据贯穿到新闻采编发的全过程。

全媒体技术。坚持“数字优先、用户第一”的生产准则，打造全媒记者、全媒编辑、全媒产品，将图片、视频、音频等多媒体内容传播作为基本构成，实现网络播报常态化。

(3) 培育新动力：加快人的改造

人的问题是所有工作的核心问题，推动媒体融合发展，要始终坚持不懈地将能力提升、人才支撑摆在更加突出的位置来抓，以奋力创造人才新优势来推动创造发展新优势。

加快人才团队再造。从“输血”和“造血”两方面努力。一方面，要坚持视野向外，加大互联网技术人才、运营人才的引进。另一方面，要立足实际加大现有人才培训力度，推动全员转型。

加强团队精神塑造。持续塑造快乐向上、充满力量的简单文化。要坚持风清气正的发展氛围和一心一意抓发展的劲头，树立融合发展和转型攻坚的典型。

强化团队动力改造。持续不断地改进考核体系。坚持向攻坚克难有成果、转型升级有突破倾斜。任何一个员工，只要踏实肯干、业绩领先，薪酬都可以超过部门负责人、超过报社领导。

记住三句话，无论什么环境，信心不可摧，责任不可推，未来犹可追。

走过荆棘路，最美风景就在我们自己手中创造。传媒风云变幻、时代风云际会，正是华西铁军重新书写传媒历史、开创新辉煌的最好机遇，我们要在集团党委的坚强领导下，以坚不可摧的底气、锐不可当的勇气、再创辉煌的豪气，深耕主业、融合发展、转型升级，在构建新型主流媒体的道路上快步前行。

第五节　从头再来①

市场化30多年，国内报业既在顺应变化、追求变化，更被变化所裹挟。尤其是移动互联网时代，传播规则、传播路径、传播方式，都在发生颠覆性改变。纸媒曾经的熟悉变成了一种陌生，曾经的轻车熟路变得茫然无措。

一、变化深度发酵

从纸媒生存现实处境的变化可以看出，移动互联网带来的冲击显然比PC互联网更大、更深，变化还在持续，并深度发酵。

1. 传播权在每个人手中

传统的报纸是信息稀缺时代的产物。在信息传播不对等的环境中为大众生产新闻报道，把控信息传播主导权，这是大众媒体高速发展的基本特征。但智能手机和移动互联网的快速发展，让新闻生产不再是专业机构的特权，传播权转移到了每个人的手中。传媒生态的地壳开始板块重组，社交传播很大程度上取代了大众传播。

2. "千人千面"

除了大众参与信息生产，互联网技术带来的冲击更加深入。一方面是机器人写作。从技术革命的角度可以预见，随着这项技术的日趋成熟，它必将成为未来信息生产的重要构成之一。另一方面是智能匹配。大数据的运用与机器算法，让新闻传播一改往昔"千人一面"的传统，"千人千面"向我们走来。

3. "纸媒造"的影响转场

"报"还在，"纸"已远，是纸媒今天生存的现实写照。从影响力角度来考量，纸媒的报道影响力没有衰减。当前无论新闻客户端还是网站上传

---

① 摘自《拥抱变化》，刊发于《新闻战线》2016年第1期。

播的新闻，大多数仍然是“纸媒造”，纸媒生产的新闻的影响力在一定程度上更大了，但影响的主场已经转变。纸媒为什么生存越来越难，渠道的变化和转移是根本原因。

二、变，才有未来

有人下结论说，报纸很快就要消亡，我不这么认为。报纸作为整体品种不会死亡，优秀的报纸在下一个时代里依然会活得很精彩。优秀的报纸将代表一种符号，承载社会的文化与历史，传递媒体的精神与品牌。

如何才能活得精彩？面临这样一个巨变，只有拥抱变化，也必须主动变化。《华西都市报》作为都市报的开创者和引领者，一直在以变应变。

1. 做“大众化高级报纸”

都市报以“市民生活报”赢得受众、打开市场，但经过20年发展，传统定位、传统理念、传统新闻模式显然已经难以适应外部环境的巨变。2014年以来，《华西都市报》又开启了全新的探索，推动自身办报定位和办报理念的变化。我们提出，要由“市民生活报”向“大众化高级报纸”转变。

高级报纸不是精英报纸，而是精品报纸。与信息稀缺时代相反，“大众化高级报纸”致力于解决大众面对的“信息过剩”问题，用思想提升品质，以定制专注服务，做用户的信息参谋，推动报纸由信息的记录者、声音的传递者转变为思想的引领者、资讯的整合者、平台的融合者。

2.“i战略”打开新空间

死守传统媒介是守不住的，抢占新兴传播渠道才能赢取生存空间。2014年12月18日，《华西都市报》启动实施融合发展“i战略”。主要向四个方面着力打造新媒体产品，包括资讯产品、社交产品、电商产品和互联网金融产品，以产品为基础去突破，重构新媒体广告体系，进行开放和合作，从而实现引爆指数级增长这样一个目的。

实施“i战略”一周年，华西传媒集群的新媒体产品达85款，新媒体经营量呈5倍以上速度增长。单篇文章48小时内总阅读量最高达到3亿。

从传播率来说，这是以前单一报纸无法到达的高度。

三、怎么拥抱变化

事实上,《华西都市报》一直在思考媒体尤其是纸媒的融合发展和转型升级之路应该怎么走。过去十多年，全国的报纸都在办网站、搞新媒体、做报网融合，但少有大成者。所以应该对传统的报网融合方式进行反思与重构，在拥抱变化的过程中推动媒聚变。

1. 报纸仍将有所作为

纸媒开展媒体融合，基础和出发点是报纸，但逻辑和存在价值应该变化。在未来，报纸仍将有所作为，但报纸绝不是现在的样子。必须立足于互联网这样一个空间来重新构建和构筑报纸的存在价值。要以互联网为生存环境，来思考报纸在哪个点位、哪个发展阶段，报纸的作用和功能如何重新得到发挥，如何创新办报模式。这是必须解决的课题。

2. 由“+互联网”到“互联网+”

融合是一个很大的课题，国家从顶层设计上作了部署，媒体一直在积极实践，专家的说法也很多。但有一点不争的事实，就是过去这些年纸媒只是把互联网当成了一个工具，不断地将报纸翻版到网站、电子版、微博、微信上，只是简单地“+互联网”。今天，是时候改变也必须改变了，融合发展应该以互联网为主体，重建互联网平台。

3. 让技术成为转型的核心引擎

科技改变世界。今天这一切的变化，都是技术变革带来的；今天的这些被动，也是技术短板导致的。拓展移动互联网，技术是核心引擎，纸媒必须将技术放到与内容同等重要的位置乃至更加重要的位置来抓。要打造强大的技术团队。纸媒能否拥有核心的技术团队，决定着自身在开发细分产品上有没有自主权和话语权，因此必须下大决心，花大力气，高度重视技术团队的构建。

4. 让资本成为转型的新动力

企业发展到一定程度，创新的原动力，乃至发展的新机遇不再来自企业本身，而往往来自开放环境下的合作伙伴。开展媒体融合和打造互联网产品，必须变“内向型”发展为“外向型”借力，让资本运营成为新的动力。在资本市场“借钱生钱”的同时，还要整合这些来自资本的力量，共同“抱团做大”，才有希望实现跨越式发展。

市场化纸媒高速运行了30多年之后，必须从头再来，一切归零。时刻拥抱变化，才能拥有未来。

第六节　重新定义都市报[①]

2015年，面对传统报业遭遇的全国性下滑，我们沉着应变、迎难而上，按照年初确定的"深耕主业、融合发展、转型升级"的工作导向，奋力拼搏、创新创造，传播力、竞争力、影响力都实现了进一步提升，区域市场和全国市场的引领地位与比较优势进一步确立，向集团党委交上了一份合格答卷。

一是影响提升。2015年，我们的报道再次突显全球视野与全国影响。"丝路花开——一带一路·四川机遇"大型系列报道领全国都市报之先，报道视野横跨全球26国，在"一带一路"沿线各国产生广泛影响，传播影响前所未有，为我省推进"一带一路"工作提供了重要参照。"创客中国·新青年行动"率先掀起"大众创业、万众创新"热潮，马云、马化腾、李彦宏、柳传志等知名企业家纷纷响应，蚂蚁金服参与战略合作，为全国创业者打造了一个高大上的创业孵化平台。此外，《壮士出川》、青岛天价虾、天津港码头爆炸等重大策划、重大报道在全国产生广泛影响，体现了我们作为全国一流都市媒体的责任担当。

二是弯道超车。面对传统媒体广告经营的持续下滑，我们不畏难、不守成，在严峻形势下稳住了经营的基本面，领先主要竞争对手100多个版，进一步奠定了市场的引领性地位，继续实现弯道超车。我们努力创新广告经营模式，通过华西定制、活动营销、整合营销为客户提供全案营销服务，"成都首届微马"、中国首张玫瑰香报等赢得市场高度认可；第六届C21论坛、名医评选等活动双效显著，活动收入增长134%；通过新媒体营销努力培育新的经营增长点，主报新媒体业务量增长554%，显示出强劲发展潜力。在细分市场的拓展上，我们搭建的集群新平台都取得了稳中向好的业绩，华西都市网、《华西城市读本》、华西社区报、华西电商公司均实现盈

---

① 摘自2016年1月15日在《华西都市报》(华西传媒集群) 2016年工作会上的总结发言。

《华西都市报》"一带一路·四川机遇"大型系列报道启动版面

利，为进一步做强做大打下了有力基础。

三是融合点赞。1 月 7 日，《人民日报》在盘点 2015 媒体融合《三问 2015 年传媒圈之变》的报道中，对我们的媒体融合给予独家点赞。一年来，我们深入实施融合发展"i 战略"，资讯产品"两微一端"粉丝量和影响力持续攀升，社交产品成都范儿、成都红娘、天虎科技品牌效应和市场效益逐步显现，电商产品华西淘、淘宝华西商学院、蚂蚁金服商学院华西分校打开本土电商新空间，互联网金融产品天府财富累计流水达 4.1 亿元。我们的媒体融合流程进一步创新完善，"一次采集，N 次生产，多元传播"已成为采编人员的自觉行为，先网后报的新媒体发稿量比重明显增加。一年来，我们先后多次在全国媒体融合排行榜上位居前列。

四是再立标杆。2015 年 10 月 28 日，由集团重磅打造的"封面传媒"正式成立。项目立足互联网发展规律，以"机器驱动、专业生产、用户聚合"为产品创新的三核驱动，再造全新发展平台，探索全新融合模式，立志在互联网大发展的风口再造一个中国一流的新型主流媒体，在全国产生

新媒体 14 2016年1月7日 星期四 人民日报

老媒体入冬？离职潮频现？自媒体吸金？

三问2015年传媒圈之变

人民日报新媒体版 人民网研究院 联合发布

互联网10大趋势

一问：传统媒体的冬天来了吗？

二问：传统媒体人出现离职潮了吗？

三问：自媒体的“黄金期”真的到了吗？

1 中国首倡“共同构建网络空间命运共同体”

2 “互联网+”加速渗透

3 网络强国号角吹响

4 智能制造驶上“高铁”

5 大数据应用全面提速

6 移动互联网成最具活力“基因”

7 网络空间法律体系现雏形

2016年1月7日，《人民日报》刊文《三问2015年传媒圈之变》点赞《华西都市报》

巨大反响和品牌效应，成为集团新媒体拓展的新标志，更成为《华西都市报》创新创造、自我突破的新里程碑，也必将成为全国都市类媒体融合发展、转型升级的新标杆。

五是品牌增值。2015年，《华西都市报》（华西传媒集群）品牌影响力持续提升，为严峻形势下应对挑战提供了品牌支撑。4月，本报融合发展“i战略”被中国新闻出版研究院评为报刊业创新十大案例；6月，本报连续十年入选中国最具价值品牌500强，品牌价值为103.99亿元，首次突破百亿元，位列西部纸媒第一；9月，国家新闻出版广电总局第二次发布中国百强报刊名单，本报第二次入选；12月，华西传媒集群连续第三年跻身世界媒体500强，排名第372位，上升20位，成为西部唯一入选的纸媒。

2015年，是近年来形势最严峻、工作最辛苦的一年，我们每一个人都感同身受、辛勤付出。但经过大家的艰苦努力，我们取得了来之不易的成绩，体会了来之不易的收获！

然而，形势不容乐观，相比于严峻形势和挑战，我们还存在如下主要问题：

没有从头再来的勇气和决心。思想观念的问题仍然是阻碍我们发展和变革的最大问题。过去几年，我们一直要求大家解放思想、转变观念、刷新思维，但一些人仍然习惯于传统的路径依赖，对报社变革发展的新要求落实不到位、改变不积极，仍然对旧习惯、旧做法心存幻想，没有砸破坛坛罐罐从头再来的勇气和决心。

“穿新鞋走老路”。我们虽然推出了一些重大策划，但相比于全新的传播生态和残酷的竞争形势，常态内容的创新仍然力度不够，经营方式的转变仍然力度不够。融合传播方面，“新瓶装旧酒”“穿新鞋走老路”的问题没能很好得到解决，流程机制不够流畅，内容、话语体系、传播方式和过去区别不大。

本领真空突显。老把式不灵，新把式不多，说到底还是能力问题。面对新挑战和新困难，我们要么无心改变，安于现状，懒于改变甚至拒绝改变；要么有心无力，在融合转型方面本领缺乏、能力不够，知识贫困和专业乏力相伴而行。

一、规划图

站在“十三五”的起点，这种变化将更加剧烈、更加迅猛。我们怎么应对变化，怎么连接未来？一系列问题必须思考清楚，回答清楚。

1.“十三五”意味着什么？

未来五年的时间，对我们来说将是最为关键、最为珍贵的五年。

生死存亡的关键期。历史潮流浩浩荡荡，优胜劣汰是不变规律。毫无疑问，互联网带来的传媒生态变迁在下一个五年将更加深刻，也更加未知。

但可以预见的是，这五年，必然有一批传统行业将走向死亡，必然有一批新兴行业将全新诞生，我们必须更加敏锐地紧跟形势、求新求变乃至引领潮流，为《华西都市报》(华西传媒集群）发展赋予全新的基因和活力，从而确保生命之树长青。

融合转型的机遇期。无论从国家战略部署的层面来讲，还是从报业自身生存发展的角度来讲，全面推进融合发展与转型升级都将是下一个五年的主题词。如何总结前些年报网互动和融合发展的经验教训，探索全新的融合发展方式和融合路径，如何寻找全新转型机遇，进入新兴产业空间，打造新兴转型支点，将是我们这一代人不可推卸也必须担当的重要使命。

决胜未来的窗口期。未来已来。机器人、物联网、5G、万物互联，未来媒体只是媒体吗？我们所知道的和不知道的，第三次科技革命带来的冲击还将深度发酵。我们必须努力改变跟在别人后面跑的被动局面，改变现有一切不适应时代的生产方式、产业结构、体制机制、传播渠道，坚持眼光向前、向前、再向前，努力创造与众不同的产品，打造与众不同的竞争力，才有可能为未来打开一扇窗。

2.“十三五”使命是什么？

《集团“十三五”规划（纲要)》指出，我们仍处于可以大有作为的重要战略机遇期，但战略机遇期内涵已发生深刻变化。“十三五”期间，我们将面临八大挑战，分别是引导能力的挑战、稳定增长的挑战、转型升级的挑战、创新驱动的挑战、开放合作的挑战、协调发展的挑战、治理能力的挑战、民生需求的挑战。

谋划和推进“十三五”工作，必须始终聚焦“打造新型主流媒体、建成现代传媒集团”这个集团总目标不动摇、不分心。落实到华西传媒集群，使命和任务是：坚定打造大众化高级报纸，全力构建以“封面传媒”为代表的全国性互联网平台，持续深入推进融合发展“i战略”，成为集团转型发展的示范标杆，建成全国一流的以互联网为主驱动、产业生态多元的新型主流媒体。

(1) 坚持抓好“起、承、转、合”

具体到华西传媒集群，“十三五”期间重点必须抓好集群产业和产品的

"起、承、转、合"，从而书写全新的精彩篇章。

以"起"开创新篇。站上新起点，开创新局面。"十三五"期间，华西传媒集群要以封面传媒为核心增长极，推动集群发展进入全新时代。要稳健起跑，以"封面传媒"上线为契机，打造全国领先的互联网产品，在互联网市场稳稳占据一席之地；要快速起飞，建设开放、激活、整合和服务为全新特征的平台型媒体，适时推动项目上市，在资本市场做大做强，努力构建"入口级"和"平台级"互联网生态圈。

以"承"升级内涵。推进集群转型发展，必须注重一脉相承。要承前，把《华西都市报》作为华西传媒集群成长、壮大的基础和根基，坚持不懈地做强做大，牢牢保持传播力、公信力和影响力。要启后，按照打造大众化高级报纸这个新定位，持续推进报纸创新升级，不断为报纸赋予全新内涵，不断创新生产组织形式，使之始终保持独特的个性和特色，在信息纷繁复杂的时代保持旺盛生命力。

以"转"调整结构。"十三五"期间，要以产业转型升级为主线，从传媒生态、自身发展和市场竞争三个维度来审视和统筹华西传媒集群各成员单位的发展。要转结构，大力推动《天府早报》、华希广告公司、欣闻发行公司的转型升级；要深拓展，进一步推动华西都市网、《华西城市读本》、《华西社区报》在细分市场向纵深开掘，整体推动华西传媒集群转型调结构实现报转、人转、业转。

以"合"强化整合。集群发展，一体整合。华西传媒集群目前总体保持了布局合理、市场互补的状态。"十三五"期间，集群发展要坚持全局视野，做强整体合力。要建立整合机制，推动关联资源、关联行业、关联单位联合作战，齐头并进；要强化合作思维，摒弃过去单打独斗的做法，摒弃门户之见、界限之分，树立集群一盘棋思想，提升向心力和凝聚力，实现 1+1>2 的效果。

（2）紧紧抓住"主业、主轴和主力"

"十三五"无论如何变化、如何发展，万变不离其宗，必须紧紧抓住三个重点下功夫。

紧紧抓住主业不跑偏。新的发展条件下，主业的内涵已经发生了全新变化。主业不是一张报纸，而是影响力。必须紧紧扭住影响力这一根本，运用一切可以运用的形式，坚持不懈地提升集群各单位影响力和集群整体影响力，为影响力转化为效益提供坚实支撑。

紧紧抓住主轴不松劲。改革永远是推动事业持续健康发展的主轴。“十三五”期间，华西传媒集群必须始终坚持以改革指导发展、以改革推动发展、以改革保障发展。要坚持不懈地在全集群深化“三项制度改革”，推进文化体制改革，加强供给侧改革，为集群发展源源不断提供新动力。

紧紧抓住主力不放松。人是发展的主力，也是干事创业的核心。当下遇到的一切难题，说到底还是人的难题。推动“十三五”工作，要紧紧抓住人才团队建设不放松，坚定实施人才强集群战略，改进人才思维观念，提升人才能力水平，创新人才激励机制，以人才新优势创造发展新优势。

（3）从“头”到“脚”改变

对我们自身来讲，要想“时”和“势”都在我们这边，必须坚持全方位推动自身变化。

核心是“头”变。必须持续不断地推动观念转变，在互联网空间下重新界定新闻报道、广告经营、媒体融合和产业拓展，怀揣未来眼光，时刻保持对前沿新技术、新趋势、新变化的敏感，坚持做一个敏锐的机遇主义者和创新主义者，时刻准备改变。

重点是“手”变。必须持续不断地刷新能力水平，以强化原创生产为基础，以提升融合技能为重点，以拓宽前沿知识为目标，不断提高工作专业化、科学化、复合化水平，有效应对各种困难和挑战，为拥抱变化提供能力上的保障。

关键在“脚”变。行动力决定一切。要持续改变行动迟缓、行动被动、行动无效的问题，脚踏实地，一点一滴，持之以恒地改变。必须坚持不懈地提升执行力，加快步伐，踩实脚步，将集团和报社的发展战略落到实处。

29 年前，邓小平说，“我们要赶上时代，这是改革要达到的目的”。今天的我们，已经不仅是赶上时代的问题。如果我们不能彻底改变，不能拥抱变化，不能走在时代前列，就将错过下一个 5 年，失去融合发展和转型升级的窗口，那才是最大的焦虑。

二、任务书

英国《新政治家》周刊彼得·韦尔比撰写的《“旧媒体”往往有绝处逢生的能力》指出，“为数不多值得信赖的历史规律之一是，旧媒体往往有绝处逢生的习惯性能力”。

人类社会的发展进程，也是行业格局“打破—重建—再打破”的循环往复，时代的年轮不断重新划分行业、重新定义行业。来到 2016，来到这个重新定义一切的时代，我们也必须创造性、颠覆性地重新定义媒体，从而重新定义未来。

1. 重新定义都市报

在全新的传播规律下，我们需要重新定义都市报。它不再是信息的总

《华西都市报》2016 年改版由报道对象代言，“有你在，灯亮着”这一主题突出《华西都市报》为读者而亮、为报道对象而亮，图为民警罗建

《华西都市报》2016 年改版由报道对象代言，图为供电领域的先进模范刘源

汇，不再是信息的管家。作为传统的报纸，我们要回归到报纸本位上，回归到内容上，回归到看报看什么的命题上，这是第一位的，这是根本。我们要重新定义都市报：树立产品导向、坚持原创到底、强调互动引领，走差异化的路子，这是我们生存的根本，也是“大众化高级报纸”定位的题中之义。

全面产品化。在刚刚实施的新一轮内容创新与改版工作中，我们在全国率先探索新闻产品化运营，初步取得了较好的市场反响。要继续按照创新改版方案的要求，以用户为目标，以产品为载体，在编采、专刊全面推行产品经理制，通过架构的再造、流程的重塑，大力提升差异化内容生产能力，提升报纸的阅读价值增量，提升传播力和影响力。

《华西都市报》2016 年改版由报道对象代言，图为消防特勤王建

精准定制化。要把握新环境下用户的信息需求，从个性和定制双管齐下。一方面，邀请用户参与新闻定制，尽一切可能满足用户的需求，让产品的价值实现最大化，提升新闻产品精准抵达的能力。另一方面，资源部门和专刊部门要着力提升精准策划、精准生产、精准转化能力，与对口部门和行业产生深度联接，实现资源转化，探索新的效益。

深度交互化。无社交，不新闻。要改变简单留言、单向热线的传统互动方式，充分利用搭建的新媒体产品渠道，真正与用户交流起来、互动起来、分享起来。要搭建常态化的平台，建立常态化的机制，与用户做有温度、有服务性、有品牌效力的互动，提升华西互动的品牌效力，既增强报纸与用户的交互性，又增强新媒体平台的活性和黏性。

《华西都市报》2016 年改版由报道对象代言，图为地铁调度员罗茗琼

2. 重新定义融合

走过十多年“主动去结网、却被困在网中央”的平凡之路，媒体融合需要重新定义。技术难题、体制障碍、资本困境等等，太多需要重构。我们要继续发挥“敢为天下先”的精神，以封面传媒为引擎构建新型主流媒体，既与体制内的产品同台竞技，更与体制外互联网企业背水一战，抢夺用户，一决高下，树立都市报融合发展新标杆。

网络主导。推动媒体融合，必须扭转长期以来把互联网当成工具，把内容翻版到报纸上，简单“+互联网”的做法。要推动融合发展主体改变，以互联网为主体，重建互联网平台，真正实现媒体融合的“互联网+”。要以“封面新闻”上线为契机，大力推动以“封面新闻”为主体的融合流程、机制重构，真正提升网络舆论引导力。

技术核心。今天这一切变化，都是技术变革带来的；今天的这些被动，也是技术短板导致的。拓展移动互联网和推动媒体融合，要把技术当成核心引擎，把技术放到与内容同等重要的位置乃至更加重要的位置来抓。要高度重视机器算法、智能阅读、大数据运用、AR 技术等，在一切前沿技术领域不遗余力地下力气、花本钱、投精力，打造技术领先的融合驱动。

资本推动。科技改变世界，资本撬动世界。开展媒体融合和打造互联网产品，必须变“内向型”发展为“外向型”借力，让资本运营成为与产品运营同等重要、齐头并进的新动力。既要在资本市场“借钱生钱”，又要整合这些来自资本的资源，共同“抱团做大”，实现跨越式发展。除了封面传媒，华西都市网络科技公司也要加快资本化运营步伐。

3. 重新定义集群

《集团“十三五”规划（纲要）》把打造四大集群作为总体目标的重要构成，并对华西传媒集群的发展提出了具体要求。“十三五”开局之年，我们必须进一步理清思路，强化举措，确保良好开局。

优化发展理念。至少要从两个层面对发展理念进行再梳理、再明确。首先要对集群整体发展理念进行梳理，要理清集群整体指导思想、发展目标、实施路径。其次要对集群各单位发展理念进行梳理，进一步明确各单位的市场定位、发展方向、工作举措，推动各单位在相关领域形成独特竞争力。

调整发展结构。对于发展形势遭遇严峻挑战的集群单位，要以转型升级为主线，加快结构调整步伐。《天府早报》要按照全省文化体制改革试点的要求，抓住有效时机，运用品牌影响，加快转型步伐；华希广告公司、欣闻发行公司要按照集团党委审定的转型方向，加快转型升级，探索和确立新的发展空间。

要深化改革创新。从集群整体来看，集群各单位之间发展情况不均衡、发展局面也各不相同，都要对照集团改革创新的要求，认真贯彻落实。基本改革要求还没到位的要补课补考，尽快改革到位；同时要对照新形势，坚持不懈地推进改革向更深层次迈进，进一步解放生产力，为持续健康发展提供新动力。

4. 重新定义团队

人始终是企业唯一重要的财富。发掘、培养和优化人才结构，始终是企业最高战略，是成为幸福企业和成功企业的根本。对华西传媒集群而言，全新的局面、全新的挑战和全新的定义，也亟须对团队进行重新定义。

坚持优胜劣汰。关注团队的两端、优化团队的两端始终是人才队伍建设的重要法则。面对前所未有的竞争形势和严峻挑战，必须坚持不断地强化人员的优胜劣汰。既要在日常工作中强化人员结构的优化，也要创造性地推进第六轮续聘竞聘工作。通过新一轮续聘竞聘，建立一支更加适应变化、更能应对挑战的铁军队伍。

坚持全员转型。打造新型主流媒体，人员转型是核心。要进一步加快全员转型步伐，通过加强培训、新媒体产品运营和创业项目的实施，加快员工互联网知识和技能掌握的进度，赋予传统员工以新的知识基因和能力基因，实现传统媒体和新兴媒体两种文化基因的融通交汇。

坚持管理增效。要坚持不懈地创新管理方式。一方面要着力推动考核管理创新，建立适应产品小组制、资源孵化制和多元经营创新的考核体系，刷新考核方式，让考核更细化、更科学、更全面；另一方面要着力推动文化和制度管理创新，强化“快乐向上、充满力量”的文化氛围，为严峻形势下的攻坚克难、凝心聚力营造良好环境。

不忘初心，方得始终。世界在变，我们的事业发展要变，我们的观念能力要变。但我们不能因为走得太远，就忘记了为什么出发。无论时代怎么变、环境怎么变，但我们的立场不能变、要求不能变、风气不能变、精神不能变、队伍不能变、贡献不能变。我们需要始终保持不变的信仰，始终怀揣不变的初心，给我们一双始终清澈的眼睛，指引我们执着前行，带领我们逆流而上，找准奋斗方向，坚定奋进脚步，实现出发之初许下的誓言，抵达一生努力追求的梦想。

担当不变。危难之际，方显担当。在我们处于发展顺境之时，担当常常被挂在嘴上。来到救亡图存的节点，担当才更显深刻含义，更加考验人心。是临阵撤漂，还是迎难而上；是观望彷徨，还是时不我待。答案在每个人心中，更在每个人脚下。面向2016，面向“十三五”，打造大众化高级报纸、构建新型主流媒体，每一项任务和使命都具体而艰巨，我们必须担当起该担当的责任，以“万折必东不回头”的决心，以“赴百仞之谷而不惧”的勇气，大步涉险滩、啃下硬骨头，不断推动华西传媒集群迈上新台阶。

信念不变。越是风险挑战，越要稳住理想信念的定盘星。纸媒是遇到了挑战，但并不是纸媒就要消亡，并不是纸媒就没有出路，并不是我们就没有未来。我们要始终坚信，报纸作为整体品种不会死亡，经过蜕变的报纸在下一个时代依然会活得很精彩；我们要始终坚信，纸媒拓展的移动互联网一定会有所成就，按照互联网规律打造的全新平台在网络空间一定会占据一席之地并引领发展。事情都是人做的，互联网公司的人能做的事情，我们也一定能做，并且一定能做好。

要求不变。越是形势严峻，越不能松松垮垮，越要高标准严要求。要在执行力上高标准严要求。必须始终坚持务实的作风，把报社安排的每项工作都落在实处，踏石留印、抓铁有痕、抓出效果，一步一个脚印地推动报纸、新媒体和集群的改革攻坚迈上新台阶。要在追求目标上高标准严要求。始终怀揣雄心壮志、高远追求，然后以水滴石穿、绳锯木断的毅力，以昼夜不舍、一直向前的执着，朝着“建成以互联网为主驱动、产业生态多元的新型主流媒体”的目标大踏步前进，不达目的誓不罢休。

精神不变。《华西都市报》21 年发展历程，华西铁军精神在我们身上积淀、固化、升华。面临新的风险挑战，铁军精神既需要传承，也需要与时俱进。我们要继续坚持创新创造的精神，以颠覆求变的心态，不断打破传统习惯、传统路径，在互联网空间重新定义一切，以新理念、新思路、新举措推动工作取得新进展。我们要不断保持攻坚克难的精神，以逢山开路、遇水搭桥的勇气，坚不可摧、锐不可当的豪气，克服当前面临的一个又一个难题，把困难都踩在脚下，把胜利都握在手中。

第四章

重新联接世界

第一节　终于，我们来了[①]

今天[②]，我们揭开全新的“封面”，打造全国的“封面”，勾勒属于互联网的“封面”。在传统媒体与新兴媒体融合发展进入关键期时，我们来了！

我们是谁？

我们是封面传媒，是川报集团发展、改革、创新、创业“四位一体”融合发展的新成果，是中国第一张都市报——《华西都市报》融合转型的新载体。

我们来干什么？

我们要再造全新的主流舆论阵地，我们要探索新的互联网媒体走向，我们要再次引领都市报转型发展。像二十年前《华西都市报》的创刊开创都市报时代一样，我们要在下一个二十年牵引新风向，形成新风潮，打造现象级产品，构建入口级平台。

我们向全球的精英发出邀约，就是要共同打造互联网时代与众不同的“封面新闻”，发现与众不同的“封面人物”，抢先注册为封面传媒的“种子员工”。

我们做了哪些努力？

中央推动媒体融合一年有余，媒体融合实践风生水起，如火如荼。

这一年，《华西都市报》在川报集团党委的部署下持续打造华西传媒集群，推进实施融合发展“i战略”。一个涵盖移动资讯产品、社交产品、电商产品、互联网金融产品的传播生态圈正显示出强大传播力和影响力。截至今天，华西传媒集群拥有200万报纸读者，1200万新媒体用户，新媒体总阅读量日均突破3000万，单篇文章48小时内总阅读量最高达到3亿。

---

① 摘自2015年10月28日在封面传媒成立暨封面新闻全球人才招募发布会上的演讲。

② 指2015年10月28日，封面传媒正式成立。

我们的产品特色？

封面，因人而异。封面新闻，新在私人定制的理念上，新在可以让每个人都能拥有属于自己的封面。“机器算法、机器人分析、智能推荐”将“封面新闻”与传统纸媒客户端区别开来，我们将根据用户的网络社交行为，以数据挖掘为支撑，以用户需求为导向，强化“定制式”精准服务模式。

我们把 PGC 和 UGC 的优势相结合，产生全新的互联网生产模式和理念。通过专业化自主生产的智能推荐，打造个性化定制的“千人千面”的新型主流媒体。

在 DT 时代到来之际，封面新闻让新闻信息变得更有温度、更加便捷、更具服务性，提升海量计算、存储资源和大数据处理能力，满足用户和客户需求，进行快速的创新和决策，产生无法计算的价值。

封面新闻产品丰富。我们以封面新闻客户端为核心产品，以封面新闻网 The cover.cn 为基础，涵盖智库、舆情、视频、数据、电商等，逐步推出多个垂直细分领域的产品矩阵。

关于组织架构。封面传媒的组织架构将更加契合互联网运营的组织机理和运营体系。

我们已成立全新的封面传媒有限公司，负责封面新闻的运营。公司董事会是最高决策机构，下设 CEO（首席执行官），负责公司的日常管理运营；同时设立管理执行委员会，是 CEO 领导下的日常决策、议事、协调机构。管理执行委员会下设 COO、CTO、CFO、CMO。这四个职位都面向全球招募。

虽然背靠“大树”，但封面传媒仍是一家创业公司。无论管理层，还是普通员工，前期加入的员工，是我们的“种子员工”，像“天使投资”一样，与公司、产品一起成长。封面传媒的员工必须具备创业勇气、创新精神、创造禀赋和超常付出。

“封面新闻”是技术驱动型产品，作为高度重视技术的新平台，我们在技术精英招募上将花大力气。首批 50 位技术牛人，涉及多个领域。我们将始终保持技术团队在公司内部的较大比例。

机器比人可靠，人比机器重要。“封面新闻”作为一个媒体背景的移动资讯产品，原创、深度内容是我们的独特价值。前期招募 50 名编辑记者，就是要用人来主导机器。欢迎有情怀、有想法、有趣味的媒体人加盟，打造不一样的“人机交互”产品。

我们需要营销总监、品牌总监、投资总监、项目合作经理、智库运营经理、渠道运营经理、高级投资经理等，来为封面新闻开拓市场阵地。

没有运营的数据仅仅就是数据。“封面新闻”是一个十分看重数据的移动媒体产品，我们需要专业的数据分析师，包括大数据分析与挖掘工程师、数据商业变现设计师、数据可视化制作员、语义广告研究员、舆情监测研究员等。

首批团队招募名额在 150 人左右。详尽的招募信息，可以去封面新闻微博和微信、封面新闻网查阅。

封面传媒大本营在成都。可以让你在有着舒适生活氛围的成都上班，拿着北上广水平的薪资，管理层还预设股权和期权激励。

不能来成都？那也可以加入封面传媒。我们将在北京、上海、广州等地设立办事处，还将在香港、纽约、伦敦、东京等招募特约作者。

2015 年 10 月 28 日，封面传媒成立，封面新闻发布全球人才招募计划

这是一个最坏的时代，也是一个最好的时代，还是一个媒体人的新时代。

中国不需要增加一个简单意义上的互联网公司，而需要更多传统媒体成功转型为新型主流媒体的互联网媒体公司。这样的公司，既有媒体人的理想和情怀，更有现代互联网企业的创新基因和制度安排。

终于，我们来了！我们立志成为这样的互联网公司。我们初心不改，坚定前行。

20 年前，《华西都市报》的创办，开创了一个风云激荡的都市报时代；今天，封面传媒的开启，将书写互联网媒体新篇章。

最后，我愿借用马云那句经典名言与我的同事共勉，也与即将到来的封面传媒的小伙伴们共勉：梦想还是要有的，万一实现了呢？

第二节 打开封面的问题清单①

今天参加会议的有23位员工，到封面工作的时间长短不等，长的有两个多月，短的才几天。每位同志面试时我都讲了一句话，封面传媒是创业公司，是从0到1的互联网公司，目前公司除了你们，什么都没有，就像这四壁空空的会议室一般。唯有在座的各位，来自不同地方，有不同经历、不同背景，为着同一目的来做同一件事。创业公司有一个艰难的命题，近99%的创业公司都会死掉，只有1%的公司能挺过来、活下去，我们能不能成为那幸运的1%？创业是一件很难的事情，是做比难更难的事情，这考验着每一位员工。

当然，我们与红星路二段70号以外的创业公司有些不一样。红星路二段70号是个标志，她经历和记录了很多重要的历史事件，她是西部传媒行业的地理标志，承载着《四川日报》60多年的光辉岁月。1952年9月1日,《四川日报》正式创刊，红星路二段70号迎来了崭新的历史阶段，至今已走过63年风雨历程。这就是我们与其他公司的不同之处。虽然同为创业公司，但我们的传统、精神、起点是与众不同的。红星路二段70号还诞生了中国第一张都市报——《华西都市报》，我们和她紧密相连。《华西都市报》1994年11月7日试刊，1995年1月1日正式创刊，开创了中国报业新的报种，书写了中国报业新的历史。不论《四川日报》创刊，还是《华西都市报》创刊，都是一种创业。

创业这个词语并不时髦，不是今天才有的，不是在80后、90后中才有的，而是每一代人都在进行。我们中国共产党建党、中华人民共和国成立就是一种伟大的“创业”。我们今天进行的创业，就是在继承和发扬先辈创业精神、创业禀赋的基础上接着往前走。为什么要接着往前走，因为每一代人都有自己的责任和使命，每个时代都会遇到不同的困难和问题。我们能看见的多数是成功的创业，但失败的创业比比皆是；我们能看到的多

① 摘自2016年1月27日与封面传媒初创团队的首次谈话。

数是成功的辉煌，但看不到这些企业创业初期都经历了艰难困苦的过程。16 年前，当阿里巴巴的马云对很多人讲他的宏伟规划的时候，很多人都以为他疯了。当初中国不差钱的企业也有很多，发展也相当可观，富豪也有很多，但是为什么没有人愿意投资阿里巴巴。马云说，机遇是什么？如果每个人都能看见它是机遇，都能看见这种成功模式，那它就不是机遇。这也是我们今天要面临的一个问题。现在客户端很多，很多都还在不停烧钱，但营利模式在哪里？即便有，也是垂直领域的短暂营利点。因此创业是件非常艰难的事情，从 0 到 1，从 1 到 N，不是一句话、一个字。所以我想把最近正在思考的一些问题抛出来，供大家一起来思考。今天我跟大家讲的主题就是：打开封面的问题清单。

一是愿景。愿景是个比较虚的词，但是我们必须思考，我们走在一起到底是为了什么？我们的愿景究竟是什么？我们每天都在忙忙碌碌地做一些事情，每天都显得很忙、很紧张、很辛苦，但做这些是为了什么？这是每个企业、每个公司出发时必须想清楚的问题。阿里的愿景是“让天下没有难做的生意”，百度、腾讯也都有自己的愿景。凡是大的企业、有品牌的企业在出发时都要思考这个问题。我不知道红星路二段 70 号以外成千上万的创业公司有没有愿景，但我们封面今天必须思考这个命题，因为我们和其他的公司不一样。我们需要理想、需要情怀、需要担当、需要责任。

情怀始终是我们出发的基点，如果我们今天在一起还是为了吃饱肚子，还是为了生计，那就不要做这件事。如果还是为了挣饭钱，大可以在红星路二段 70 号以外的地方去挣，他们可能给你的钱还更多。人之所以为人，是因为人是有思想的，是有追求的。所以，虽然我们今天还没有挣到一分钱，但我们必须谈愿景、谈情怀、谈追求。

我们办任何事情，都需要有愿景。现在我们要做的就是把每个人的心愿汇集在一起，发展为整个团队的愿景。没有这个，我们走不远；没有这个，当我们遇到困难、遇到波折、遇到挑战时，我们就散了。我经常被中国共产党的“创业”历程所震撼。长征时，红军吃的是草根树皮，翻的是雪山草地，天上有飞机轰炸，地上有重兵追击，把生死置之度外，最终取得了长征的胜利。我们今天创业，应该好好学习和研究这段历史，从中汲取伟大的力量。无论中国共产党创立新中国的愿景，还是今天实现中华民族伟大复兴中国梦的愿景，对创业刚刚启程的我们而言都非常实用。我们也必须用共同的愿景、共同的价值追求凝聚在一起。

二是文化。愿景是我们的追求，文化是我们的价值体现。文化包含着若干具象的东西。具体到企业文化，我们应该建立什么样的文化，我们的价值观是什么，核心价值观又是什么？如果一个团队没有核心价值观，就不可能走远。文化解决的是凝聚力的问题。当我们挣钱的时候、顺境的时候可以走在一起，但遇到困难的时候，我们还能不能凝聚在一起，又靠什么凝聚在一起？靠的就是文化。那我们应该靠什么样的文化团结在一起、凝聚在一起？凝聚力，话虽好说，但事不好做。原因在于人的复杂性，在于每个人都有自己的想法，我们需要从中归纳总结再统一，把大家的心意都凝聚起来。对于企业文化，不同的人有不同的想法，进取的文化、快乐的文化、幸福的文化等等，那我们公司的文化是什么，应该建立什么样的文化才符合我们的核心价值诉求？大家都要认真思考。我们会在经过选择之后，上升到封面传媒公司的文化和核心价值观。

三是精神。今天我们在一起，应不应该倡导一种精神？答案是肯定的。人如果没有精神、团队如果没有精神，那你的风貌和状态都会出问题。这种精神在遇到逆境的时候更能发挥作用。《华西都市报》21 年的发展并非顺风顺水，在今天也遇到了很多挑战，经济的下行、行业的剧变、管理的规范。面对这样的巨大的挑战，团队能不能同舟共济，能不能有难同当？更加考验人心，更需精神支撑。那么，封面人的精神是什么，我们应该倡导什么样的精神？

很多企业不能做成百年老店，并非这个团队不聪明，并非这个团队不具备实力。问题在于这个团队中的人有太多小聪明，而不是大智慧。马云曾经很后悔，他说阿里在发展的过程中引进了很多外面的“和尚”。但事实上，这些人并没有做出多大贡献，相反全是他以为不那么优秀的人做出了大的业绩，并且一直走到今天。所以一个企业发展不是人聪不聪明的问题，而在于有没有智慧。这种智慧是“情商”的体现。情商体现在对愿景的坚持和执着，代表着执着的追求，代表着坚持不懈的努力。我们都不是天才，但一定可以干出天才能干的事情。相较于智商而言，情商更为重要。情商代表着境界，代表着协作。情商意味着沟通，它考验我们能不能顺利沟通、能不能沟通到位；情商考验着团结，它考验着每一个人能不能互相包容，能不能取长补短，能不能紧密合作；情商包含着境界，它考验着我们在拥有了名利之后，怎么去看，怎么去干。今天谈精神、谈奉献、谈牺牲，和以前完全不同。它不是要你去付出生命，而在于你能不能正确面对加班，能不能正确对待利益。我们不是要倡导大家大公无私，但我们需要大家站在团队的角度来理解、来看待。这些归结起来、凝聚起来，就会形成一种精神，就是团队的精神。

“愿景”“文化”“精神”是管总的，大家一定要记住这三个关键词，认真思考，并为它填充具体的内容，每个人都需要有答案。

接下来，我有三句话要送给各位：

第一句话：“你就是创始人！”

谋划打造封面传媒，从开始做这件事，由一个想法到经历若干故事，到最后成为现实，不是突然就冒出来的，也不是想怎么样就怎么样。天上不会掉馅饼，任何事情都需要我们一步一个脚印。你们是封面的“种子员工”，所谓种子，就是要生根、发芽、开花、结果，好的种子的力量就更加强大。我期望进来的每个人都是好的“种子”。大家参与了封面从0到1的过程，所以你们都是创始人，封面的事业是每个人的事业，是我们共同的事业。不管你今后到哪里、干什么，“封面”永远为你保留一个唯一的工号，你永远都拥有这个号，你永远都可以以封面创始人自居。我期望不论在哪里，你都能自豪地讲出：“我是封面的创始人。”

第二句话：“定义团队。”

怎么定义团队？我们的团队具有哪些行为符号？这些行为符号是具体的，从怎么招募，到怎么构建这个团队，再到日常行为规范，比如工作语言的选择、工作邮箱的统一、午休时间的确定、咖啡机的配备、英文名等等，大家都可以思考。这些行为符号，从出发的时候就要梳理，就要想清楚。甚至我们可以通过民主投票，以无记名的形式来对日常行为作一个定义。当然定义团队不仅仅局限于这些，还包括平时的考核、评价以及绩效管理、内部办公平台、内部文化建设载体、制度建设等方面，大家都要思考。这是大家的事，关乎每个人的利益，需要大家一起来定义。

第三句话："互联网时代才刚刚开始。"

中国接入互联网，从1994年开始，短暂的21年时间取得了突飞猛进的发展。那么怎么把握这个时代，怎么把握移动互联网时代的特征、走势、趋向？怎么认识传媒业所处的发展阶段？未来的走势又当如何？可以肯定的是，我们才刚刚开始进入互联网时代。我们的机遇大于挑战，我们的机会很多，关键在于我们怎么去定义，怎么去抓住。我们从传媒出发，但我们不是只做传媒；我们重视内容，但我们不是只做内容。我们要处理好技术、资本和内容的关系。技术是我们的核心驱动，要在公司制度、公司架构、公司文化和公司考核等方面来体现核心驱动是技术；资本是我们的重要抓手，但钱从哪里来？如果仅靠投资方投的钱是不够的，必须借助资本的力量才能有效地运转；内容是我们的发展基础，这是红星路二段70号"祖辈"留下来的传家宝，怎么在纷繁复杂的网络空间发出自己的声音是我们的重要使命。

技术、资本、内容这三个方面既有机遇，也有挑战。挑战在哪里？

技术原本不是我们的强项。马云说，他也不懂技术，但他非常尊重技术，非常敬畏技术，所以阿里巴巴发展起来了。我们在缺乏技术的情况下，怎么把技术团队建强，是第一位的工作。

资本也是我们的弱项。互联网时代最好的办法是用别人的钱来发展自己，但别人凭什么给你钱？这也是必须解决的问题。这也是我们的弱项。

内容是我们的强项，但也面临挑战。我们的话语体系基本上几十年没有大的变化，不同的话语体系能不能自由转换、快速转换？所以这三个方面都有挑战，只有闯过这些关口，躲过这些暗礁，才能到达胜利彼岸，"互联网时代才刚刚开始"这句话对我们才有意义。

我们不仅要埋头做具体的事，还要抬头看路，不能"看手机撞上墙了还不知道回头"。今天，我把问题清单留下，供在座各位共同思考、共同回答。希望在3月初，结合大家对问题的思考，再和大家分享。在这之前，大家都要给出自己的答案。因为"你就是创始人"，人人都要时刻从创始人的角度来思考问题、谋划工作。

第三节　重新联接世界①

各位封面同学，我们今天召开封面传媒第一次员工大会，也是封面新闻上线前的一次动员。2015 年 10 月 28 日，封面传媒正式成立并面向全球招募人才。此刻，130 名封面种子员工厉兵秣马、枕戈待旦。

其实，我们一直在为今天的出发积蓄力量，从冬到春的时光汇聚成封面喷薄而出的光芒。我们感恩这个伟大的时代，这是最好的时代；我们感激一路上的阳光和雨露，以及温暖的春风；我们感谢不断加入封面的小伙伴们，携手前行的感觉真好。封面新闻即将上线，我们的创业巨轮也将驶出红星路 70 号港湾，开启星辰大海。

封面新闻 1.0（测试版）上线，《华西都市报》头版刊发整版广告

一、我们出发了

出发的时候，我们要厘清自己的身份：我们是谁？这是事关前途和命运的首要问题，事关每位同学的责任与使命。

我们是一群创业者。红星路 70 号已经有过很多次成功的创业。1952 年 9 月 1 日，《四川日报》正式创刊，成就了国内一流的党报集团。1995 年 1

---

① 摘自 2016 年 5 月 3 日在封面新闻 1.0 测试版上线前动员会上的演讲。

月 1 日,《华西都市报》创刊，诞生了中国第一张都市报，开启了波澜壮阔的“都市报时代”。今天创办封面传媒，是红星路 70 号这种创业精神的传承，更是一种时代担当。这是一次全新的创业。但从本质上讲，这次创业与以往的创业没有什么不同。

我们是一群开拓者。封面传媒是互联网行业的后来者，但绝不是跟风者，而是从 0 到 1 的创新者。我们要质疑传统观念、固有模式，重新审视互联网资讯行业，重新审视媒体所从事的传播业务，从零开始，在已经形成的互联网生态闭环中撕开一个缺口，从独特领域、区域市场起步，建立新的范式，引领媒体融合。

我们是一群梦想家。“梦想一定要有的。”封面传媒始于传媒、始于信息，但绝对不能止于传媒、止于信息。我们将充分发挥科技的力量，依赖技术洞见，创造新的优势。我们一定要努力向前看，努力去看五年、十年乃至二十年后的发展趋势，在科技引领、网络效应、规模经济和品牌优势等方面努力形成自己的特色和壁垒，努力创造前所未有的事业，推动封面传媒走得更稳、更好、更快、更远。

二、重新联接世界

使命之于一个集体，就像灯塔之于一艘轮船，没有前进的方向，再好的船都不可能达到成功的彼岸。封面传媒的使命，就是重新联接世界。

为什么要重新联接世界? 第一句话，我们现在与世界的联系正在失灵。阵地在缩小，影响在减弱，已经是不争的事实。我们必须面对和应对。第二句话，互联网的特征就是“联接”。移动互联网时代和物联网时代已经到来，人工智能将带来颠覆性的变化，互联网变局和重组的可能性正在孕育,“联接”正在产生加速度。这就是我们的机遇，更是我们的追求。

如何做到重新联接世界? 这个问题的答案是开放性的，需要大家共同来完成。封面如同一张白纸，未来如何勾画，愿景如何实现，全靠我们的种子员工去播种、去浇灌、去照料。

以科技为核心驱动。凯文·凯利说，“科技体就会成熟为一个物种……

常常按照自己的需求自作主张”。这种预见带给世界一片惊喜和全新挑战。今天，信息技术正在呈指数级发展，我们要重新联接世界，就更要依赖技术洞见，打造具有核心竞争力的技术支撑。我们要以科技为核心驱动，对科技始终保持敬畏，把握未来二十年的发展趋势，在机器人写作、语音/图像识别、VR/AR 等前沿科技领域和应用领域有所作为。

以原创为显著特征。这是我们的立身之本，也是区别于聚合型客户端的重要竞争法宝。要以智能推送 + 专业生产 + 用户聚合为特色，持续不断地生产有思想、有温度、有品质的原创内容，努力提升内容的正能量、年轻态、个性化特征，形成别具一格的产品符号；要努力集聚更多专业生产者的力量，以专业知识、专业精神、专业素质，传播具有高度公信力的专业声音，彰显专业、权威的价值。

以用户为动力源泉。我们将坚持用户导向，以满足用户需求为第一要务。要重新定义用户思维，用高品质的内容、强大的公信力、优质的服务让用户“活”起来，为年轻用户精准匹配内容，真正做到“因人而异”。要广泛吸引用户参与生产，探索新闻生产的共享模式，引入 PGC、UGC 内容，使内容生产自媒体化、IP 化，形成打破传统编辑部界限的众包内容孵化平台，在点滴汇聚、人人生产中重新定义用户价值、创新服务模式。

以资本为强大支撑。产品运营与资本运营并驾齐驱、良性互动，是封面传媒运营的基本思路。在大力创新产品科技含量、提升内容个性特色的同时，我们一开始就要让资本运营成为发展的重要抓手。要引进专门机构进行战略合作，要组建专门团队对接资本市场，尽快按照股份制公司的资本运营模式开展融资和运营，促进整个项目在资本市场的快速健康发展。

以分享为价值基点。众包，众筹，评论分享，地理位置分享，图片剪影的分享……分享无处不在，一切经济形式都可以建立在分享之上。分享经济正在成为新的潮流，必将成为新商业浪潮的下一个风口。我们要以开放的心态，广泛谋求与政府、商业机构和个人的合作，重新联接社会经济资源，创建可供用户、企业与合作伙伴互动分享的平台，并利用这些平台打造与众不同的产品和服务，在分享中构建全新的基于技术、信息、物和人多维联接的商业生态系统。

三、引领人工智能时代的泛内容生态平台

封面新闻是互联网资讯产品，但绝不是原生代的互联网资讯产品，而是新生代的互联网资讯产品。我们要打造以内容和科技同频共振的泛内容生态平台，构建人工智能时代独一无二的封面。这是我们的愿景，我们的追求。

我们的目标用户是网络原住民。无论从用户成长角度考察，还是从商业模式考量，以 80 后、90 后为用户定位都是最具潜力、最有未来的。我们将重点锁定网络原住民，突出“年轻用户的差异化选择权利与个性化表达兴趣”，围绕年轻人打造新生代的互联网资讯产品，为年轻人服务，与年轻人共成长，跟年轻人一起奔向未来。

我们的价值定位是传播正能量。传播美好的、向上的、向善的、积极的信息，是我们的历史使命，更是我们的价值所在。当前网络空间泥沙俱下、信息繁杂、众说纷纭，就需要我们构建天朗气清、生态良好的互联网传播平台，正能量充沛、主旋律高昂，为广大网民特别是青少年营造一个风清气正的网络空间。

我们的战略空间是“一带一路”和长江经济带。我们着眼于抢抓“一带一路”和长江经济带建设的国家战略机遇，构建具有超强影响力的主流互联网媒体平台。全球化定位、国际化视野是我们的标签。在“一带一路”和长江经济带交汇区域，立足中国，放眼全球，用“重新联接世界”的志气，为互联网世界做出我们的独特贡献。

我们的商业追求是打造泛内容生态平台。封面传媒是一个植根于 80 后、90 后网络原住民，依托于大数据、人工智能和虚拟现实等前沿技术的应用能力驱动新型的内容创造；并以新型内容为内核，重新定义人与信息、人与商品、人与服务以及人与人的联接方式打造的一个跨媒体、电商和文娱的生态平台。在这个生态平台，前沿技术是封面的驱动；新型内容创造是封面的内核；强大的股东背景和核心团队是成功的根本保障。在此基础上，我们将大力拓展合作资源的覆盖面和量级，由此夯实生态的内容和技术根基，而我们丰厚的自有和渠道资源也将为业务率先落地提供坚实的用

户基础，从而实现封面传媒重构一个以用户为中心、以内容为根本、以技术为驱动的跨生态的新体系。

四、Try my best

重新联接世界，必须有强大的文化作为支撑。结合我们的使命和愿景，封面的文化应该是“Try my best”，即尽我所能，做到最好。马云说，“让你的团队不可被复制，让你的文化能够不断建立，让文化灿烂，让组织更加灵活”。

Try：勇于尝试一切。在互联网的世界里，最佳途径是未经尝试的新路径。互联网的世界还有太多太多的未知和可能，我们封面人必须从一开始就树立勇于尝试一切、勇于打破一切的理念，坚持“没有什么不可以”的思维，在人、信息、商业和物品之间探索更多的联接路径，在勇于尝试一切的过程中创造“一切皆有可能”，从而打开新的生存空间和发展空间。

My：我的。对我们所有种子员工而言，希望大家把封面传媒当成自己的事业，当成自己的公司，以最大的热情和最好的状态投入到创业中去，在所有工作中合力合心，同舟共济，职责共担，心往一处想、劲往一处使，扫除发展中的一切障碍，实现群体成功。

Best：做到极致。全球成长最快的公司都有一个特点，就是把产品做到极致。也有一句话说得好，只有“偏执狂”才会成功。封面传媒作为初创公司，更要有这种追求。我们要依据主打80后、90后这个用户定位，抓住年轻人感兴趣的领域，保持专注，将用户体验视为王道，对产品千锤百炼，做到极致。

在以“Try my best”为奋斗导向的文化前提下，平等、开放和包容是封面传媒企业文化的基本特征和核心要义。

坚持平等。在封面，每个人的工位大小都是一样的，没有例外。这是我们倡导的平等文化的体现。虽然职务上有区别，分工上有区别，但大家的人格、心理、精神是平等的。我们要以平等的方式与人沟通，以协同的姿态推进工作。

坚持开放。只有开放的世界才会奔腾向前、生机无限。世界在我心中，资源在我手中。我们必须树立并坚持开放的文化，以开放的心态工作，在开放的思想状态下刺激更大的创意，构建开放的平台谋求更大的发展，让成千上万的人、产品为我所用，在开放中快速扩张。

坚持包容。海纳百川，有容乃大。包容是我们封面传媒必备的文化基因。公司要包容不同意见，欢迎不同见解，尊重个人特质。同事之间也要相互包容，面对不同见解乃至冲突时要从大局出发相互理解、相互支持，同心同向同发展。

五、“三创一超”

作为一家泡在“红海”中的初创公司，更加需要强大的企业精神作为支撑。我们封面的企业精神，就是“三创一超”，即：创业勇气、创新精神、创造禀赋和超常付出。这一点，我已经在封面传媒成立暨封面新闻全球人才招募发布会上讲过。

要有“创业勇气”。至少要具备三方面的勇气：要有挑战巨头的勇气。我们立志打造全国性影响的互联网平台和重新联接世界，就必须瞄准巨头作为标杆，直面与他们的竞争，把看齐和超越作为我们的目标。要有面对失败的勇气。互联网进入中国22年，创业公司成千上万，很多都死在了沙滩上，我们必须时刻警惕失败的陷阱，唯有如此，才能向死而生。要有战胜挫折的勇气。前行路上还有太多挫折，封面新闻内容“三核驱动”如何实现，商业和经营模式如何创新、核心技术如何突破，还有很多很多困难，必须有充分的准备。

要有“创新精神”。互联网产品模仿容易，创新很难，但亦步亦趋跟着别人做完全相同的产品不会有出路。不创新就意味着死亡。要做从0到1的创业，就必须时刻坚持创新，把创新作为流淌在血液里的基因，上升为一种精神状态。要拒绝复制克隆和照抄照搬，向套路说不，坚持养成“不走寻常路”的思维和习惯，敢想敢试、敢为人先，哪怕是点滴之处的不同，都要努力找、努力试、努力实现。要通过开拓式创新、组合式创新、颠覆式创新等多种创新方法，围绕年轻人的所思、所想、所爱去创新产品形态，成就不一样的封面、不一样的你我。

要有“创造禀赋”。这是支撑创新的核心要素。它不完全是天赋，而是一种思想上的艰苦奋斗，是通过长期努力、培育和锤炼形成的一种习惯性禀赋。创造者，就是奋斗者。艰苦奋斗、勤俭节约在今天依然是我们创造的必要前提，没有过时，而且十分重要。我们还必须具备过硬的专业知识，积累充足的实践经验，学会练就分析头脑、商业头脑、竞争头脑、用户头脑，时刻充满好奇心、喜爱冒险、保持开放，持续提出新颖、原创构想，努力成为一个“创意精英”，并将创意付诸实践，运用到产品开发、运营和拓展等各个环节，让想都不敢想变成可想可做，让不可能变成可能。

要能“超常付出”。任正非有句话说得很好，“每周只工作 40 小时，只能产生普通劳动者，不可能产生音乐家、舞蹈家、科学家、工程师、商人……如果别人喝咖啡，我们也有时间喝咖啡，我们将永远追不上别人。”2015 年“双十一”期间，我去阿里巴巴，看到员工都是带着帐篷上班、吃住办公室。我们要想取得成长和进步，必须有一些基本的拼搏精神和工作态度，必须向国内顶尖的互联网企业学习。领先者都在跑，我们用走的状态永远没法跟上，更永远没法超越。我们要奔跑，努力地奔跑，不停地奔跑。在我们的工作字典中，“超常付出”应该是一种常态。

六、你就是创始人

封面的创业是我们自己的事情，每位员工都是封面的创始人。在封面，没有上下级关系，只有伙伴关系、协同关系。公司的管理者，不是管人与事，是协调人与事，服务人与事，推动人与事；没有指挥者，都是冲锋在前的刀锋战士，是一个战壕里面一起并肩作战的战友。在封面，人人都是种子员工，人人都是创始人。

要当“好种子”。所谓种子，就是要生根、发芽、开花、结果，好的种子的力量就更加强大。你们决定了我们能不能长成参天大树、能不能长成茂密森林。能够从几千人中杀出重围来到封面，说明大家都是之前所在工作岗位、工作领域中的佼佼者。来到封面，每个人都应该做一颗“好种子”，充分发挥“放大效应”，为封面传媒创造意想不到的倍增价值。这里有三个关键词：

正派。创业是一场野蛮生长，但做人做事必须守正道、走正路。无论做什么，必须保持作风、品行端正。所谓德才兼备，以德为先，封面团队也必须如此。大家要正派做人、正直做事、正气立身，为公司发展奠定良好的文化根基，否则一切无从谈起。对于品德不合格的人，公司将予以坚决清除，绝不迁就，绝不姑息。

阳光。风雨中做事，阳光下做人。创业是一件艰难而苦逼的事情，大家一定要坚持一颗向阳的心，以阳光的心态战胜工作中遇到的困难，以灿烂的笑容对待身边的每个人，快乐向上、充满力量，把阳光和正能量传递给每位小伙伴。对于工作和生活中的难题，我们欢迎能提建设性意见、并且有行动的人。我们讨厌那些天天抱怨的人，讨厌那些天天说公司不好、还留在公司里的人。

健康。封面是一台大机器，每位同事都是一个零件，大机器能否高效运转，取决于每个部件和零件能否正常、健康地组合，咬合起来发挥作用。我们要有一个健康的机体，就必须坚持简单健康、风清气正的团队氛围。我们坚决禁止小圈子、小团伙等不正常、不健康的人际关系，坚决禁止三三两两、说三道四、品头论足等一些不良风气，这些将把公司拖入死地，万劫不复。

要做“实干家”。梦想照进现实，关键要靠实干。这个时代，当个旁观者、评论员、见证者很容易，但当个执行者、建设者、实干家则比较难。公司在初创阶段，任务十分繁重，我们必须求真务实、真抓实干，对公司的各项决策部署“说了就算，定了就干，干就干好”，把各项工作一桩桩、一件件地向前推进，确保既定目标的达成。这里也有三个关键词：

妄想。这与创新创造紧密关联，是我们团队的首要符号。我们要重新联接世界，就要勇于尝试一切。我们倡导并鼓励大家异想天开，积极提出产品创新、运营创新、技术变革等方面的想法。我们不怕你妄想，就怕你不想。

痴心。想了就要做。公司鼓励大家将新想法积极付诸实践，坚持不懈、痴心不改地探索下去，直到发现新的可能，产生新的价值。哪怕是错的，公司也给你试错时间和空间。探索之路上，要沉得住气，经得起打击，耐得住寂寞。

规矩。没有规矩，不成方圆，制度是避免我们犯错的护身符。我们参照国内外互联网公司的先进做法，尽快把日常的考勤、生产、考核、评价以及绩效管理、制度建设等方面“规矩”立起来，确保有规可依、有矩可守。

七、新时代才刚刚开始

“阿尔法狗”（AlphaGo）大战李世石被刷屏，最终李世石 1 ∶ 4 不敌“阿尔法狗”。热闹的背后，是“AI（Artificial Intelligence）时代”也就是人工智能时代的强势来袭，是“IT 时代”渐渐远去，是“DT 时代”的融汇升级。可以想象，随着机器人从弱人工智能时代演进到强人工智能时代，“智能爆炸”或将临近，互联网运行法则将发生变化，“瓦解”“重生”“再造”将成为这个时代的主题词，也将成为我们重新联接世界的机遇。

人工智能的影响无处不在，技术驱动的结果是新经济时代的来临。互联网的长尾就是这场变革带来的新机遇。在这个由信息技术革命带动、以高新科技产业为龙头的新时代，无处不在的长尾分布是主宰互联网领域公司的主要商业模式。小众市场终将取代大众市场走上舞台的中央。这是一场前所未有的渠道革命，决胜商业世界的不二法门。我们的使命就是努力在这个潮流中有所作为，创造属于封面的商业经济模式。这个新时代才刚刚启幕，精彩的故事还在后面。

这是一场没有终点的马拉松比赛，起跑线并不那么重要。我们出发了，我们没有迟到。当然，未来的征程也不可能一帆风顺，我们可能会踏上铺满荆棘的小道，曲折与艰难会向我们逼来，关键是咬牙坚持下去。作为互联网科技领域的后起之秀，我们需要热烈拥抱“AI 时代”带来的变化，坚信我们的使命、愿景、目标、文化、精神，坚定地朝着我们的目标努力！

2015年5月4日，我们启动了“创客中国·新青年行动”大型系列报道与活动，浓墨重彩地赞美如火如荼的创新与创业。2016年5月4日，我们成为中国创客的一分子，踏上了追寻诗和远方的旅程，为心中的理想而奋斗。让五四精神照耀我们的创业青春吧!

第四节　开启封面，书写未来①

2016 年 5 月 4 日，封面新闻客户端和封面新闻网“青春”上线，代表着集团新打造的一艘创业号正式驶出红星路 70 号港湾，开启星辰大海。从 2015 年启动谋划这个事情到 2016 年主打产品上线，已经整整一年。这一年，凝聚了太多人的支持、太多人的关怀、太多人的努力。一路走来，感慨万千。各级领导、各个单位、各位同仁的无私帮助，汇聚成封面强势出征的力量，喷薄而出的光芒。

一、项目筹备

10 月 28 日，集团举行封面传媒成立暨全球人才招募发布会，代表项目正式成立，在全国产生广泛影响。至此，项目进入全面筹备阶段，各方面工作都全面启动。

（1）全面启动人才招募

发布会后，人才的招募与遴选是首要工作。截至 2016 年 4 月底，共收到近 8000 份简历，遴选出 108 人，加上报社选派的 25 人，目前已组建起 133 人的团队。互联网优秀人才集中在北上广深，对薪酬待遇提出的要求较高，人才遴选难度大、要求高，集团都对封面传媒全面授权。从招募公司管理层到一般员工再到对外聘请投资战略顾问，全都授权项目组进行，给予了极大信任。

（2）产品研发及相关筹备

封面传媒第一个员工招募到位的时间是 11 月 18 日，是技术员工。随着人员逐步到位，产品研发就成了重中之重。其实在 2016 年 2 月 24 日，就已在 App Store 上传 1.0 版。但为确保产品品相，确保产品有所特色，项目组从用户定位到内容设计、产品框架、技术支持等方面反复打

① 摘自 2016 年 5 月 13 日在集团读书班上的交流发言。

磨，反复测试，反复修改，产品迭代了 6 个版本，仅 4 月修复的严重 BUG 就有 128 个，直到产品体验较为成熟之后才正式上线。其实就上线版本而言，我们也还不是很满意。目前在进行新品迭代工作，将于 6 月推出新版本。

（3）集团成立领导小组

为保障项目的有力有序有效推进，2015 年 12 月 11 日，集团成立“封面传媒”项目推进工作领导小组，务实推进各项工作。领导小组成立以来，严格贯彻党管媒体的原则，在内容设计、产品设计、与主管部门对接争取支持等方面，切实解决项目推进过程中的难题，有效把控风险，创新推进项目进展。

（4）中宣部调研

项目得到了中宣部的高度重视。2016 年 1 月 13 日，中宣部新闻局副局长陈陆军到集团调研封面传媒项目筹备情况。陈陆军副局长听取项目汇报后高度肯定了项目的重要意义和创新做法，要求项目做好内容管控等方面工作，支持项目在体制、机制、运营创新等方面锐意探索。

（5）省委宣传部高度重视、大力支持

从项目成立以来，省委宣传部常务副部长房方多次带队到集团召开专题会议调研，从成立工作专班协调给予政策、资金等方面支持，到争取将“封面传媒”列入省委网络安全和信息化领导小组第三次会议，将“封面传媒”纳入全省媒体融合发展“试验田”，对项目的发展提供了强力支持。

（6）微博微信提前上线

2016 年 3 月 1 日，为了在全国“两会”等重大报道中抢先发声，封面新闻微博微信先于客户端和封面新闻网正式开通，围绕全国“两会”展开策划和报道。

这一年来筹备的事情还有很多，就不再一一细表，但这一年的筹备确实值得铭记，感触良多。在项目筹建过程中，集团党委对项目提出的设想都给予全力指导，对需要解决的难题都给予全力支持，大到改革政策、资金支持，小到办公区改造、硬件采购招标等，无一不是优先决策、强力支持、快速配套，为项目的快速推进提供了有力保障。

二、“内容＋技术”的新生代客户端

虽然封面传媒的发展得到了各方支持，但互联网的竞争远远超过传统媒体的竞争，2015 年主流传统媒体的新闻客户端数量已达到 231 个，而九成用户每天只打开一个新闻 App。所以这一次出发和创业，我们花了这么长的时间，耗费了这么多的精力，就是想努力做从 0 到 1 的创新。

1. 各方点赞

封面新闻上线以后，在全国产生广泛影响。专家和业界给予了高度评价。

技术主导与流程再造。国家行政学院高级经济师郭全中表示：“在技术革命的时代，主导媒体一定是技术媒体。未来的媒体一定是能够利用智能传播技术，把海量信息个性化、定制化、精准化，与用户的需求智能匹配，无疑封面新闻就是这样的思路！”在封面新闻上线后，中山大学传播与设计学院院长张志安高度评价封面新闻：“封面已进行了新闻传媒流程再造，它是媒体数字化时代产物，以移动互联网产品为主打，封面新闻是在媒体融合、互联网改变了媒体传播方式及用户阅读习惯的时代大背景下孕育而生。”

内容＋技术的新生代客户端。新浪网前总编辑、小米科技副总裁陈彤点赞封面新闻，他认为，“目前，在新闻界新媒体客户端中，从门户网站转型而来的内容侧重型自成一派，我称为原生代；而依赖于算法技术驱动的综合资讯平台成另一派，我称之为中生代；而封面属于第三派，内容＋技术的双轮驱动，是新生代。年轻化、移动化代表着传媒业的新趋势，封面传媒受众正好在于 80 后、90 后与互联网原住民，能为这些年轻的、时髦的读者们提供适合他们的优质好读的报道。封面传媒以‘内容＋技术’为驱动，在智能传播技术的基础上，更加注重内容、个性、定制和精准性，每天有千奇百怪的新闻，也有上万条重复的信息，但是封面传媒从内容原创到用户推送，都有自己的年轻独特的地方”。清华大学新闻与传播学院教授沈阳认为，“封面新闻加入数据挖掘、机器学习与写作、兴趣推荐算法等先进技术，实现了原创与抓取的有机结合，在以用户兴趣为核心的基础上，可以为用户提供更匠心独具的报道”。

2. 为年轻人服务

封面新闻是互联网资讯产品，但绝不是原生代的互联网资讯产品，而是新生代的互联网资讯产品。我们的愿景是打造以内容和科技同频共振的泛内容生态平台，构建人工智能时代独一无二的封面。从产品代际来看，互联网产品基本上三年就是一代，2010 年左右新浪、搜狐、网易、腾讯等门户网站创办的客户端可以称为原生代客户端，因为它们基本复制了门户网站的内容；2013 年左右今日头条、一点资讯等具有一定技术支撑的客户端可以称为中生代客户端，它们以聚合为主，有算法、数据等技术支持；而我们打造的封面新闻则是新生代客户端，不只在于我们有技术支撑、有原创特征、有个人特色，更在于封面为年轻人服务，与年轻人共成长，跟年轻人一起奔向未来。

封面新闻推广海报

人民网舆情监测室秘书长祝华新说，“封面新闻选择80后、90后为目标群体，这个定位抓得非常好。封面新闻以老牌都市报底子为支撑，来建立一个年轻的社群，将年轻化与专业化相结合，对此抱有非常高的期待！”

三、思考与挑战

人工智能的影响无处不在，技术驱动的结果是新经济时代的来临。这个新时代才刚刚启幕，但挑战也才刚刚开始，主要来源于三个方面：

1. 团队能力与互联网残酷竞争是否匹配？

目前我们首批已经建立130人团队，其中有来自国内互联网企业的，有来自传统媒体的，也有高校毕业的大学生，真可谓是来自五湖四海。但团队思维观念适应人工智能时代的要求，能力水平能否满足打造全新产品的需要，工作状态能否适应残酷竞争的形势，都还需要一段时间来证明、适应和调整，但时不我待，这个过程也意味着时间成本和机遇成本，对封面的发展形成了一定挑战。

2. 体制机制与互联网市场要求如何适应？

封面传媒按照改革导向来架构，但国有文化传媒企业的性质决定了我们要按照国有文化企业的管理方式来运营，在股权激励等体制机制改革上的进展与互联网公司还有一定差距。集团已经创造了良好条件，给予了巨大空间和支持，但如何进一步加大改革力度还在于上级主管部门给出的改革空间有多大，以及在此过程中封面传媒公司本身的决策、运营体制机制改革突破力度，这也需要较长时间的改革过程。

3. 产品迭代与互联网科技变化能否吻合？

互联网产品快速迭代，人工智能时代带来的巨大挑战就在于未来有太多未知，难以预测，更难以把握。未来会不会有人工智能创造出超人的智慧？机器人的智慧会不会超过人类？霍金所说的“人类历史上最大的事件”，或者“最后的事件”什么时候到来？在万物相联和无处不在的智能以及人机共同进化时代，互联网产品发展将向何处去，封面传媒以科技为核心的泛内容生态平台如何构建，将是一个巨大的考题，考验封面传媒的所有人、每一天。

这是一场没有终点的马拉松比赛，起跑线并不那么重要。当然，未来的征程也不可能一帆风顺，我们可能会踏上铺满荆棘的小道，曲折与艰难会向我们逼来，关键是咬牙坚持下去。作为互联网科技领域的后起之秀，封面传媒将勇担使命，勇往直前，热烈拥抱“AI时代”带来的变化，坚信我们的使命、愿景、目标、文化、精神，坚定地朝着我们的目标努力，为打造新型主流媒体而不懈奋斗！

第五节　部署四大工程[①]

封面新闻推广海报突出兴趣阅读

2016 年上半年很快就过去了，7 月份也快结束了。时间真是太快了，岁月是一把杀猪刀。回想走过的历程，我们的每一天都特别快，这段经历也特别快，好像还没做成什么事，但是时间却花了很多。所以我们召开半年工作会，虽然是一个工作的总结和安排，更重要的是我们怎么样进行反思。没有反思就没有进步，没有思考也不可能前行，我们需要静下心来用这么一小段的时间来思考。

一、我们还在幼儿园

上半年我们的工作，有这么几件事：

1. 建队伍

今天在座诸君组成了 150 人左右的团队。这是公司 2015 年 10 月 28 日发布人才招募计划的时候说的种子员工数量。建这个团队实际上是很难的一件事。建团队需要一个标准，就是我们这样一个团队到底是一个什么团队，气质是什么，形象是什么，精神是什么。我反复讲一句话，封面需要

① 摘自 2016 年 7 月 28 日在封面传媒 2016 年半年工作会上的总结发言。

的是努力的人、认真的人、匹配的人。什么叫努力的人？努力就是永远不知道满足，每一天都在检讨自己的过失，每一天都在反思自己的工作，每一天都要反思自己的行为，这样的人是努力的人。什么是认真的人？就是认认真真地做事情，不需要在这儿挂羊头卖狗肉，不需要在这儿当一天和尚撞一天钟。我们会去想办法，用制度，用考核，用规则淘汰掉那些不认真的人。匹配的人是什么样的人？那就是封面需要的人。他不一定是最贵的人，不一定是高大上的人。我们是一家创业公司，还在起步阶段从 0 到 1 的路上，所以对于我们这个团队必须努力、认真、匹配。希望我们每一位封面人都对照这样的要求来检查一下自己，你是不是做到了这一点。

2. 做产品

2016 年 5 月 4 日，封面新闻客户端上线，6 月 12 日第一次迭代。打造一款产品不难，难的是这款产品是不是能和我们用户更好联接起来，是否达到了我们的需求，是否受到了市场的欢迎。这样一款产品它带给人的方向，以及它呈现的特质到底是什么。这也是我们需要思考的问题。市面上的产品很多，同类的产品也很多，那么我们这样一款产品我们该怎么去构建，这款产品我们在接下来的工作中怎样去提升、优化、改造甚至颠覆，这都是需要解决的事情。当然，一个产品不是某一个部门的事情，不是某一个小团队的事情，是我们整个封面人的事情，因为我们做的事情集中到市场上是用产品来呈现的。用户使用的是你的产品，所以怎么样不断地优化提升我们的产品始终是我们最为核心的一点。就像一个小孩，他的诞生很容易，但是成长之路、培育之路非常艰辛。1 月 13 日中宣部新闻局领导来调研的时候，他们说我们的产品还处在一个孕育期，像一个小孩一样还没有生下来。我想现在我们这个小孩已经生下来了，但是到底怎么样培养，希望大家都要思考。

3. 定规则

因为我们是一个团队，从无到有，从少到多，所以我们制定了一些规则。当然我们的规则还很不完善，因为我们也没有时间和精力包括经验来制定非常完备的针对公司发展的制度。我们的一切一切都是在实践中慢慢去探索。我们需要借鉴和学习来制定符合封面发展的规则和制度，但是更重要的是根据我们公司的实际情况来制定规则。我反对照抄互联网公司的那种做法，每一个公司就跟每一个人一样，都是不一样的，有共性，但也有个性，我们需要充分展示我们的个性，所以我们在一开始的时候制度很少，不需要用太规范的制度去约束，我们很多东西都只是一个大的框架，很难说有很好的细节，因为我们需要探索，需要摸清楚我们这样一个团队的气质、特征、个性，只有符合我们这个公司和团队的制度才是好的制度，所以我们要用我们的思考，我们的实践，我们的行为来总结和出台制度。

4. 造影响

任何一个人当他出生之后，都在一定的范围内有影响，这是理所当然的事情，因为你是一个个体的生命，到了这个世界上，你无论是什么，都应该有一定的影响力。但目前，我们的影响还不够，我们的影响主要局限在业内、圈内，还没有真正走到圈外，走到社会上去，走到大众中去，走到我们的用户中去。有同事说他出去，跟几个厅局级单位联系，入驻封面号，说感觉还比较好。但我们只是在一定的范围具有一定影响，还远远不够。任何一个公司的发展，最后凝聚成的一定是一个品牌。当然品牌不仅有内涵、外延，还要有影响、要有标识、要有知名度。

上半年我们在一起无非就是干了这么几件事，都只是初级和初步的，我们现在还是在幼儿园，最多算个中班。当然，正因为我们刚刚诞生，我们还小、还很“幼稚”，可塑性也比较强，发展空间和潜力也比较大，创造未来的可能性也比较大。

二、构建泛内容生态平台

我们半年工作会主题确立为构建泛内容生态平台，用我们的愿景——引领人工智能时代的泛内容生态平台来统领我们的半年工作。这个话我讲过很多次，很多人不理解，也不明白。如果作为公司的一个员工，对公司的基本信息和基本要求都搞不清，就是一个不合格的员工。所以我们需要清楚公司的基本理念、基本的发展方向，甚至包括基本的做法和要求。这种牢记要与自己的工作岗位结合起来，任何时候都需要提醒我们自己，不忘初心。我们为什么要构建泛内容生态平台，我的理解，有这么几点，主要是与大家一起思考。

以我们的实践来看，传统内容变现的命题，在今天讲还为时尚早。我们的现状是知识产权保护还非常不够，甚至在一定程度上还没有。所以很大程度上讲我们做的内容，包括我们的原创内容都是没办法变现的。这需要做内容的同事注意，你在很大程度上做的事情还是有价值、有意义的，但是还没有办法变现，虽然可以从精神层面去体现，但是没有办法从物质层面体现。尤其是到了现阶段，做都市报的全部没落，全部衰退，面临很多现实的问题，包括《华西都市报》在内，虽然还在赚钱，但是所能赚的钱已经是当初的几分之一了。随着传媒格局的演变，这个几分之一的分母会越来越大，包括我们自己及其他都市报都是这样。

但与此同时，做生态的都发了。如：阿里的电商生态、腾讯的社交生态、百度的信息生态和华为的全联接生态。单一的类别和领域将越来越没市场，没有商业消费的闭环，就没有出路，就没有办法变现。一个人活着靠两件事，第一有信念，有精神支持；第二有物质基础，两件事缺一不可。再进一步讲，仅仅从生理的需求，物质基础就可以决定他生或死。所以如果没有生态消费闭环，没有构建这样一个东西，要活着是非常困难的。我们要自力更生、奋发图强，我们要追求商业生态逻辑。统领起来就是要把整个的内容，也就是我们说的泛内容统一到生态商业消费圈里构成一个闭环，我们才能赚到钱。

我们是一个新型媒体，不是传统媒体，我们要做泛内容的生态平台。在这样一个平台上，既实现我们的理想，又实现我们重新联接世界的使命，所以我们既需要传播实力，又需要商业潜力，这两者缺一不可。很多公司的倒闭、死亡都是在 12 个月之内。所以对于一家创业公司来讲活下去是非常重要的。

1. 途径

那么，如何构建泛内容生态平台。构建这样一个生态体系有几种途径。

第一，从最长的长板出发。这就是我们的内容，或者传统意义上的内容。对于我们来讲，从我们祖祖辈辈传下来的基因，是集中在做内容这个点上。这就是我们的长板领域，我们要把优势发挥出来，所以首先做的就是内容。

第二，从最近的外延构建。外延，就是跟内容相关联的紧密层。媒体、电商领域、IT，这是我们跟内容最紧密的圈层，所以要从这个圈层出发。方式有这么几种：自建——内容需要自建，不管是我们原创的内容，还是我们既采又编辑制作，或者只有编辑加工的半原创，这都需要我们自建，是我们的核心，是完成生态平台构建非常重要的方法。参与——参与建设，采用资本和股份的方式来构建生态平台。不是任何事情都需要我们自己去做，不是什么平台都需要我们自己去打造，这样太难。联盟——我们现在的联盟是比较多的，而且是在资源上可以充分利用的紧密联盟。我们每一天都会接待很多的联盟单位到我们这里。今天上午，国家食品药品监督总局的有关领导就来过，说要与封面建立紧密的联盟，建立战略合作关系。在这几种方式里面，收购和参股比重至少应该在一半以上。所以我们在接下来的工作当中，要不断优化团队和人才结构，要有一批对资本、收购、股份改造有经验的一批人才，仅靠我们每天埋头苦干，即使累死也构建不了这样一个生态。

2. 目标

围绕这样一个生态平台的建设，我们制定出了以下的一些目标。

第一，全国谋篇，西南起步。我们的生态平台要从四川、重庆等西南地区出发来构建，不是到处去撒网。因为这个区域是我们最集资源优势的区域，在起步时可以背靠资源、背靠我们已有的优势。就像我们做内容一样，基础还是要背靠集团、背靠《华西都市报》。要把这个大本营、根据地建好，这个大后方一定要非常牢固、非常稳固，包括用户数量、品牌的影响力、知名度等。但是我们的胸怀是全国。也就是说站在这样一个大的场景中，谋划西南地区的工作。第二，多家关联公司。作为一个生态平台需要多家关联公司，当然首先要建独立品牌的公司，再建参股公司、关联企业等，数量有多少现在还不好说，几家十几家都有可能。第三，年收入过亿。是指封面新闻客户端实现年收入过亿。第四，推动上市。我们从一开始就在推动内容运营和资本运营两翼驱动，公司治理、股权结构、公司的管理等等都要比照上市公司的要求来做，推动上市。

三、四大工程、十二大项目

前面讲了为什么要构建泛内容生态平台，也讲了构建这样的泛内容生态平台的方式和路径。那么接下来的工作，我用“四大工程”“十二个项目”来概括。

1. 产品工程

以技术为驱动，打造特色产品。我们一直没有把公司描述成一家技术型的公司，是因为如果靠自己去搞发明创造实在太困难，但是我们一定要走在技术运用的前沿。技术是公司的引擎，尽管技术团队不好建，但是还是迎难而上，要建立自己的技术团队，这是公司在构想之初就非常明确的。

项目一：产品升级。分四个层面：一是体验好。我们的这个媒体是要做“智媒体”，必须以技术为驱动，追求极致的用户体验。二是功能全。尤其是我们下一步要做的直播功能，现在的功能还不行，下一步要把直播功能作为重点。三是技术优。要实现根据兴趣爱好和根据地理定位进行信息推荐的技术。四是数据强。为用户进行精确画像基础上，满足用户的需求。

项目二：内容升级。我们现在的内容调性还不够，特色还不鲜明，调整和升级的空间比较大。在这点上，我们的内容团队需要去做一些功课。我着重强调几点：一是价值阅读，价值观引领，这是前提。现在，来自很多方面的要求都指向了价值观引领。2016 年 7 月 12 日中央网信办副主任任贤良来视察封面，几次强调了这一点，要求我们不仅智能，还要有智慧，要有价值，要有思想，要用思想来做内容。我们说的人工干预，实质上就是思想干预。二是正能量、年轻态、个性化，必须体现这几个点。三是一类资质。特别是在政府机关，一类资质是敲门砖。能拿到这个资质的目前就两家，我们要好好地利用好这个资质。四是技术生产内容。以技术产生内容，内容一定要与技术互动。希望我们的技术团队与内容团队一定充分地沟通。尤其需要提醒从报社过来的同事，再好的报道都需要传播，我们做传统媒体出身的要克服老毛病，克服陈旧的思维和习惯性的套路，密密麻麻的文章没有人看了。要追求新技术，短文章，讲故事。封面的首席记者一定注意内容与技术的完美结合，这才是首席，才能代表方向。所以我们给封面新闻的内容赋予什么样的调性，是要研究和思考的。

这里和大家说两件事。第一，7 月 25 日全国网信办主任座谈会通报了对几家门户网站的约谈和整治情况，中央网信办提出了“重双基，强双责”，这是互联网的新要求。对于我们而言，也要规范治理，责任到位。第二，7 月 27 日中办、国办发布了《国家信息化发展战略纲要》，对所有从事新闻信息服务、具有媒体属性和具有舆论动员功能的网络传播平台进行管理，都要建立退出机制和准入机制。这两件事说明中央在网络管理和网络治理方面有新的要求。大家一定要记住，我们是在这样的背景下建立的，对于我们来说是挑战，也是机遇。我们应该充分运用这样的管理规范给我们带来的机会，加强合作，做出特色，提升品牌形象和竞争力。

2. 生态工程

以发展为重点，构筑生态体系。其中包括：

项目三：封面号。封面号是我们封面生态体系的一个重要组成部分，是要解决机构、企业和个人之间的联接，也是共享经济时代的一种尝试。我们将在 8 月 25 日 C21 论坛上正式发布封面号，也会集体签约一批机构入驻。

项目四：通信运营商装机。我们要充分发挥行政主管部门对封面的支持，与省内三大运营商在 App 预装、联合推广方面展开深入合作，实现用户数的提升。

项目五：舆情。《华西都市报》深耕党政、企业 20 多年，积累了很多资源，现在要借助公司在媒体和科技领域的实力和影响力，打造有较强市场竞争力的舆情服务产品，为党政机关提供舆情服务。

项目六：渠道运营。每次搞一个地推活动，下载用户太少，主要还是要加强与手机厂商合作进行预装，并辅以其他线上线下活动，提升装机量。

项目七：智库。智库是独立运作的品牌，在我们“智媒体”建设中扮演十分重要的角色。要继续提升“小而美”智库价值形象，打造已形成的

2016 年 8 月 25 日，封面新闻打造的 UGC 平台“封面号”测试版上线

产品矩阵，实现“高端发声、决策见效”。

项目八：电商。我们要用资本合作的方式，充分整合现有资源，在细分垂直领域打造内容电商平台，实现消费闭环。这是我们生态平台非常重要的一个环节。

项目九：销售。要启动组建销售团队的工作，加强“自我造血”，实现营收。8 月份我们的销售任务暂定 200 万元，达到后逐月递增。

3. 人才工程

以人才为根本，建设一流队伍。

项目十：建立成长机制。我们建立的成长机制，是行政、业务双通道的成长机制。行政通道也就是我们说的管理通道，包括公司管理层、部门管理层，但这个通道很拥挤，因为岗位很少。而在业务通道上主要体现业务能力，不承担管理职能。这两个通道是打通的，职级职位都要对应。董事长、CEO 走行政通道，业务通道也要匹配地对应董事长、CEO 这个职位。横向到边纵向成列，都是要匹配的。这是我们公司构建成长机制很重要的一点。不可能人人都当 CEO、部门总监，只要你的业务达到了相应的高度、要求，那你的待遇、级别就一样了。

项目十一：完善激励机制。激励机制一是需要通过公司架构层来完善，业务骨干应该有更大的激励；二是平时的考核应该与激励挂钩，你做得好，做的贡献大，应该得到相应的激励。当然也应该有淘汰，要通过考核来建立淘汰机制。

4. 文化工程

文化工程也是一项重要的工程，它是引导我们走多远、走多久、走到哪儿去的工程，所以要以文化为基因，营造创业氛围。文化工程不是抽象的，一定要具象化，包括我们的制度、考核、激励、团队建设等，都构成公司的文化，都落实到我们每一天工作中的每一件事情上，体现到我们每一位员工的具体行为上，体现到我们公司的整体价值观上。比如上下班要打卡，这是文化的一种体现；要有关键绩效指标的考核，这是文化的体现；比如我们建立各种兴趣小组，打乒乓球、打羽毛球、踢足球、打篮球等，这都是文化，这些工作都要做。文化的重要性，就在于它无时不在、无处不在。

项目十二：构建文化体系。文化是一个体系，不是零敲碎打散乱的。文化要有魂，魂就是价值观。希望我们把公司文化体现到员工的行为和公司的价值观上，塑造“信念坚定、敢于创新、勇争第一”的封面铁军。

以上十二个项目必须有目标，要有责任人和责任团队。

最后有五句话，要送给各位。

第一句，心浮气躁，一事无成。我们做的工作没有成功的先例，我们在做一种探索、一种创新。任何一件工程创新的失败可能性都很大，但是任何一件事情的成功必须是一步一步、静下心来做，所以我们不能急躁，要静心、安心，把工作想好、做到位，所以我们要忍得住清贫。在今天，清贫不是让你饿着肚子干活，不是让你吃不饱穿不暖，清贫是我们内心的一种体验。心态决定姿态、决定状态，有什么样的心态你一定会做出什么样的状态。我希望各位一定要静下心来做事情。这个社会很浮躁，我们一定要梳理好自己的内心，从容面对前进道路上的各种挑战和诱惑。

要耐得住寂寞。可能很长一段时间内，我们都不会名声大噪，可能会有一定小名气，但这点小名气不足以给你带来内心的满足。我们需要专注、集中注意力，按照我们的部署、我们的要求、我们的目标，哪怕没有掌声、没有鲜花，我们依然需要前行。有了这些东西反而会让我们迷茫、迷失方向。感觉好和认认真真做好事情是完全不一样的境界。我们必须向前走，埋头干。

第二句，沟通决定成败。为什么要讲沟通，因为我们不是一个人在做事情，我们是一个团队。这件事情、这个产品是我们全体封面人共同努力的心血。所以首先我们要建立沟通管道，包括钉钉、QQ、微信、邮件，可以是群里说，也可以点对点地说；我们都在 8 楼，物理距离也不远，站起来走两步就能沟通。在公司层面，也有制度化的沟通管道，包括每个月 21 日的封面日、团建、开会等也是一个沟通渠道。

每个个体一定要明白沟通，沟通就是尊重。人与人之间的理解、信任，很大程度上是建立在沟通基础之上的，没有沟通任何事情都会存在很大障碍。有时候人与人之间的矛盾、团队与团队之间的误会，就是因为沟通不畅。不论是谁，都要有一种沟通的理念。不管你性格内向还是外向，对于工作，都需要沟通。人力资源部在招人的时候，有一条标准是必须要有的，就是沟通能力。考察这位员工能不能沟通，愿不愿意沟通、愿不愿意主动沟通，这一点非常重要。人都有惰性，但是我们是一个团队，我们在做一份工作，所以沟通就成了你必备的东西，不是可有可无，不是可多可少，也不是可重可轻，而是必须具备的重要素质和能力。

第三句，不作死，就不会死。第一，任何的事情都是我们按照目标、按照规定、按照市场的要求去做成的。在这个过程中，如果你循规蹈矩、没有创新，你就会死，因为我们在高度竞争的时代中。竞争的法则决定了我们必须有创新意识，如果我们没有创新，还满足于过去的思维、框架、路径，还是重复昨天的故事，就是在找死。第二，如果你仅仅满足于朝九晚五，不懂奋斗，你就是找死。事业的成功，一定是奋斗、拼搏和付出的结果。没有这些，不可能成功。天上没有掉下来的馅饼，没有那么多事少钱多离家近的好事。任何的事情都需要我们付出，成功的价值也一定会体现在奋斗的过程中。

第四句，你不是一个人在战斗。我们这个项目凝聚了太多的关心、关怀、帮助和支持。从上到下，没有哪一个不支持，没有哪一个不帮助。所以我们不仅不是一个人在战斗，还有其他人也在帮着我们战斗。当你迷茫无助的时候，要明白我们是一个集体，是一群人，是很多人在战斗。有你在，灯亮着，我们一定要坚持，坚守内心最珍贵的东西。不管你身在哪里，身处什么样的境遇，只要你在封面，我们的帮助是无时不在的，无处不在的。

第五句，不停步，永向前。我们公司的使命是重新联接世界，愿景是打造引领人工智能时代的泛内容生态平台。我们需要在前行道路上不断坚定信心，坚守这份初心。这样一个目标，不是随便提出来的，是我们大家一起经过在市场中的摔倒、历练，经过我们横向、纵向的比较，包括同行、同类的研讨，我们提出了这个目标，虽然高远，但很清晰，你要触摸到它，就必须努力。所以我们要树立起这样坚强的信念，不达目的不罢休。不停步，永向前。只要我们每一个员工每一天都有进步，只要我们公司每一天都有进步，我想我们的目标一定能实现，包括下半年规划的“四大工程”“十二个项目”，一定能够如期完成。我也希望我们封面的每一位员工，在这么一个理想和目标的实现过程中实现个人价值。当然任何的事情、任何事业的成功都不可能一帆风顺，所以我们也要做好迎接巨大挑战、包括困难、坎坷的准备。困难和挑战并不可怕，关键是我们要齐心协力找到克服困难和挑战的办法。只有这样，经过我们的努力，才能等到黎明的到来，等到阳光灿烂的时刻。

第六节　优化内容特色和调性[①]

现在公司是少数70后，带领一批80后、90后在创业。昨天有人说，80后、90后经不住打击，建议让我少批评。人的成长都需要经历风雨，只有鲜花和掌声不可能成长起来；人的成长一定要经历失败、挫折，一定要经历艰难和曲折。我从来不相信人的成长只有鲜花和掌声，没有苦难就不知道幸福，不经历风雨就不可能有彩虹，这是这个世界亘古不变的真理。我们的批评是针对工作中的差错，针对错误。如果一个团队，不管个体还是公司，连接受批评的勇气都没有，连批评都不能承受，那就干不了什么事。所以不要谈80后、90后不要批评。80后、90后有特点、有个性，难道50后、60后、70后就没有特点和个性吗？人本质都是一样的，只是80后、90后出生以后物质条件变好了而已，不再为房子、车子和自己的吃喝拉撒担忧。但人之所以为人，在于人的个人价值实现，这都是一样的。所以希望大家在这个过程中，少讲不一样的，多讲共性，因为我们是一个团队，不是个体户，也不是乌合之众。我们是奔着目标、理想、追求，奔着公司的使命、愿景而去的，我们开展批评是必要的，对工作中的失误提出批评也是必需的，没有例外。如果有一个例外，就会有第二个、第三个例外。很多例外出现了，公司就不成其为公司了。所以我们对要求、对纪律都是很严明的，希望大家遵守。一方面我们要注意工作方法，另一方面还要讲真话、说实话，不要你欺骗我，我糊弄你，忽悠是走不远的。我们都需要直面问题、直面现实，现实是骨感的。针对内容工作，我讲四点意见：

一、正能量充沛、主旋律高昂

要认真学习贯彻习近平总书记在“4·19”网络安全与信息化工作座

---

① 摘自2016年8月2日在封面新闻内容工作会上的发言。

封面新闻办公区的休闲阅读文化空间

谈会上的重要讲话精神，做到正能量充沛、主旋律高昂，为广大网民特别是青少年营造一个风清气正的网络空间。“4 · 19 讲话”专门针对网络安全与信息化工作，内容很多，对我们来讲最重要的是如何做到正能量充沛、主旋律高昂，为广大网民特别是青少年营造一个风清气正的网络空间。青少年与我们的定位是吻合的，正能量充沛、主旋律高昂是要用社会主义核心价值观引领网络舆论。封面传媒与别的互联网媒体公司不一样，就在于我们是党报集团、是主流媒体办的互联网媒体公司，出身和DNA决定了党媒姓党的特质。所以我们的内容要符合用户的价值阅读需要，用价值观来统领内容生产。中央网信办副主任任贤良到封面传媒视察时也专门讲到这一点。所以我们要在理解这个方面更加深入，与内容生产挂钩，把这个要求指引落实到内容生产中去。

二、重双基、强双责

要坚决落实“7 · 25”全国网信办主任会议精神，重双基、强双责，健全制度，筑牢机制，确保内容生产安全底线。7 月 25 日，全国网信办主任工作座谈会进一步强化了网络安全生产，提出了“重双基、强双责”，发出了非常明确的信号。这个信号标志着国家对内容生产管理提出了新要求。

7 月 27 日，中共中央办公厅、国务院办公厅发布了《国家信息化发展战略规划》，提出要“对所有从事新闻信息服务、具有媒体属性和舆论动员功能的网络传播平台进行管理”等措施办法，它不仅仅是传统的互联网媒体机构，涵盖的范围很宽泛。这也是很明确的信号。封面新闻要做好“基本功”，做好基础规范。任何企业，基本功和基础规范都十分重要。在这一点上，必须牢记职责使命，在基础工作、基本制度、基础规范上下功夫。封面新闻从一开始实行的就是内容的编委会负责制和总编辑制度，这非常明确。没有这些基础，信息安全、内容生产的底线就不可能保证。所以每一个岗位都必须遵守基本要求，内容生产的把关、把度、审核一定要规范，内容和技术之间要做到有机结合，确保既符合互联网媒体及时、快速、互动的基本特点，同时又做到不出事、安全可控，筑牢安全生产防线。

三、做足内容调性

要大力创新内容生产和表达形式，优化定位网络原住民的内容调性，不断强化年轻态、个性化的产品标识。在内容创新方面，有几个问题需要思考清楚。一是定位 80 后、90 后网络原住民，他们喜欢什么要搞清楚，这是前提。我们需要一个准确的答案。二是原创和聚合在封面新闻这个平台上如何体现。我们既要充分运用好一类资质做原创新闻的优势，又要在聚合类新闻方面结合我们的定位做到共生共荣。三是如何协调全国定位与本土信息的比例。这要依赖因人而异的技术，如果没有地理位置的推送、没有地理位置的个性化，那我们就会混淆用户需求。上海人不太会关注四川本地人的信息，广州人更加关注广东、广州的新闻。怎么解决这个问题，包括新闻发布的表述也存在不规范的问题。要协调处理好这三个基本问题。第一个问题是大逻辑、大前提，第二、第三个问题是具体操作层次的问题。怎么样强化年轻态、个性化的产品标识，是我们要认认真真考虑的问题。没有标识不行，没有核心竞争力不行，立不住脚、站不稳跟，也打不出影响力。内容中心要尽快提出解决方案，按我们的定位和产品标签，把内容的调性做足。

四、塑造封面铁军

要持续加强团队建设，塑造信念坚定、敢于创新、勇争第一的封面铁军，为打造一流新型主流媒体提供坚强保障。事都是人做的，最终要靠团队。团队基本的靠管理，高级的靠文化；基本的靠制度，高级的靠价值观。所以管理、制度、要求是文化和价值观的具体体现。

信念坚定，就是要不忘初心。到这个行业，加入这个企业是为了什么？我们有低级的驱动，更有高级的追求。低级的驱动没有错，但作为人，高级需求的追求才是作为人在社会立于不败的灵魂。如果仅仅把上班作为混口饭吃、找个工作，那就显得太低级了。企业有企业的追求，个体有实现个人价值的追求。个人价值有货币化的价值，有非货币化的价值。可以用收入来衡量，也可以用精神追求、社会作用、社会地位来衡量。这两个东西相互联系在一起。就像企业要追求两效统一一样，个人也应该是这样。而我们对于信念的坚定来源于我们对事业的追求。我们这份事业也是党的新闻事业，我们的阵地也是党的宣传阵地，我们的战线是党的舆论战线，来源于我们对事业的追求。人如果没有理想追求，没有信念，行尸走肉地活在社会上，没有趣味。当一天和尚撞一天钟，也不是大家到封面的追求。我也给大家讲过，到封面来，没有好日子过。只有苦日子、紧日子。当然我们要追求过好日子，但是这才刚刚出发。所以必须有坚定的信念，没有这个，你走不下去。坚定的信念，也包括信心，包括对事业的信心，对事业的奉献，以及付出。一个人不讲奉献、不讲付出，只追求索取，就跟乞丐没什么区别。现在的一些年轻人，家里不缺钱，伸手向父母要。不知道这样的比重有多大，但是这样“乞丐式”的生活，实在是愧对“人”的称谓。人来到社会上，是为了创造价值、实现价值，所以必须奋斗，必须付出，而且必须艰苦奋斗。没有艰苦奋斗，成功也是不可能的。我们初步的数据统计，在封面传媒，技术团队是全公司上班时间最久的，这是钉钉统计的数据。如果没有基本的奉献、付出，没有基本的艰苦奋斗，一切都是扯淡。对那种没有完成自己的工作，敲钟就吃饭，到点就下班的人，要淘汰。第一，说明这个岗位工作量不饱和；第二，说明公司是不负责任的。

我们对不负责任的员工是不能原谅的，这和公司的价值观是不符的。包括从《华西都市报》调过来的员工，尤其要注意，不能把有些陈旧的、落后的文化和行为方式带到公司来。封面还在创业，我们需要认真的人、努力的人、与公司发展相匹配的人。有些人，对工作太随意，太随便，这很不好；有些人把《华西都市报》的老调调带过来也很不好。我们要求封面的员工必须是一流的，必须按照铁军的精神来塑造。封面应该是一座熔炉，封面应该是一个锻炼大家成长的场所，封面愿意与大家共同成长。如果大家希望与封面共同成长，那就应该把封面当回事。如果你不把封面当回事，那封面也不会把你当回事。希望每一位封面的员工都要换位思考，将心比心。

敢于创新是封面铁军的第二个特点。敢于创新就是要勇敢地做一个创新者，要有底气，在竞争中要做到与众不同。在这方面重点强调两点：一是必须有产品意识。希望内容团队要摒弃传统媒体内容生产的陋习。什么叫产品意识，必须关注自己生产的东西在市场上好不好卖，叫不叫好，有多少人阅读、点击，没有产品意识，就变成了自娱自乐。有几个人每天都在关注你的产品、你生产的东西，有几个人动员身边的人下载了客户端，你关心过吗？你关注了吗？产品意识当然是和市场意识、用户意识联系在一起的。没有这一点，你按照自己的思维做没有什么用，一切都需要市场检验、用户说话。没有这一条，你做的工作都是无用功，都是浪费，浪费了你自己也浪费了公司。所以我们的产品意识，一定要深入到内容团队的每一个员工。二是有沟通协调意识。沟通决定成败。我们做内容不能关起门来做。你做的内容是要面向市场、面向用户的内容，不是自我欣赏的内容，要和运营沟通，要和市场沟通，要和技术沟通，要和数据部沟通。首先内部的沟通要做到位，如果连内部的沟通都没有还谈什么面向市场的沟通。在一个团队都不能沟通，还能和其他人沟通吗？这些问题，这些局限，尤其是内容团队，要从编委会开始，主动和其他部门沟通。不能按照经验、不能按照以往的路径来做，一定是要来自市场、来自用户，包括做产品、技术的团队，没有这个，一事无成。沟通不好，一事无成。我们的沟通很简单，就是在 8 楼，你只需要一起身，就可以沟通。我们各个部门都是开放的部门、共建的部门，不是你的一亩三分地，不是你的自留地，所有的资源都是公司的资源。眼界、境界，如果太狭隘，做不了事情。要看远一点。希望在沟通方面，大家要做得更到位一些。脑袋里面不要有太多的条条框框，否则沟通就有很大障碍。大家要很好理解敢于创新，没有这两点，就不可能创新。

勇争第一是我们的目标。我们的第一就是要在全国省级报业集团客户端里当第一，也包括技术要成为第一；我们在内容生产、内容特色、技术实现上特别是技术驱动内容一定要勇争第一。我们有这个条件，也有这个规划，有这种目标，没有这个目标也成不了事。我们在这个体系里面，在全国省级报业集团的客户端里面做到第一，用户数、内容竞争力、技术驱动力要做到第一，一定要拿下这个目标。每一个部门都要有这种思想和追求，瞄准的目标就是这个。

只有这样，信念坚定、敢于创新、勇争第一的铁军才可能打造新型主流媒体，才可能完成这个使命。没有这种追求，都不可能做到，很可能也活不下去。你就跟大家一样，被淹没，被甩下去，只有跑到第一，才可能看到更多更好的风景。跑到后面，什么都没有。为什么今天有很多关注，是因为你的开局还不错、架构还不错、规划还不错，但还不是我们干得不错。我们离干得不错还差得很远，接下来只有干得不错才有可能得到更多的帮助和支持。任何东西都是干出来的，你的地位、荣誉、获得都是干出来的。所以希望大家特别是内容团队一定要认真领会，要把这块工作落到实处，落到具体方案、具体制度、具体流程上去，落到操作上去。我也期待我们内容这块在打造竞争力、优化内容特色和调性上能够尽快地改观。我也希望大家在这个过程中多提好的意见，多提可以操作的建议，集思广益，群策群力，把我们的内容建设好。

第七节　技术驱动[①]

今天能受邀来参加中国新闻史学会应用新闻传播研究委员会成立仪式，非常荣幸。我发言的题目是《技术驱动　点亮移动传播应用未来》。为什么要讲这个，是因为当前所有难题的关键都指向了技术。互联网进入中国多少年，传统媒体拥抱互联网基本就有多少年，从触网到办网再到融合，22年来一直没停止过。但传统媒体为什么今天还是被互联网逼到了死角？不重视技术，没有掌握技术这个关键“钥匙”是主因。所以，推动媒体融合，必须坚持技术驱动。

一、技术重构联接

这是环境和趋势的问题。技术的快速更迭，让人目不暇接，推动互联网产品三年一换代。当前，人工智能的快速发展又给新闻生产、传播格局带来了颠覆性的变化。网络生态再造，传播联接重构。

联接需求，打通消费。技术产生内容，正在变成现实。在未来，内容将可以直接变现，引导消费。内容赋予商品在特定场景下的附加价值，通过有故事有情怀的文案，社交关系将转化成商品的口碑。我们的资讯、报道，在联接需求打通消费的过程中，将会形成一个封闭的商业闭环。这样一个闭环会更加有利地助推媒体不断前行，联接力不断增强。

联接用户，开放众包。开放是互联网时代的根本特征。没有公众的参与，没有用户的参与，就没有未来。在这样一个时代，需要把公众激活，把用户激活，让他们参与进来，让他们成为内容消费的忠实成员。在此背景下，新闻不仅注重对事态的整理和解读，更让普通公众参与，在联接参与、开放众包中享受内容分红。

① 摘自2016年8月28日在中国新闻史学会应用新闻传播研究委员会成立仪式上的演讲。

联接虚拟，沉浸体验。2015 年 11 月，美国《纽约时报》首先推出虚拟现实新闻客户端 NYT VR，以 360 度的第一人称视角亲临新闻现场，为受众带来“沉浸式体验”，以此弥补新闻碎片化缺陷，打开面向互联网新世界的通路。而根据趋势，虚拟现实将成为新的社交平台，谁能抓住这个风口抢先占位，谁就能在未来占据更多主动。

联接个性，数据挖掘。依靠大数据，针对每一个用户的个性化需求变成了可能。在这样一个时代，个性化、标签化、精准化成了非常重要的特征，基于数据的算法推荐与机器推送成为主流。机器在几秒钟内破解媒体用户每次动作的兴趣 DNA，更新用户匹配模型，从而进行精准的阅读内容推荐。

联接科技，人机交互。2015 年，美国国家公共电台组织了一场人与机器的对决，机器人写作优势不仅在于速度，更适合于快速准确地发送消息。人工智能时代，机器人写作、语音、图像识别、无人机、无人车和人机交互将产生更多新的内容，信息传播方式、传播渠道等都将发生显著变化，重新改写将不断发生。

2016 年 5 月 4 日，封面传媒核心产品封面新闻客户端正式上线，在全国产生广泛影响，60 余家企业大 V 带动 1 亿 2000 余万网友传播，成都、北京、广州、重庆等地用户下载踊跃。清华大学、北京师范大学、国家行政学院、中山大学、人民网舆情监测室等高校和研究机构专家给予高度评价，称赞封面新闻为“内容 + 技术的新生代客户端”。

7 月 12 日，中央网信办副主任任贤良视察封面新闻。他要求封面新闻按照习总书记“4 · 19 讲话”精神要求，在坚持党管媒体的前提下，做到既有丰富的内容，又有创新的表达方式，抓住 80 后、90 后年轻用户的特点，通过用户喜闻乐见的方法吸引用户、走进用户，成为大家的“封面”，成为全国新闻客户端的“封面”。

在封面新闻的打造中，技术一直是放在第一位的。我们自谋划开始，就致力于瞄准“黑科技”发力，作为区别于传统客户端的第一标签。

封面新闻利用数据挖掘、机器人学习写作、兴趣推荐算法等，摆脱了传统意义的编辑推送，通过用户在使用过程中自主选择跟踪新闻动态、添加兴趣标签、机器识别与持续学习等，最终形成“因人而异”的个人专属新闻流。

封面新闻还在 VR 引领、机器写作、人机交互、知识图谱等方面发力探索。我们引入 VR（虚拟现实）技术，开展 VR 报道；与北京师范大学、中山大学合作，共同打造“VR 新闻实验室”，努力引领 VR 潮流。

7 月 14 日，封面新闻探索打造的交互数据可视化界面模型和知识图谱程序模型在中国大数据应用大会上亮相。通过可视化模型，用户可以通过行为移动或语音实时查看发生在世界各地的新闻事件和新闻摘要。另外，还可以利用大数据的研究型服务进行知识图谱分析，如球迷们不仅可以通过可视化图谱搜索该赛场对应的球队和球员信息，还可以获得相应的赛事分析，并预测比赛结果。通过可视化数据，封面新闻力图将枯燥内容生动化、将抽象概念具体化、将新闻信息知识化，让用户快速了解新闻事件的发展、演变。

二、重新联接世界

移动互联时代，传统媒体与世界的联系在失灵，阵地在缩减，影响在减弱。这是不争的事实。所以，媒体融合转型，目的就是“重新联接世界”。这也是封面传媒的使命。

我们将以科技为核心驱动，以原创为显著特征，以用户为动力源泉，以资本为强大支撑，以分享为价值基点。

秉持以上理念，我们在 5 月 4 日推动封面新闻客户端正式上线的基础上，已经陆续推出了系列产品，初步形成了产品矩阵：

封面智库。是封面传媒通过高端智慧“重新联接世界”的重要途径。我们的口号是：打造小而美的智识产品。经过一段时间的努力，我们已经打造出一个拥有智库专访、研究报告、系列论坛、封面思享 + 沙龙、封面大讲堂五大板块的产品库。

封面号。定位于年轻 80 后、90 后作者和用户，被称为首个年轻人的自媒体平台。为了更好地服务年轻的作者，封面号采取 IP 化运营机制，挖掘有潜力的作者孵化为“新生代网红”。同时，为了担当起传播正能量的重任，封面号提出了“C 政务”计划，给政府机构更好地发声提供平台。欢迎各位大 V 和机构入驻。

封面舆情。作为首款机器和人工结合的智能舆情服务平台，封面舆情能提供最快速预警、研判、应对的舆情服务。并且运用大数据可视化技术，呈现一个更加智能的舆情交互平台。

此外，我们还将推出封面数据、封面电商、封面娱乐等产品，不断拓宽产业生态。

通过技术 + 封面，封面传媒的系列产品将生成“4V”价值：

一是海量资源。运用海量的大数据资源，聚合建造一个海量级别相互关联的数据库，构成知识图谱系统。

二是高速画像。强大的知识图谱系统，以及对用户画像模型的研究，让机器写作拥有了数据源，并且速度更快，信息更准确。

三是千人千面。突出“年轻用户的差异化选择权利与个性化表达兴趣”，实现“封面，因人而异”。

四是全新世界。依托阿里大数据、封面新闻数据和智库数据，封面在大数据、人工智能和虚拟现实多个方面进行了尝试和探索，构建一个“全新世界”。

三、由传播力向“联接力”转变

传媒格局演变到今天，做单一传播媒介的都在逐渐衰落，包括传统的门户网站。相反，做生态的都强大了，构建生态圈是大势所趋，也是生存和发展的必然。

封面传媒不是做一个单纯的新闻客户端，不是做一个新闻内容的制作和分发平台，而是要做引领人工智能时代的泛内容生态平台。

这个平台植根于 80 后和 90 后网络原住民的精神需求，以技术为驱动，依托大数据、人工智能和虚拟现实等前沿技术应用能力，驱动形成新型内容创造；以新型内容为内核和纽带，重新定义人与信息、人与商品、人与服务以及人与人的联接方式；以用户为中心，致力于打造跨媒体、电商和文娱的泛内容生态平台，推动媒体由传播力向“联接力”转变，努力成为媒体融合转型的示范标杆。

随着 DT 时代融汇升级，AI 时代的强势来临，机器人从弱人工智能时代演进到强人工智能时代，“智能爆炸”或将临近，互联网运行法则将发生变化，瓦解、重生、再造将成为这个时代的主题词，也将成为封面传媒重新联接世界的机遇。

第五章

新型主流媒体

第一节　双品牌、双引擎[①]

根据华西传媒集群转型发展战略,《华西都市报》和封面新闻的融合发展确立了“双品牌”支撑、“双引擎”驱动、一体化发展、一盘棋整合的工作思路，既彰显《华西都市报》品牌影响，又强势打造封面传媒这个全新品牌，推动“双品牌”由“相加”到“相融”，深度融合、同频共振、共同发展。

一、变化与姿态

1. 翻天覆地的变化

与此前进行的五轮续聘竞聘不同，本轮续聘竞聘所处的环境、发展的形势已经发生了翻天覆地的变化。

生存环境更加严峻。从宏观环境来看，伴随经济新常态、传媒新格局和治理新特征，报业发展形势更加复杂严峻。自 2013 年以来，报业经营规模和经营效益持续下滑，广告经营额连续三年以两位数下滑，2015 年的总降幅高达 36%。这一趋势在 2016 年进一步加剧。从微观环境来看，都市报面临着“渠道失灵”和“渠道中断”的窘境和危机，持续进入下行通道，亟须通过系统、全面的转型来拓宽发展路径、再造发展动力。

发展局面更富挑战。从《华西都市报》(华西传媒集群）自身来看，近年来我们积极主动应对环境变化，在集团支持下大力推动自身转型发展，构建起了全媒体、全域化的传媒集群，已经初步形成了新的发展平台，但集群内传统媒体遭遇严峻挑战，新兴媒体尚未形成强大收入支撑。集群的多元发展局面也遇到了全新的挑战，集群治理、融合发展、资源整合、优化重构等问题亟待理清，亟待创新性、创造性解决。

---

① 摘自 2016 年 12 月 1 日在《华西都市报》(华西传媒集群）第六轮员工续聘、竞聘工作暨转型发展动员会上的总结发言。

责任使命更加艰巨。在前所未有的严峻形势下，社委会经过反复调研和研究，制定了《华西传媒集群转型发展总体思路》，并报集团党委审批通过。本轮续聘竞聘，就是要吹响全面转型发展的冲锋号，从铁军团队的转型与变革做起，优化机构、重设岗位、变革考核，着力提升利益联结的直接性、有效性，强力提升队伍的战斗力、凝聚力，为推动集群转型发展提供核心支撑。

2. 重新出发的姿态

这不只是一次竞聘。更重要的在于，通过竞聘过程中智慧火花的激情碰撞、创意灵感的尽情闪现、团队活力的充分激发，以全新的姿态面向充满挑战的未来。

这是一场生死存亡的攻坚。报业已经到了生死存亡的最危急时刻，处在市场最前沿的都市类报纸首当其冲，更为危险，"发展的小船说翻就翻"。一系列关于生存与发展的问题清单必须通过全面转型来解决。有志于在更大平台、更高层面施展才干的员工要积极参与竞聘，为解决这些问题贡献自己的智慧，在这场生死攸关的攻坚战中施展自己的抱负。

这是一次全员转型的出发。形势急剧变化，华西传媒集群的转型到了更加紧迫、更加重要、更加突出的位置，不转就没有出路、早转早主动、转得越好前景越好。集群的每个人都是转型的建设者、利益攸关者，个人转型成败决定了报纸整体转型成败，个人转型快慢决定了集群整体转型快慢。所有员工要以本轮续聘竞聘为新起点，怀揣重新办一个互联网媒体的毅力，怀着重新干一份新事业的决心，立足集群整体，从自我转型做起，以全员转型撬动集群整体转型、系统转型，推动集群涅槃重生。

这是一次坚定信心的集结。我们面对着前所未有的大演变、大危机、大挑战，但也不能盲目悲观，迷失茫然。必须以正确的姿态拥抱变化，以史学者的眼光、改革者的魄力和实干者的担当，坚定转型信心，坚定转型步伐。只要挺直了脊梁，就一定不会趴下。

要充分认识华西的品牌积淀。《华西都市报》作为中国第一张都市报，22 年在全国、全行业都形成了较强的品牌影响。正因如此，我们的品牌价值才连续 11 年不断攀升新高。要有效运用《华西都市报》在行业内外的影响推动持续发展，有效转化品牌吸附的政经资源加快自身转型，有效整合华西传媒集群全媒体、全域化平台资源推动各项工作。

要充分认识自身的比较优势。虽然遭遇的危机持续加剧，但在全体铁军同仁的共同努力下，我们仍然保持良性发展局面，事业产业发展面不断拓宽，媒体融合不断开创新篇，体制机制创新持续深入；我们仍然在同行业中保持比较优势，相对国内其他都市报、相对同城主要竞争对手保持领先。

要充分认识发展的宝贵经验。危机与生俱来，一直伴随。《华西都市报》创刊初期，面临能否成功创业的危机；在报业高速发展期，面临残酷竞争的风风雨雨，困难挑战不断，但我们依然在化解风险、应对挑战中一路走来，不断迈向新起点。在传媒深度变革期，虽然遇到了更加严峻、更加复杂和更加艰巨的挑战，但过去20多年积累的创新基因、开拓经验、攻坚精神，必将在新的转型变革之路上充分发挥作用，帮助我们克服艰难险阻。

要充分认识强大的集团支撑。近年来，集团坚定不移转型、持续健康发展，不断推动经营转方式、调结构，在全国报业普遍遭受巨大冲击、利润率持续下滑的背景下，仍然实现逆势而上，保持利润增长，利润率位居全国报业集团第一。同时集团党委高度重视华西传媒集群转型，在政策、人力、物力、资金等要素保障上给予大力支持，必将为华西传媒集群的转型提供强大保障。

要充分认识产业的广阔空间。当前，正值国家大力推动供给侧结构性改革，一批具备“互联网+”和创新驱动的新兴产业将给各行各业发展带来新的发展契机和广阔天地。我们要充分把握媒体融合发展的机遇，坚持互联网思维，不断打造新的符合市场规律和市场需要的互联网产品；我们要充分把握创意文化产业发展的机遇，坚持开放合作，不断拓展文化传媒产业发展链条，打造新的经济增长极。

要充分认识肩负的重大使命。华西传媒集群作为集团四大集群之一，是集团面向市场的主力军，在集团转型发展的进程中必须肩负起自身的责任和使命。我们要肩负起攻坚克难的使命、创新探索的使命、改革转型的使命，在传统媒体“寒冷冬天”全力以赴、努力作为、破冰前行，重新构建与用户的关系渠道，重新建立与世界的联接法则，开创人工智能时代传媒持续健康发展的新模式、新道路。

二、继承与创新

根据集团党委批复同意的《华西传媒集群转型发展总体思路》精神和要求，本轮最大的不同主要体现在四个方面：

1. 新目标：打造一流新型主流媒体，构建多元生态传媒集群

面对前所未有的挑战，华西传媒集群作为集团四大集群之一，将坚持发展、改革、创新、创业“四位一体”，继续发挥都市报敢为天下先的禀赋，自觉担当起攻坚克难的重任，锐意改革创新，全面推进转型，在集团整体布局中担当市场攻坚与转型发展排头兵，成为集团应对挑战、改革创新的示范标杆。

聚焦集团“打造新型主流媒体、建成现代传媒集团”的总目标，华西传媒集群的转型目标是“打造一流新型主流媒体，构建多元生态传媒集群”。围绕这一目标，华西传媒集群将强力打造“双品牌”“双引擎”，驱动集群全面转型。即：重新定义都市报，改造传统引擎；强势打造封面传媒，再造新引擎；以“双品牌”为支撑、“双引擎”为驱动、“多点多元”为布局，构建全媒体覆盖、多平台共振、多元化发展的生态传媒集群，形成优势一马当先、梯次竞相跨越、多点多极共兴、全面转型升级的发展新格局。

2. 新导向：坚持一体发展

《华西都市报》(华西传媒集群）从一报发展到多媒体发展，从一个单位的管理到多单位统筹协调，给集群治理、集群融合带来新的挑战。推动转型发展，迫切需要进一步理顺关系，建立一体化的现代治理体系。必须坚持集群一体化发展，形成互为补充、互相支撑、互动发展的集群发展生态，提升合力，从整体上提升集群竞争力和影响力。

本轮续聘竞聘，集团在华西传媒集群各单位管理岗位设计上就已经充分体现了一体运营的导向，如报社总编辑兼任封面新闻总编辑，报社行政总监兼任《天府早报》总编辑，华西都市网络科技有限公司总经理兼任封面传媒常务副总经理等。这种制度设计，就是为了将一体发展落到实处。要坚持“双品牌”一体发展，不断推进《华西都市报》和封面新闻在内容、经营等生产流程、生产机制、绩效考核等方面一体化融合；要坚持集群整体一体发展，从经营联动、资源联动等方面不断推进集群各单位一盘棋整合。

3. 新考核：更加突出贡献导向

本轮续聘竞聘将大力推动薪酬绩效考核改革，让考核更加直接，更加贴近市场。报社和集群各单位将进一步完善薪酬与业绩大小、贡献多少对应的关系模型，更加强调薪酬与效率挂钩机制，让“多劳多得、按劳分配、按贡献分配”的导向更加鲜明。

要改变薪酬构成，改变薪酬与绩效挂钩不直接的问题，员工收入由“基本工资+岗位工资+绩效工资”变为“岗位基本工资+绩效工资”，让考核更直接、清晰、简单，持续推动绩效向一线倾斜、向骨干倾斜、向业绩突出者倾斜。其次是修改绩效考核办法，更加突出转型导向，加大对融合转型工作的考核比重。在部门负责人薪酬上，强化目标任务引领作用，进一步淡化行政管理级别，突出岗位薪酬与所在部门目标任务、工作成效、竞争水平、管理难度等因素的对应关系。

4. 新要求：强化瘦身健体

集群构成以传统媒体为主，大多是传统产能，不同程度地背负历史包袱，甚至有的单位历史包袱较为沉重。本轮续聘竞聘将着力解决这些问题，去除“臃肿赘肉”，强化瘦身健体转型发展，轻装简从，轻松起跑。

集群各单位都要把握这个重点，以精简高效为总体取向，对机构和岗位设置做出针对性调整，严控机构和管理岗位职数，建设更加符合集群各单位实际的运营架构和岗位，为快速推动集群全面转型提供支持。此次续聘竞聘一方面对报社内部机构作了优化调整，另一方面对集群各单位发展定位作了优化重构，有的部门和单位作了合并、调整，总体更加突出管理架构扁平高效、岗位设置优化精简、队伍结构瘦身健体，让整体结构更加轻盈、更加高效、更加符合一体化要求，更加适应新的竞争形势。

三、方向与重点

集群转型发展是一项重大、紧迫、复杂、艰巨的任务。必须从实际出发，尊重规律、系统谋划、突出重点、扬长避短，注重轻重缓急。围绕华西传媒集群转型发展目标和方向，本轮续聘竞聘的重点主要体现在以下几个方面：

1. 准确把握主要路径

集群转型，首先要突出三大主要路径。

一要充分彰显华西品牌。推进转型的过程中，要依然坚持高举《华西都市报》旗帜，推进传统引擎的改造升级，持续保持《华西都市报》在目标群体中的强大影响力，持续发挥传统引擎在本土影响、资源转化、产业拓展中的强大驱动作用，用好、用够品牌效力，不断拓展创意文化产业的新空间，为转型发展提供强大动力。

二要强势打造封面传媒。这是打造一流新型主流媒体的新兴引擎，必须坚持不懈地投入全力进行打造。要彻底改变和颠覆传统媒体“+互联网”的做法，完全遵循互联网规律，在技术、资本、人才等方面加大投入力度，打造全新的互联网平台。要以做强做大封面新闻客户端为核心，引领亿万年轻人的生活方式，加快封面电商、封面号、封面舆情、封面智库、封面娱乐等产品建设，大力构建引领人工智能时代的泛内容生态平台。

三要优化“多点多元”拓展。此次推进全员全面转型，我们提出了构建生态传媒集群的目标。生态包含两方面含义：一方面是优化现有集群产业构成，使之具有更加精准的科学定位，符合生态发展的规律；另一方面是围绕“双品牌”“双引擎”不断拓展集群产业单元，丰富集群生态体系。通过两方面的优化和拓展，形成多点多极相互支持、竞相发展、活力迸发的全新发展局面。

2. 坚持强化“双引擎”融合

推动转型发展，加强以《华西都市报》为传统引擎和以封面传媒为新兴引擎的“双引擎”融合是应有之义，也是推动集群转型的重点，必须进一步打通采编、经营的融合流程，建立科学、高效、畅通的共享机制，报社在本土为封面新闻提供最大限度的支持，封面新闻在全国范围内为报社提供最大限度的支持，推动“双引擎”融合效果最大化，在打造新型主流媒体和推动媒体融合上走出一条示范之路。

转变融合观念。长期以来，纸媒在媒体融合上不断探索，但一直缺乏大的成果，观念传统和路径依赖是关键。要改变以纸为主的观念，变“+互联网”为“互联网+”，推动以端为主的融合。要改变依附他人的观念，打造技术领先、内容个性、模式先进的互联网平台，实现融合“以我为主”。要改变小打小闹的观念，顺应互联网发展规律，大视野、大投入地打造大平台、大生态。

打造融合平台。打造封面传媒，就是打造《华西都市报》未来发展和转型的平台。但“罗马”不是一天建成的，更不是一人建成的，必须举集群之力来打造。要全力支持、全力参与封面传媒的打造，报社各部门、集群各单位要在人力、物力等方面给予最大限度的支持，凝聚融合共识，形成融合合力，为封面传媒的快速发展汇聚强大能量。

创新融合机制。《华西都市报》、封面传媒和集群各单位是一家人，要加快完善和创新一体化的融合机制，从“你中有我、我中有你”向“你就是我、我就是你”转变。要完善内容共用机制，在原创内容生产和发布上进一步完善流程，实现以秒为单位发布新闻。要搭建经营共通机制，建立报社和集群与封面新闻相互进行广告发布、营销推广的价格体系、流程机

《华西都市报》与封面新闻年会海报

制，实现经营的全链条发布。要形成资源共享机制，推动报社和封面传媒实现资源共享，共同推进资源转化，提升资源效力。

3. 一盘棋整合

推动整个华西传媒集群一体化是完善集群治理体系、提升集群运营效率的战略举措。推动集群转型，既要科学瞄准各自定位，坚持市场导向，又要坚持相互补充、一体发展。集群各单位之间要着力避免相互撞车、资源耗损的问题，要大力推动集群整体实现一张图统筹，集群各单位资源实现一盘棋整合，形成集群化、集约化的现代传媒治理体系，使集群发展更有效率、更具质量、更可持续。

一是优化各单位定位。针对集群结构性问题，推动各单位优化、调整、改革、转型，进一步优化布局。《天府早报》打造“小而美”的特色民生报，《华西社区报》确立为报社深耕社区的延伸载体，华西都市网络科技公司确立为《华西都市报》的投资主体，华希广告公司定位为报社广告业务服务公司，欣闻发行公司定位于报社主城区报纸发行服务公司。各单位要根据发展实际进一步优化发展定位。

二是完善管理协调体系。进一步明确集群整体的管理协调机制，提升集群一体运营科学性、规范性和高效性。在集群的整体管理和协调中，华西都市报社委会是华西传媒集群的领导、决策机构；华西都市报编委会作为集群重要编采业务的指导、协调机构，对社委会负责；华西都市报经管会作为集群重要经营事项的决策、协调机构，对社委会负责。

三是建立资源整合机制。从制度上对集群资源一盘棋整合进行统筹，使整个集群的资源互为补充、互相支撑、互动发展。探索建立集群资源整合制度，建立报社与集群各单位之间、集群各单位之间的资源统筹运行机制，实现重大节点营销一体化、重要资源转换最大化、重点市场拓展有效化，同频共振、增强合力。

4. 全员转型

遵循转型方向，本轮续聘竞聘以推动“管理架构扁平高效、岗位设置优化精简、队伍结构瘦身健体、能力素质全面提升”为抓手，倾力推进全员转型，打造精干高效的一流“华西铁军”，为转型发展提供人才支撑。

以观念转型为先导。相比于残酷的现实，多年来积累形成的固有观念才是转型最大的障碍。所以全员转型必须首先推进观念转型，要彻底改变固守单一业务、固守平面广告、固守传统流程的观念，要彻底改变等、靠、要的思想，改变“转型是领导的事”的观念，改变“单兵作战”和部门壁垒、单位壁垒森严的观念等，以观念转型带动行动转型。

以岗位重构为突破。根据转型发展的实际需要，集群各单位要优化岗位设置，优化人员结构，加大淘汰力度，实现岗位和人员队伍结构的瘦身健体。要深化以事定责、以责定岗、以岗定薪、绩效考核、奖惩逗硬、岗变薪变为主要内容的岗位管理制度，坚持干部能上能下、待遇能高能低、岗位能左能右、人员能进能出。尤其要通过岗位重构，努力建立起适应转型发展、符合融合需要、满足构建生态传媒集群需求的岗位体系。

以机制优化为核心。本轮续聘竞聘将进一步推动报社内设机构精简高效。如对新闻产品中心和出版部进行整合，对工作室进行整合，加强资源整合，提升经营效率等。同时，要进一步理顺媒体融合机制，进一步完善华西传媒集群传统媒体和新兴媒体的采编、经营生产流程和机制，逐步形成“你就是我、我就是你”的一体化发展局面。

以队伍打造为基础。本轮竞聘将持续强化人员的优胜劣汰，通过换血、输血、造血等手段，打造一支愿意转型、有能力转型、主动积极转型的铁军队伍。我们将对固守传统、不愿改变、转型迟缓的人进行淘汰，让更加适应变化、主动拥抱变化、更能应对挑战的人留下来，努力打造一支想干事、能干事、会干事、干成事、不出事的铁军队伍。

以铁军精神为支撑。转型不是一件容易的事情，不可能一蹴而就，不可能没有困难，不可能没有挫折。我们要高扬铁军精神，始终坚持目标高远、信念坚定、纪律严明、执行有力。无论时代怎么变、环境怎么变，但我们的立场不能变、要求不能变、风气不能变、精神不能变、队伍不能变。我们需要始终保持不变的信仰，始终怀揣不变的初心，坚定朝着转型目标和方向前行，坚定奋进脚步，为铁军精神赋予新的内涵。

最后，送三句话给大家，与大家在转型路上共勉：

第一句，永远不要和趋势作对。趋势从不会因为人的主观意志的转移而转移。趋势面前，任何人为的反对，任何逆趋势而行的做法都是渺小的，结果也是渺茫的。中央深改组审议通过《关于推动传统媒体和新兴媒体融合发展的指导意见》的两年来，媒体融合大势不可阻挡、富有成效；同时传统媒体一直处于下行通道，上半年全国报业集团至少有40%是亏损。都市类报纸的上升通道已经过去了，发展的整体环境已经颠覆了，还妄想沿用老思路、老办法、老习惯，只会被抛进历史的垃圾堆。现实是冰冷的、无情的。在本轮续聘竞聘中，大家一定要把趋势认识清楚，把规律认识清楚，把方向认识清楚，坚定转型信心，拿出转型决心，投身到华西传媒集群全员转型、全面转型、系统转型的战略工程中去，参与到每一项具体的工作中去，坚定地做出改变，在转变中迎接个人和事业新的起点。

第二句，方向对了，路再远也会抵达终点。对我们来讲，集团党委和报社社委会已经清楚地指明了转型方向，就是要彰显《华西都市报》品牌影响力，强势打造封面传媒，优化集群各单位发展定位，以“双品牌”为支撑、“双引擎”为驱动、“多点多元”为布局，打造新型主流媒体，构建全国一流的生态传媒集群。在此过程中，必须坚持市场导向，坚持集群一体发展，坚持“两手抓、两促进”。一定要深刻领会和把握转型方向和重点工作安排，以踏石留印、抓铁有痕的精神抓好落实，一步一个脚印地推动报纸、新媒体和集群的改革转型迈上新台阶。要始终怀揣雄心壮志、高远追求，然后以水滴石穿、绳锯木断的毅力，以昼夜不舍、一直向前的执着，朝着集群转型目标大踏步前进，不达目的誓不罢休。

第三句，世界不会亏待努力奔跑的人。这对每一个员工都适用，对每一个员工都公平。只要你努力奔跑，世界一定会给你回报；只要你努力拼搏，报社一定会给你回报。当前遇到的问题和转型发展难题，正是有能力、有作为的员工脱颖而出的机会。报社转型发展充满挑战，也充满机遇，无论内容转型、经营转型、发行转型、融合转型还是新媒体拓展、集群一体整合都需要你站出来。只要你主动担当、主动作为，带头走在前面、干在实处，你的付出，你的成效，你的成果，就一定会得到体现，世界就不会亏待你。我们真切地希望每一个热爱华西传媒集群的员工都积极在续聘竞聘中展示你的思想、你的才干，真切希望每一个热爱华西传媒集群的员工都不要掉队，都勇于奔跑，在奔跑中崭露头角、收获希望、推动转型。

“固守到底”将无路可走，而转型没有不艰难的。回望历史，我们不只是采摘耀眼的花朵，更是去获取熔岩一般奔腾的地火。这种经过火一般熔炼、钢一般锻造的精神，必将激励我们在转型路上一往无前，无往不胜。让我们以第六轮续聘竞聘为新的冲锋号令，每个人都将命运与华西紧紧相连，奋力挥桨，扭转航向，推动华西传媒集群这艘航船驶向新的胜利彼岸。“黄金时代，不在我们背后，乃在我们面前；不在过去，乃在将来！”

第二节　一体发展[①]

2017年，推动华西—封面深度融合是华西传媒集群的重点工作，没有之一。

一、不分你我

融合转型，观念先行，首先要解决观念问题。推动华西—封面深度融合，首先要做的就是持续转变观念，破除壁垒，解决“你与我”的问题，推动华西和封面从“你中有我、我中有你”向“你就是我、我就是你”转变，做到“不分你我、不分彼此”。

破除报纸思维。建立用户思维，我们不仅要继续破除传统的纸媒思维，还要树立纸媒和新媒体深度融合的“融合思维”。要在互联网思维指导下，以服务用户为中心，以内容创新为基础，以产品迭代为支撑，以技术驱动为核心，以资本运营为支撑，树立从新旧媒体融通性的角度考虑问题的一种大系统思维方式，既打破内部不同媒介之间的界限，实现不同媒体内容及渠道的融合，又本着互联网的开放精神，做内容和产品的集成平台，延伸产业链，打造全新的平台型媒体，构建融合化的新型媒体平台。

破除本位意识。实行“双品牌”战略，既要彰显《华西都市报》品牌影响，又要强势打造封面传媒，更要推动“双品牌”深度融合、同频共振、共同发展，这是“发展、改革、创新、创业”四位一体的应有之义。“双品牌”融合过程中，我们将坚决破除本位意识，不允许只顾一个品牌利益而不顾另一品牌利益，也不允许只做一个品牌工作，推动华西和封面的所有员工为了构建新型主流媒体这个目标更加协同、无缝联接。

破除融合壁垒。推动两个团队的深度融合，涉及内容、销售、运营、技术、产品等各个环节，存在的壁垒还很多，必须逐一破除。我们将进一

① 摘自2017年2月10日在集团媒体融合工作会上的交流发言。

步转变观念，树立从“优势互补”到“一体发展”的思想，逐步推动各种媒介资源和生产要素的有效整合，实现信息内容、经营链条、技术应用、平台终端、人才队伍的共享融通，逐步形成一体化的组织结构、传播体系和管理体制，从而做到“你中有我、我中有你”。

二、封面优先

中央提出，移动媒体优先。集团党委站高谋远，推动华西—封面一体化发展。在集团第六轮续聘竞聘中已对华西—封面管理岗位实现了一体运营设置，这种管理架构的一体化，为进一步推动“双品牌”深度融合起到了牵引作用。这方面，还可以继续优先、深化，保证一体化运营往深里走，往实处抓。2017 年，华西—封面将把“一体策划、一体运行、一体呈现、一体考核”的原则贯穿始终，在深度融合中推动《华西都市报》整体转型。

打造移动信息服务产品矩阵。我们强势打造封面传媒，就是要摆脱以往依赖别人平台进行融合的被动局面。推动“双品牌”深度融合，我们将坚持移动媒体优先这个发展战略，把快速做强封面新闻作为重中之重来抓，把舆论主阵地由纸上转移到移动传播平台上。我们将打造移动传播矩阵、创新移动新闻产品、紧盯移动技术前沿，在持续创新封面新闻 App 的同时，不断做强封面号、封面舆情、封面智库、封面电商、封面数据、封面视频等系列产品，着力构建泛内容生态平台，建设符合互联网发展趋势的移动化、智能化、生态化产品矩阵。

倒推内部机构变革。推动“双品牌”深度融合，仍然维持现有两支团队完全独立的架构肯定难以实现。我们将以管理决策团队一体化为牵引，倒推内部机构变革。要大力抓好“中央厨房”融媒中心建设这个龙头工程，完善工作平台、建强技术支撑体系、建设全媒体内容管理系统、建设传播效果监测反馈系统；要拉通重构一体化的部门架构，从内容采写、编辑发布、技术研发、产品设计、经营管理等方面分条块对两支团队进行优化重组，创新内部组织结构。

创新生产流程和考核机制。重构采编发网络、再造采编发流程，是媒体深度融合最需要突破的难点，是建设新型主流媒体必须攻克的“腊子口”。我们将构建适应融媒体生产的采编发网络和采编发流程，正确处理“统”与“分”的关系，破除传统媒体和新媒体采编发环节的壁垒，分层级构建新型采编发网络，构建畅通的“一次采集、多种产品、多媒体传播”的一体化流程；还将重建用户联接，利用大数据和人工智能技术来搭建大数据资源和技术平台、智能生产和传播平台、用户沉淀平台，探索新的商业模式和营利模式。

三、保持定力

推动华西—封面深度融合不是一件容易的事，问题多、困难大，能否保持定力，决定了深度融合能否成功，决定了整体转型能否成功。我们将牢牢保持定力、勇于担当、锐意改革，一步一个脚印地把融合转型向前推进。

向目标要动力。集团党委确定的华西传媒集群转型发展总体思路指明了融合转型的目标，即彰显《华西都市报》品牌影响力，强势打造封面传媒，以“双品牌”为支撑、“双引擎”为驱动。我们将坚持不懈地推进《华西都市报》转型为大众化高级报纸，打造精品报纸；坚持不懈地推动封面新闻成为引领人工智能时代的泛内容生态平台，成为亿万年轻人的生活方式；同时，全力推动“双品牌”深度融合，聚焦打造全省领头、全国一流的新型主流媒体的目标不动摇。

向改革要活力。“花繁柳密处拨得开，才是手段；风狂雨急时立得定，方见脚跟。”2017年，是推动华西—封面深度融合的攻坚年。我们将牢牢保持改革定力，认准改革方向、盯准改革目标、坚定改革信心，不分心、不走神，心无旁骛抓机构改革、机制改革、流程改革等，不为繁难所困、不为风险所惧，让改革迈着坚实步伐向前推进，保持改革韧劲，锲而不舍、坚忍不拔，发扬“钉钉子”精神，把目标化为现实。

向文化要支撑。无论“双品牌”的深度融合，还是“双品牌”的持续

2017 年 7 月 17 日，非洲国家新闻官员研修班代表团到封面传媒交流

发展，都将是一场使命艰巨、路途艰险的挑战。越是前路艰难，越要发挥文化攻坚的作用，我们将坚持弘扬“目标高远、信念坚定、纪律严明、执行有力”的铁军精神和铁军文化，不断弘扬铁军精神，不断丰富铁军文化，在深度融合中实现整体转型。

2009 年 12 月 15 日，《华西都市报》官博发出了第一条报道，开启了《华西都市报》在网络世界的一扇新的传播大门。深度融合打造新型主流媒体，才刚刚起步，也是一次新的长征。我们不能等，不能慢，当然也不是立竿见影、一蹴而就的事情。都市报这张纸面临的困难会越来越大，只有改革，只有创新，只有融合，才能实现转型发展。

第三节　媒体融合是一场革命[①]

2016 年 5 月 4 日，川报集团重磅打造的封面新闻客户端 1.0 测试版上线。过去的 295 天，封面新闻传播力、影响力不断扩大，《中国新闻出版广电报》在报道中评价："封面新闻已经在全国初具'现象级平台'的雏形，在传统报业持续下行的环境下，其融合转型的做法和探索具有标杆意义。"

封面新闻的创办凝聚了国家网信办和省委宣传部领导的心血。从封面新闻立项到方案审定、实地调研，部领导亲自把关、审阅、批示，才有了封面新闻的顺利成长和阶段性成果。封面新闻上线以来，品牌知名度和美誉度持续提升，不断得到各方肯定。2016 年 6 月 14 日，封面新闻获得国家互联网一类新闻信息服务资质，拥有了原创新闻采编权。这是西部第一家、全国第二家拥有一类资质的客户端。2016 年 8 月，国家新闻出版广电总局主办全国媒体融合案例评选，封面新闻从 423 个案例中脱颖而出，成为全国媒体融合案例 30 强第三名。封面新闻用户下载量呈现出以四川为主阵地的全国分布态势，用户年龄构成以 20—35 岁为主。BAT 和华为等知名互联网科技企业均与封面新闻开展了深度合作。

封面新闻作为媒体融合发展的"试验田"，以"亿万年轻人的生活方式"为定位，以"构建人工智能时代的泛内容生态平台"为愿景，以"重新联接世界"为使命，努力打造"智慧 + 智能"的新型主流媒体。主要在四个方面作了一些探索：

坚持用户先导，构建以用户为中心的关系平台。封面新闻不只是做播出平台，更是以产品为抓手，构建以用户为中心的用户关系平台。封面新闻的封面直播、有画说、上班女郎等产品已形成品牌，封面直播多次排名国内直播榜第一，"有画说"视频多期网络传播次数 100 万 + 。封面号服务自媒体用户，重点打造年轻人的 UGC 平台，挖掘有潜力的作者孵化为"新生代网红"。封面舆情服务机构用户，是首款机器和人工结合的智能舆

① 摘自 2017 年 2 月 23 日在四川省推进媒体融合工作座谈会上的交流发言。

情服务平台。封面智库服务高端用户，总部设在北京，多篇智库报告获得国家部委肯定。封面新闻还将打造国内首个媒体融合用户研究中心，推出系列产品矩阵，服务和联接更多用户。

坚持内容为王，价值主导形成比较优势。封面新闻始终强调内容的重要性、原创的独特性、独家的唯一性，以内容优势赢得发展优势。比如，春节期间全国独家原创首发的“女孩丽江遭暴打”事件，12 小时内便获得了上亿次的传播效果。封面新闻既强调算法推荐，更强调价值引领，注重解决单纯算法带来的“信息过载”和“信息过窄”问题，以“智慧”解决“智能”的短板，突出信息的价值匹配，加强人工编辑干预，纠正算法偏差，向用户推送正能量充沛、主旋律高昂的资讯。比如，2016 年 9 月 28 日的“四川全球秀”专题报道，运用文字、视频、图片、直播等多种发布形式，形成 2.2 亿次传播。

坚持技术引领，紧盯前沿技术发展趋势。封面新闻把技术作为融合发展的核心驱动，瞄准人工智能时代的前沿科技发力，以此推动产品迭代和升级。我们的算法推荐技术比肩国内一流互联网资讯产品，利用数据挖掘、机器学习、兴趣推荐算法等，让资讯传播“因人而异”“千人千面”，引领个性化阅读潮流。开发的封面云和 CMS 系统走在了媒体融合应用技术的前列。开发的数据 BI 分析系统，可以清晰地看到用户增长数、用户使用时长等用户数据，为封面新闻用户运营和产品运营提供数据支持。开发的“小封”机器人写作在 2016 年 12 月成功测试，即将投入正式使用。

坚持团队再造，推动全员全媒全面转型。封面新闻高度重视建设一支独立自主、水平过硬的技术人才队伍。技术员工共有 80 余人，接近团队总人数一半，30 人来自 BAT 和华为、微软等知名互联网企业和科技企业，技术总监、数据总监、产品总监等骨干技术人才通过猎头服务招募产生。重视发挥年轻人在媒体融合发展中的骨干作用，85 后占 58%，90 后占 38%。打造“封面直播网红”，推动记者、编辑开展新闻直播。在绩效考核上实行 OKR 制度，强化目标与关键成果考核。在文化建设上设立“封面日”，每月 21 日组织员工开展形式多样的团建活动。

2017 年，我们将把融合当作一场革命，一次最彻底的转型，推动封面

2017 年 2 月 24 日，参加四川省推进媒体深度融合工作会的与会代表参观封面传媒

新闻与《华西都市报》深度融合。

创新体制，向深化改革要动力。我们将在省委宣传部的顶层设计和统筹推进下，在新闻宣传领域探索国有多元体制，在互联网产业领域探索混合所有制，探索骨干员工激励制度。同时破除制约融合发展的体制机制壁垒，着力解决功能重复、内容同质、力量分散的问题，优化资源配置。

资本助力，向资本运营要支撑。封面新闻将以资本作为强大支撑，我们通过引入专业的资本战略顾问，已经建立了完善和科学的 BP。目前正在与包括四川文化产业股权投资基金在内的各类投资机构接洽，加快融资进度，加大融资力度，引入战略投资者。

深度融合，向一体发展要效率。我们将大力推动封面与华西“双品牌、双引擎”一体化发展，把“一体策划、一体运行、一体呈现、一体考核”的原则贯穿始终。抓好“中央厨房”融媒中心建设这个龙头工程，推动组织机构一体化、传播体系一体化，实现人员、管理、运营一体融合。

建设新型主流媒体，核心是技术引领，重点是关系再造，关键是体制创新。我们将发挥中国第一张都市报“敢为天下先”的禀赋，努力探索媒体融合新路，不断壮大主流舆论阵地。

第四节　移动先行　深度融合①

几年前，我们报道的主要媒介还是在纸上，辅以微博、微信和报纸客户端，方式主要是文字和图片，传播效果难以数据化衡量；但几年后，我们报道的主要媒介已经转移到了全新打造的封面新闻客户端上，辅以报纸和微博微信，方式主要是封面直播、短视频、H5、航拍、音频等，移动媒体能够用的方式，基本都用上了，传播效果也都是数据说话，爆款不断。这种巨大的变化，用现在的互联网术语是“迭代”。推进媒体融合本质就是传播的迭代。我们的思路是：坚定落实移动先行战略，深度推进媒体融合发展。

2016 年 8 月，封面传媒在国家新闻出版广电总局新闻报刊司主办的媒体融合路演中获得第三名

2016 年 5 月 4 日，《华西都市报》打造的全新互联网平台封面新闻 1.0 测试版上线。作为《华西都市报》深度融合转型和打造新型主流媒体的载体，我们牢固确立移动优先战略，创新移动新闻产品，打造移动传播矩阵，封面新闻的传播力、公信力、影响力和舆论引导能力不断得到各方肯定。2016 年 8 月，国家新闻出版广电总局主办全国媒体融合案例评选，封面新闻从 423 个案例中脱颖而出，成为全国媒体融合案例 20 强第三名。封面新闻客户端的用户呈现出以四川

① 摘自 2017 年 6 月 14 日在 2017 媒体融合发展高峰论坛上的演讲。

以及西南地区为主阵地的分布态势，用户年龄构成以20—35岁为主，“亿万年轻人的生活方式”的定位初步得到体现。在深度推进华西—封面融合发展上，重点体现在三个方面：技术引领、内容支撑、一体发展。

一、技术引领

《华西都市报》和封面新闻把技术作为融合发展的核心驱动，它是一种引擎、一种发动，不是从属的地位，而是引擎的作用、引领的地位。

1. 抓趋势

我们瞄准人工智能时代的前沿科技发力，以此推动产品迭代和升级。从1.0测试版更新迭代到今天的3.0版，封面新闻“因人而异”“千人千面”的算法推荐更加成熟和优化，拥有了机器人写作技术，自主开发的“小封机器人”1.0版上线。这些人工智能技术的尝试和探索，让封面新闻紧紧跟上了AI时代的步伐。我们将坚定朝着“AI+媒体”领域进军，紧盯前沿技术，发力人工智能。

2. 建团队

技术引领需要人的支撑。封面新闻高度重视建设一支独立自主、水平过硬的技术人才队伍。目前，封面传媒的技术员工共有80余人，是团队总人数一半，30余人有BAT和华为、微软等知名互联网企业和科技企业的工作经历，技术总监、数据总监、产品总监等骨干技术人才通过猎头服务招募产生。我们重视发挥年轻人在媒体融合发展中的骨干作用，85后占58%，90后占38%。

3. 重合作

在“AI+媒体”方面，我们既有自身的技术团队，又注重加强外部合作，引入外部成熟的、强大的互联网公司和科技公司的资源来推动新闻生产变革，在合作中学习和提升。比如我们与阿里云合作建封面舆情、封面云等产品；与微软合作，引入微软小冰机器人入驻封面新闻，让封面新闻客户端具备成熟的机器人聊天功能，开启人机交互的新序幕。我们还与百度、中译语通等进行合作，全面构建生态化的“AI+媒体”平台。

二、内容支撑

作为专业媒体而言，做强内容支撑既是发挥舆论引导责任的应有之义，也是应对网络竞争的重要利器。这里有三个关键词：

原创。春节期间，封面新闻全国独家原创首发的“女孩丽江遭暴打”事件，12小时内便获得了上亿次的传播效果。这就是原创的力量。作为西部第一家、全国第二家拥有国家互联网一类新闻信息服务资质的客户端，我们充分运用《华西都市报》和封面新闻的专业优势，始终强调内容的重要性、原创的独特性、独家的唯一性，以内容优势赢得发展优势，以内容支撑做强融合支撑。

特色。在浩如烟海的网络信息中，没有特色就没有传播、没有未来。在做强内容支撑上，我们把封面直播和封面短视频作为特色产品打造。直播强调专业，视频强调精品，并且都突出AI技术的支撑，通过图像识别、智能语音、数据挖掘爆款等方式做强特色。目前也取得了一定进展，封面直播经常名列今日头条发布的媒体直播榜前三名，上周名列榜首。

生态。封面新闻的愿景是打造引领人工智能时代的泛内容生态平台，目的是围绕内容实现生态化的发展。这一年多以来，在持续创新迭代封面新闻App的同时，我们以内容为核心，先后推出了封面号、封面舆情、封面智库、封面云，还将推出封面电商、封面娱乐等系列产品，着力构建泛内容生态平台，建设符合互联网发展趋势的移动化、智能化、生态化产品矩阵。

三、一体发展

在《华西都市报》与封面新闻的深度融合上，我们实行的是“双品牌、双引擎”战略，即在持续彰显《华西都市报》品牌、强势打造封面新闻品牌的同时，推动“双品牌双引擎”一体化运营、一盘棋整合，从“你中有我、我中有你”向“你就是我、我就是你”转变，做到“不分你我、不分彼此”。

破除报纸思维，建立用户思维。思维的转变是最难的。推动华西和封面的一体发展，我们大力推动员工破除传统的纸媒思维，建立用户思维，以服务用户为中心，以内容创新为基础，以产品迭代为途径，树立从新旧媒体融通性的角度考虑问题的一种大系统思维方式，既打破内部不同媒介之间的界限，实现不同媒体内容及渠道的融合，又本着互联网的开放精神，延伸产业链，构建融合化的新型媒体平台。

破除融合壁垒，实现一体生产。推动两个团队的深度融合，涉及内容、经营、运营、技术、产品等各个环节，存在的壁垒很多，我们从华西和封面的编委会、经管会一体化开始，逐一破除融合壁垒。逐步推动各种媒介资源和生产要素的有效整合，实现信息内容、经营链条、技术应用、平台终端、人才队伍的共享融通，逐步形成一体化的组织结构、传播体系和管理体制，从而做到“你中有我、我中有你”。

建立融合文化，助推一体发展。这是最重要的一点，是决定融合发展能走多远、干多久的长远大事。所谓融合文化，就是创新文化适应新型主流媒体建设的文化要求。我们通过从制度、机制到考核和多样化的文化载体，来推动员工形成一体化、一盘棋的自觉意识，进而成为自觉行动，助

2017 年 7 月 3 日，《美国侨报》小记者参观封面传媒

推《华西都市报》和封面新闻真正不分彼此、一体发展。

都市报发展到今天，的确进入了真正的拐点。对于都市报这张报纸而言，风口已过了。而对于新媒体而言，依然处于风口，只不过这阵风吹了好一阵子了。有人说，互联网进入了下半场，还有 30 年。风吹过了也罢，还在风口也好，实际上，我们必将破解的时代课题就是：转型发展必须融合发展。

第五节　打造精品的纸，建设精彩的端[①]

半年工作已经结束，我们开展了多种形式的总结，有书面的，也有会议形式的。我们会对每一位同事进行考评定级，这是最直观的、最直截了当的。2017 年的重点工作主要是两件事，一件是深度推进媒体融合发展，另一件是大力拓展文化产业。其中，融合发展是头号工作，涵盖了传统业务和新兴业务的方方面面，传统意义上的编采、经营、管理等工作在融合发展中都有新的体现，没有任何一个环节会脱离融合发展。所以，我们所有的工作都要围绕融合发展来做。

2017 年 7 月 7 日，在第十二届中国传媒年会上，全国人大教育科学文化卫生委员会主任委员、原新闻出版总署署长柳斌杰作了关于媒体融合发展的讲话，他说：首先要弄明确一个思想，媒体融合发展不是权宜之计，也不是缓兵之计，更不是“你吃掉我”或“我吃掉你”的博弈，而是基于现代传播基础上的媒体创新发展。所以要用互联网思维和新发展理念来谋划、指导、开展融合。目前的做法大多数只是延长主流媒体的技术手段、规范新媒体的传播行为，顶多能叫作“你中有我”，要融合到“你就是我、我就是你”那样一种境界，就一定要在“深化”上下功夫、做文章。

对这段话有两点体会。第一，融合发展不是权宜之计。现在我们很多人还心存侥幸，这种侥幸既体现了对传统套路和模式的依赖，也表现为对新理念、新思路、新方法的陌生感和恐惧感。根源在于能力不适应，这种思想在队伍中存在。我多次讲过，搞融合发展，不是上级叫你搞，而是我们自己要搞，因为融合发展是趋势，是规律，是发展方向，我们没有退路。第二，融合发展是基于现代传播基础的创新发展，是创新发展。融合发展是一种创新，也是一种改革，改革就会涉及利益的调整，涉及很多事。

推进媒体深度融合是我们全年工作的两项重点之一，每一个人都要加

① 摘自 2017 年 7 月 11 日在《华西都市报》与封面新闻月度工作分享会上的发言。

深认识，加深理解，深度推进，扎实推进。不管从事什么工作，每一位员工都要认真理解，认真落实。每个人都要围绕“打造精品的纸、建设精彩的端”做好三方面工作。

一、始终坚持移动优先战略

要将封面新闻客户端放在更加重要的战略地位，进一步改造内容生产、分发流程机制。所有记者稿分都由封面新闻客户端按照网络传播效果确定分值，报纸版面不再体现记者稿分，只确定编分。我们将把移动优先战略从以前的要求、导向，落实到考核当中，包括文化副刊在内。从 7 月开始，要坚持奖惩并行，落实考核制度。编委会要认真改革现在的发稿机制流程，改革考核考评机制。

二、高度重视直播和短视频

要将“图文+短视频”作为新闻信息作品的标配，力争每篇原创新闻都要有短视频，加大直播生产数量，提升直播质量。一篇报道如果没有短视频，就相当于一篇新闻没有“5 个 W”。要加快硬件到位，加强技能培训，保证直播、短视频上规模、上质量，这也是对采编团队尤其是采访团队新的考验。

三、报纸是对网络热点的深加工

《华西都市报》所有稿件来源于包括封面新闻在内的网络稿件的后期加工和整理。主要突出四类报道：区域发展报道、社会热点报道、文化副刊报道、网络焦点报道。前三类大多是原创，但这些原创首先要发在“端”上，夜班要从“端”上取稿。网络焦点报道还包括封面新闻之外的其他网络焦点，通过编辑后端整理进行报道。编辑部选稿思路要按这个方向进行调整。

我们目前正处于从以报纸为主体过渡到以“端”为主体的过程中，每一个人都必须切实落实移动优先战略，切实推动传统媒体与新兴媒体融合发展，打造新型主流媒体。所谓新型主流媒体，不是你吃掉我，也不是我吃掉你，是建立在新的传播格局、传播规律上的一种融媒体。报纸虽然不会死，但是在很长的一段时间里，规模、影响都会缩小，会变成传播体系当中的一环。可能报纸以后不再是风暴，也不再是旗帜，它不再处于舆论引发的风暴、旋涡中。这是报纸的命运，也是整个行业发展的趋势。

我们要充分发挥传统媒体对信息资源的掌控优势，充分彰显品牌影响力，充分发挥新媒体技术引领以及分发平台的优势，进一步把“双品牌、双引擎”战略落实到具体工作中，落实一盘棋、一体化的发展思路。

2017 年进入下半段，大家要轻装上阵，不再背负沉重包袱，树立全新发展观念，赶上时代发展步伐。推进媒体融合发展不是权宜之计，也不是缓兵之计，更不是博弈，而是基于现代传播基础上的媒体创新发展、改革发展。要按照这个要求，体现各自平台的定位、属性，充分体现融合发展的方向，在深化融合上下功夫、做文章。前行的路还很远很远，我们需要洗心革面，从头再来。各位要真心理解深度融合发展，真正走在融合发展的康庄大道上，期待大家有更精彩的表现、更精彩的作品。

第六章

智媒体

第一节　跑在时代前面①

2016年年底，在《扬子晚报》创刊30周年论坛上，我曾经作了题为《拥抱变化》的演讲，认为纸媒要时刻拥抱变化，才能拥有未来。在过去的9个月时间里，变化更加迅猛。移动互联网时代正向人工智能（AI）时代迁徙，传统的传播格局面临更深刻的冲击，媒体融合也必然进入新的探索和变革期。

一、重塑："AI"改写传播法则

早在1993年，美国科幻作家弗诺·文奇在《即将到来的技术奇点：后人类时代生存指南》一文中写道："在未来30年间，我们将有技术手段来创造超人的智慧。不久后，人类的时代将结束。"时间过去23年，机器人技术就已从弱人工智能时代演进到强人工智能时代，由此对各行各业产生深刻影响。就传播业而言，完全由人采写、面向公众报道的大众传播格局正在发生巨变。

1. 智能写作

在刚刚过去的里约奥运会报道中，人类记者很忙，机器人也很忙。《华盛顿邮报》为了让人类记者更加专注地挖掘有趣味的故事和花边，将赛事报道的任务交给了机器人。"机器人记者"进行全程信息跟踪，并在《华盛顿邮报》网站和该报推特账号上直接发布里约奥运会的相关新闻，不需要人工干预。而就传播业而言，机器人写作早已不是新闻。早在2010年，美国西北大学的学生开发团队就成立了"自动写作技术公司"，建立了更强大、更全面的人工智能引擎，命名"鹅毛笔"。机器人写作技术在国外被广为采用，《纽约时报》《福布斯》等多家知名媒体将此运用到新闻实践之

---

① 摘自《打造引领人工智能时代的泛内容生态平台》，刊发于《传媒评论》2016年第9期。

中，自动生成的文章包括体育、财经和政治等多个领域。这项技术越来越广泛地运用，改写了人类主导的写作格局，“传播者”的内涵也将重新定义。

2. 智能推送

从传播的对象来看，传播法则也发生了深刻改变。无论传统大众媒体还是PC互联网时代的“千人一面”传播模式，正在成为过去时，而基于机器学习算法的“千人千面”传播方式，正在成为进行时，必将主宰将来时。大数据革命的一个显著成果，就是机器学习算法的充分运用。通过人工智能和大数据的集合，机器自动搜索数据、开展统计、进行推荐，机器学习算法分析得到的结论越来越多地代替人的判断和经验，精准地根据个人喜好推送每个人喜欢的信息。过去那种模糊的不知道用户是谁，以及用户耗费大量精力搜索自己喜欢的内容的时代终将过去。智能推送不只用于新闻，还能推荐亚马逊上的书、网上的电影以及交友网上的个人。

3. 智能交互

凯文·凯利预测未来30年指出，人工智能、虚拟现实和追踪是未来30年的三大发展趋势。可以预见，在不远的未来，这三项技术也将实现交融互动，其结果就是智能交互。未来几十年内，虚拟现实技术将成为新的社交入口，人工智能和大数据则将成为基础设施，随着这三种技术与产业和各行各业的融合，它们必将会为人类社会开启一扇“超现实之门”，引领下一波科技变革。随着人与机器之间互相加强的反馈循环不断加快，进入“智能爆炸”的时代只是时间问题。当霍金所说的“人类历史上最伟大的事件”到来之时，信息传播变革更将难以想象。

二、变革：跑在时代前面

从根本上来讲，媒体融合是一场变革，是新动能的再生和再造，而不是传统动能的延续。这种新动能再造，应该是从0到1的创造，而不是从1到N的复制，亦步亦趋地跟随和简单照搬没有出路。所以，必须努力跑在时代的前面，抢抓人工智能时代的先机，全力按照全新模式参与和创新，实现新的转型升级。

1. 构建生态

传媒格局演变到今天，做单一传播媒介的都在逐渐衰落，包括传统的门户网站。相反，做生态的都强大了，构建生态圈是大势所趋，也是生存和发展的必然。

封面传媒不是做一个单纯的新闻客户端，不是做一个简单的新闻内容制作和分发的平台，而是要做引领人工智能时代的泛内容生态平台。这个平台植根于80后、90后网络原住民的精神需求，以技术为驱动，依托大数据、人工智能和虚拟现实等前沿技术应用能力，驱动形成新型内容创造；以新型内容为内核和纽带，重新定义人与信息、人与商品、人与服务以及人与人的联接方式；以用户为中心，致力于打造跨媒体、电商和文娱的泛内容生态平台，推动媒体由传播力向“联接力”转变，成为媒体融合转型的示范标杆。

2. 努力向前看

凯文·凯利曾说，“在未来的20多年，技术更新的速度会越来越快……未来20年最伟大的产品还没有问世，在20年之后，当我们再一次对话时，我们会看到在今天完全没有问世的产品……我们都在从事这个工作，而我们并没有为时过晚”。预测未来和开发面向未来的产品是最难的，但犹豫不前、抱残守缺则是没有未来的。

纠结过去只会徒增烦恼，面向未来才有希望，才能创造更多机遇。传统媒体的融合转型一定要努力向前看，努力探索与现在不一样的模式，努力做出与现在不一样的产品。也许一次否定自我的新尝试，就能迈向一个引领世界的新未来。

3. 拥抱变化

互联网就像乌镇的水，连接运河，通达长江，奔向大海，融汇全球。互联网之水无时不在、无处不在，任何人、任何行业、任何地区都无法置身事外，无法独善其身。新的人工智能时代，带来的将是技术、自然与人类持续不断地变化和重构。传统媒体要敢于正视变化、敏于发现变化、善于拥抱变化，在“南美洲的蝴蝶扇动翅膀”的时候，就算准时机，站上风口，乘风而起，迎头赶上。

马丁·路德·金在“大变革中保持清醒”的演讲中说，“是的，我们确实生活在一个充满变革的时代。而且还有声音穿越时间呐喊道：看哪，我将一切都更新了，以前的一切都过去了”。传统媒体就处在这样一个时代，也需要时刻保持清醒。

第二节 未来智媒体，打开新封面[①]

2015 年的今天，封面传媒起航，面向全球招募人才。过去一年，我们在一个个第一次中实现了从无到有，从 0 到 1。

这一年，一直和年轻人在一起。面试封面每一个年轻员工，和年轻的 90 后团队一起战斗，服务 80 后、90 后年轻群体，让我感受到青春的力量，朝气蓬勃，快乐向上。

这一年，一直走在变化的路上。从做封面传媒的计划书，到一个个产品的测试，再到上线后一个个版本的迭代，回头来看，今天发布的 2.0 版本和 5 月 4 日上线的 1.0 测试版相比变了很多，和 2015 年的计划相比又变了更多，因为这一年互联网也变了很多。拥抱变化，以变应变。

这一年的创业艰辛，都留给了风。我们把希望留给了未来。

一、人类将进入“智媒体”时代

有人说，现在做 App 已经晚了。移动互联网时代带来的媒体红利已经过去，新的技术红利还不知道何时出现。

最近比较火的两部电视剧《西部世界》和《黑镜》第 3 季引发人们热议，说的都是机器人与人的事情。但这种情景将不再是电视剧里才有了，因为机器人离我们不远，人工智能时代已经来了，颠覆性的变化将会发生。

如果说错过上一个十年，传统媒体错过了一个时代。那么，发展和应用人工智能技术，应该就是跟上一个新时代的风口。紧跟这个风口并努力引领这个新的风口，就有希望迎风翱翔，重新与世界建立强联接。

在人工智能时代，技术会以指数级增长，而非线性级发展，未来 15—30 年间，人工智能将呈现爆炸式的突破，更多超乎我们想象的事物也会出现。

---

① 摘自 2016 年 10 月 28 日在 2016C＋移动媒体大会上的演讲。

对于信息传播领域来讲，未来的传播形式是怎样的呢？“智媒体”或许是一个答案。它以人工智能为核心，突出“智能+智慧”，既是智能媒体，更是智慧媒体。

二、面向“C一代”，封面新闻为亿万年轻人而生

封面新闻测试版上线的时候，我们提出主要服务80后、90后年轻群体。封面新闻2.0发布，我们将这群用户定义为“C一代”（Connected Generation），与互联网联接紧密的主流消费群体。他们具有“社交强迫症”，表现于互联网环境下的社交强迫行为，比如强迫性地刷手机、刷朋友圈等。这一群体中65%的年龄低于35岁，消费呈现出跨平台、跨屏幕的特征。

封面新闻面向“C一代”而生，打造属于“亿万年轻人的生活方式”。

1. 技术驱动，不满足于聚合和个性化推荐

封面传媒的团队中，超过1/3的员工是技术人才，很多都有BAT和海外的工作学习经历。这让我们有了不满足于聚合和个性化推荐的底气。

在封面传媒，我们让技术唱主角，尤其是面向未来的人工智能技术优先。

在信息技术呈指数级发展的环境下，封面传媒将更加注重依赖技术洞见，以科技为核心驱动，面向未来二十年的技术发展趋势发力。机器学习算法、机器人写作、语音识别与人机交互、虚拟现实（VR）、人工神经网络，都是封面打造“智媒体”的主攻方向。

我们也初步有了一些小小的成果，核心产品——封面新闻客户端，依托大数据和算法推荐，实现新闻推送的“因人而异”“千人千面”。今天迭代的封面新闻2.0版本，在智能推荐上又更进一步。

舆情产品——封面舆情，是人工智能技术在舆情领域的创新性运用，作为首款机器和人工结合的智能舆情服务平台，封面舆情机器人能提供最快速预警、研判、应对的舆情服务，并且运用大数据可视化技术，呈现一个更加智能的舆情交互平台。

VR 产品——封面 VR，采取开放合作的方式打造。我们率先引入 VR（虚拟现实）技术，开展 VR 报道；与高校共同打造“VR 新闻实验室”。

人机交互产品——知识图谱，可以把与关键词相关的知识系统化地展示给用户，推动用户扩展性阅读，强化阅读场景体验，将用户引导到下一个空间，增加停留时长。我们以体育领域为切入口，打通数据与 App，并以电商为试点联接生态，逐渐扩展延伸到各领域。

2. 价值匹配，封面新闻重新联接世界

机器不能解决所有问题。如果只用算法去追着用户跑，会导致信息过载和信息过窄。信息过载的结果，是大量无用信息和垃圾信息抵达用户面前；信息过窄的结果，则是用户信息接收不完整，信息集中于一两个方面，很多重要的新闻不能及时快速抵达用户面前，瞭望环境不全面。如果由于错误、选择性或偏差，数据被污染了，机器学习的模型也会被污染。

一家负责任的媒体，一定是通过专业、权威的信息，帮助受众形成认识。这是“智媒体”更重要的意义，也就是做“智慧媒体”，为对的人匹配正确的价值，从而重新联接世界。

3. 机器赋能，重构信息生产

在人类与人工智能系统之间，人类始终是主体，人工智能系统只是人类求解问题的聪明工具。

所以封面传媒更加突出价值匹配，为机器赋能，以“智慧”解决“智能”的短板，体现“价值引领下的技术驱动”。我们通过人工编辑的干预，纠正算法偏差，为技术引擎赋予价值观，既让用户实现“因人而异”，又让用户实现价值联接。

具体到价值的标准，就是有思想、有温度、有品质。通过持续不断地生产这样的原创内容，提升内容的正能量、年轻态、个性化特征，保持正能量充沛、主旋律高昂，做内容生产的“清流”。

三、生态重构，封面传媒带来消费新体验

人工智能时代的另一趋势，是生态圈的重构与整合又将开启。“C 一

代”的消费需求多元化，点外卖、订饮料、电影购票、餐厅订座、网络团购等均在移动端进行。但与此相对应的是 App 的泛滥，大量使用价值极低的应用充斥市场，用户出现“App 疲劳”症状。

1. 打造引领 AI 时代的泛内容生态平台

这种情况下，谁先突破既有的领域，确立科学的多元化战略，主导产业链条的整合与重构，形成基于多个领域的消费整合能力，谁就率先确立竞争优势。

封面传媒立足共享经济的趋势，致力解决“C 一代”的“App 疲劳”问题。我们将以人工智能技术为驱动，建设基于大数据、虚拟现实、人机交互等新技术的泛内容生态平台，建设多向智能匹配的生态圈，为用户带去全新的消费体验。

我们要做的就是瞄准内容领域无处不在的长尾分布，打造引领人工智能时代的泛内容生态平台。沿着泛内容曲线，打开多方面的收入来源，形成多元化、可持续的商业模式和营利链条，汇总到一起，形成商业生态圈。

2016 年 10 月 28 日，封面传媒成立一周年。在封面传媒主办的“创联未来——2016（中国）C+移动媒体大会”上，“硅谷精神布道师”皮埃罗·斯加鲁菲作演讲

2. 横跨媒体、电商、文娱三大领域

这个生态圈，将横跨媒体、电商和文娱三大领域，重新定义人与信息、人与商品、人与服务以及人与人的联接方式。

媒体重在内容优化。借助机器学习，强化价值引领，汇聚 UGC 生产，建设内容优化平台，为广大目标用户提供最有价值的内容，并将内容与消费相结合。

电商重在解决 App 消费疲劳。满足用户消费懒惰，开放整合电商资源，智能识别受众兴趣，一端解决消费需求。

娱乐重在搭载社交、文娱。强化社交娱乐分享，增强用户娱乐体验，组合重构形成 IP 开发变现（电影、电视、付费视频、游戏等），满足年轻用户文娱消费需求。

未来 15—30 年间，无处不在的智能化信息服务，将更加深刻地改变我们的生活，人、机、物将深度融合，“智媒体”充满无限想象空间。让我们一起揭开“智媒体”封面，创造更多可能。

我们已经出发。在路上，肩并肩，更努力。

第三节　遇见未来，智能驱动[①]

欢迎大家来到成都，参加“遇见未来，与凯文·凯利巅峰对话”活动，共同分享这场关于未来的思想盛会。

中国互联网圈的人更喜欢用凯文·凯利的昵称KK称呼他。其实这和中国互联网的一个特色文化有关。大家都知道，很多特别出名的外国人在中国网民中都是用昵称来代替真名。比如小李子（Leonardo DiCaprio）、卷福（Benedict Cumberbatch）、火星哥（Bruno Mars）。用昵称代替真名，这是一种认可和赞美。KK也是这样，中国互联网圈的人都用昵称来代替他的真名。

我相信今天现场很多人都是看着KK的文字成长起来的，或者与KK有着亲密的关联。从最早的《连线》杂志，到后来的《失控》《技术想要什么》，再到最近的《必然》。在这些著作中，KK都对未来进行了精准的预言。

《失控》诞生于1994年，当时互联网才刚刚起步，但是KK却用他独到的见解预言了如今这个时代的互联网发展现状。刚推出不久的《必然》是KK三部曲的收官之作，全面介绍了新兴技术席卷全球，由此给社会文化带来的一系列变化。相信今天KK带来的分享，会让在场的各位对未来又有一些新的思考。

正如KK预言的那样，大数据、人工智能、物联网、智能家居等技术的应用正在变成现实。封面传媒也是技术发展的产物。封面传媒由四川日报报业集团打造，是中国第一张都市报——《华西都市报》融合转型的互联网平台。这个平台以科技为核心驱动。过去一年多时间里，我们以技术为驱动力，实现了从无到有，从0到1。

对封面传媒而言，从0到1，不只是公司、产品的从无到有，更重要的是追求从0到1的创新。封面传媒正在利用最新技术重新定义资讯产品，

---

①　摘自2016年12月9日在“遇见未来，与凯文·凯利巅峰对话”上的演讲。

2016 年 12 月 9 日，封面传媒主办的凯文·凯利巅峰对话活动现场

重新定义媒体融合，努力追求独一无二的创造，从而实现封面传媒“重新联接世界”的使命。

封面新闻 App 是封面传媒的核心产品。充分运用机器学习算法技术，通过用户在使用过程中自主选择跟踪新闻动态、添加兴趣标签、机器识别与持续学习等，充分实现资讯传播的“千人千面”“因人而异”。2016 年 10 月 28 日，封面新闻 App 迭代推出 2.0 版本，强化了基于地理位置推送、兴趣标签优化、关键词推荐算法等个性化推荐。

封面新闻要做的是“智媒体”，它以人工智能为核心，突出“智能+智慧”，既是智能媒体，更是智慧媒体。

我们认为，一家负责任的媒体机构，除了满足读者的基本信息需求之外，更应该通过专业、权威的报道，帮助受众形成正确的认识，引导正确的价值。对封面新闻而言，智媒体更重要的意义在于智慧媒体，也就是在于价值引领，突出体现“价值引领下的技术驱动”，通过人工编辑的干预，纠正算法偏差，为技术引擎赋予正确的价值观。

封面新闻不断探索新技术运用，比如在知识图谱的应用上，封面新闻的重点是构建知识库和图谱挖掘。封面数据研究团队通过核心算法技术构建了完整的媒体类人名、地名、事件知识图谱体系，并将它应用于封面新闻 App 在 2016 年奥运会、欧洲杯新闻知识扩展以及赛事结果预测上，极大提升了用户体验及用户参与度。

封面舆情是封面传媒运用人工智能技术在舆情领域的创新性产品。这款新产品是一个机器和人工结合的智能舆情服务平台，能提供最快速预警、研判、应对的舆情服务。我们最快能在 2 分钟获取相关数据，完成从数据收集到最终的舆情呈现。

为更好地实现“重新联接世界”的使命，封面传媒正在打造一个引领人工智能时代的泛内容生态平台。这个平台植根于人工智能，面向 80 后、90 后的用户体验需求，以技术为驱动，形成新型内容创造，重新定义人与信息、人与商品、人与服务以及人与人的联接方式，打造跨媒体、电商和文娱的泛内容生态平台。

2016 年 12 月 9 日，“世界互联网之父” 凯文·凯利在成都演讲

未来15—30年，人工智能将呈现爆炸式的突破发展，无处不在的智能化信息服务将更加深刻地改变我们的生活，人、机、物将深度融合，进入万物互联时代。我们期待，今天KK的演讲和对话，必将为我们与未来搭建新的“连线”。黑科技也许会“失控”，但“必然”为我们“解锁”更多想象空间，带我们在即将到来的人工智能时代“飞”向更远的未来！

第四节　AI+媒体[①]

欢迎莅临封面新闻 3.0 迭代上线暨 2017（中国）AI+移动媒体大会，一起来探讨人工智能如何改变传媒业。互联网的世界，变化很快。一年，潮起潮落，风停风起。直播和短视频火了，共享单车火了，小度机器人火了。在移动互联网时代向人工智能时代过渡的段落里，呈现加速度变化。

今天是封面新闻上线一周年，我们留下了一组深深浅浅的脚印。过去一年，封面新闻用户量超过 600 万，日活在 62 万左右，月活 240 万左右。这样一组简单的数字，在新闻客户端的红海里，弥足珍贵。

1. 用户“果粉”多，年轻人多

封面新闻的苹果 iOS 用户与安卓用户比例是 4∶1；30 岁以下用户占 63.3%。

2. 北京、广东用户仅次于四川

用户排名前 20 的城市中，四川占了 4 个，四川用户占比 67%；然后是北京；接着是广东，包括广州、东莞、河源、佛山；其他省份用户较多的有福建、黑龙江、山东。

3. 用户有点“懒”，大家爱“推荐”

推荐频道占据了绝对优势，占比 69.3%；然后是四川、娱乐、天下、封面号、校园。这些用户数据，和当前四川为主、年轻人为主的用户发展规划是相符的。

4. 传播力影响力“杠杠的”

封面新闻的传播力和影响力也是靠实力说话。2016 年的四川全球推荐活动报道全网总阅读量达 2.2 亿人次，2017 年 4 月的“敦煌艺术大展”仅封面直播总点击量就达到 1039 万，2017 年春节期间首发的“女孩丽江被打案”报道全网总阅读量 20 小时破亿。封面直播多次排名全国直播榜第

---

① 摘自 2017 年 5 月 4 日在“智创巅峰——2017AI+移动媒体大会”上的演讲。

一，封面新闻微博跻身传播力排行榜第5，封面新闻客户端排行第12位。

封面新闻由1.0测试版，更新迭代到了今天的3.0版，因人而异的算法推荐更加成熟和优化，拥有了机器人写作技术，自主开发的“小封机器人”1.0版上线。这些人工智能技术的尝试和探索，让封面新闻紧紧跟上了AI时代的步伐。封面新闻将坚定朝着“AI+媒体”领域进军，紧盯前沿技术，发力人工智能。

1. AI赋能新闻

封面新闻将让机器更懂新闻，更懂人。我们不再是传统意义上的媒体，通过AI赋能新闻，在AI与新闻的结合上做精、做深，做出特色。今天上线的小封机器人1.0版，是封面新闻人机交互的一个启幕。我们还将不断升级数据挖掘、算法推荐、机器人写作、语义识别和分析等技术，让封面新闻成为最懂你的端口，最快速的写稿能手，最善于人机交互的资讯助手。

2. AI变革生产

封面新闻将用AI推动新闻生产变革。我们将不断拓宽AI的使用场景，从素材收集、筛选、分析、成文，直至最后的内容分发，从新闻线索搜集到写作到事实核查，每一个环节都有人工智能的深度参与，推动新闻生产流程的智能化变革。我们打造了“封面云”——新闻垂直领域的人工智能开放平台，将AI技术开放给转型中的传统媒体，成为媒体转型的技术提供者，最懂媒体的AI支持平台。

3. 智慧主导AI

封面新闻将用智慧主导智能。封面新闻与其他资讯类产品的不同之处在于，以智慧解决智能的短板，强化价值联接，纠正算法偏差，为技术引擎植入价值观的灵魂，既让用户实现“因人而异”，又让用户实现价值联接，成为“智慧+智能”并重的“智媒体”。

面向未来，封面新闻决不只是一个客户端，而是要成为引领人工智能时代的泛内容生态平台。

1. 用户定位：关注85后，锁定90后

在用户定位上，我们会进一步向年轻“新中产”靠拢，重点服务网络原住民，成为亿万年轻人的生活方式。

2. 内容特色：直播和短视频

封面新闻拥有互联网一类新闻信息服务资质，是全国 App 中仅有的两张资质之一，也是我们以新闻原创来区别于商业网站的显著标识。除了原创公共新闻，我们将发力直播和短视频领域，直播强调专业，视频强调精品，并且都突出 AI 技术的支撑，通过图像识别、智能语音、数据挖掘爆款等方式做强特色。

3. 产业方向：文娱和电商

"AI+媒体"的生命力，在于人们对资讯的长尾需求。在泛内容生态平台的构建上，封面传媒将充分用好人工智能的生产力，重构资讯和商业生态圈，以内容为核心，向文娱和电商拓展，构建符合年轻人调性的内容消费场景。

4. 奋斗目标：全国领先的新型主流媒体

封面新闻将与《华西都市报》深度融合，突出双品牌、双引擎，一体化运营，一盘棋整合，建设全国领先的新型主流媒体。

我们踏上的是一场没有终点的马拉松比赛。2017 年封面新闻的阶段性用户目标是 1000 万，为此我们将不停奔跑。

人工智能会给媒体带来弯道超车的大好机遇，作为移动互联网的后来者，我们将热烈拥抱"AI 时代"带来的变化。

"AI+媒体"，变化真好。

2017 年 5 月 4 日，封面新闻上线一周年暨 2017 AI+ 移动媒体大会现场

第五节　书写人工智能时代的精彩封面①

2017 年 7 月 13 日，小冰正式入驻封面新闻；8 月 19 日，小冰在《华西都市报》开设专栏《小冰的诗》；9 月 11 日，封面新闻 3.4 版迭代小冰又打开了语音播报的新姿势。这一系列动作折射出我们在“AI + 媒体”领域的探索。

封面新闻从成立以来，就瞄准人工智能时代的前沿发展趋势，把打造“引领人工智能时代的泛内容生态平台”作为发展愿景。就是要以人工智能技术为引领、为支撑，在“AI + 媒体”的结合点不遗余力，横跨媒体、电商和文娱三大领域，重新定义人与信息、人与商品、人与服务以及人与人的联接方式。

我们的核心产品封面新闻客户端，是“技术 + 内容”的新生代客户端。技术是 AI，内容是体现正能量、年轻态、个性化的原创内容。我们拥有互联网一类新闻信息服务资质，具有原创采编权。全国的客户端，有此资质的仅两家。

AI 技术在封面新闻的应用中，我们是一个项目一个项目地打造。目前重点项目有五个：微软小冰、小封机器人、机器写作、封面云平台、硬件机器人。

第一个重点项目就是和微软小冰的合作。

封面新闻与微软的合作梯次展开、逐渐深入到“AI + 媒体”的各个领域，我们重磅打造“封面主播”小冰，既能播新闻，又能聊新闻，还能撩用户。

智能化语音播报：在最新迭代的 3.4 版中，“小冰”化身封面主播，语音播报每日趣闻，与我们的人工播报相得益彰。我们双方将共同探索新闻资讯的音频生产新模式，音频生产自动化正在规划中。

智能化构建聊新闻场景：应用“小冰”的人机交互能力，识别用户意

① 摘自 2017 年 9 月 16 日在人工智能与未来媒体实验室启动仪式上的发言。

图，在聊天中推荐新闻，结合新闻聊观点，聊生活服务信息，让大家都来撩“小冰”，提升用户体验。

智能化评论互动：“小冰”化身超级用户，在新闻后面跟评论、发观点、回复用户，与用户“互撩”，提升文章活跃度，提升与用户的交互性，让人机交互得到更广泛地应用。

第二个重点项目是小封机器人。

小封机器人是封面在媒体人工智能领域的产品之一，由封面技术团队自主开发，于 2017 年 3 月发布。这是基于封面自身生产的新闻，通过机器写作短文本和语音交互，快速便捷获取资讯的一个新尝试。小封机器人采用了人工智能在语音、图像和自然语言分析等领域的应用。目前主要在封面新闻 App 和大屏可视化活动上有所体现。

小封机器人还助力服务价值提升，主要应用于三个方面：微信接入，实现随叫随到的客户服务；在线服务，自动化解决用户咨询、访客留言问题；智能方案，为商场和购物中心提供个性化定制服务。

2017 年七夕，封面新闻主办的“人工智能相亲会”首创登场。本次相亲会创造性地引入了人工智能，参与者的感情问题由小封机器人量身定制。所有参与互动的单身男女，只需输入基本资料，小封机器人就会从用户中挑选最为匹配的另一半，实现优先速配。

第三个重点项目是机器写作。

封面新闻 2016 年 12 月 20 日发布了第一条机器写作稿件，主要是当日打折资讯的自动写作。我们将把机器写作应用在新闻生产中，把记者从不断重复和机械的简单写作中解救出来，有更多的时间和精力做深度、复杂的报道，同时更快速地输出内容，让用户更快获得信息。封面新闻的机器写作目前已经在体育、生活资讯、自然灾害预警等领域实现，写作类型包括热点日报、快讯和行业报告等，下一步还将在财经和个性化日报上铺开。

第四个重点项目是封面云平台。

这是国内传统媒体领域的首个智能开放云平台，是一款为纸媒、网媒、自媒体和媒体技术开发人员搭建的技术、数据、应用交易平台，目标是降低媒体行业新技术应用的经济成本、人力投入、时间成本等，提高媒体内容策划、采集、生产、审核、分发的效率。

我们开发了数据天眼系统，加快推进数据可视化。在封面，由封面数据研发的可视化大屏已经开始应用，未来将实现商业化，在宏观态势可视化、商场实时信息分析、资讯监控等场景上进行推广。

封面云的一个方向是商业智能（BI 系统），为企业决策层、管理层、市场运营、产品和分析师等提供实时、全面、准确的数据监控和分析，实现数据驱动业务、辅助决策。

封面云已经实现了智能客服功能，打造企业专属客服智能答案检索＋引导式对话回复客户提问。这项应用已经较为普遍，我们将把重心放在本地。

最重要的应用还是在媒体 AI 赋能。这是我们未来应用最广泛，也是目前传统媒体融合转型最需要的。封面新闻将用 AI 推动新闻生产变革，不断拓宽 AI 的使用场景，从素材收集、筛选、分析、成文，直至最后的内容分发，从新闻线索搜集到写作到事实核查再到效果监测，每一个环节都有人工智能的深度参与。

第五个重点项目是硬件机器人。

未来，硬件机器人将广泛应用于各个场景。新闻硬件机器人是封面新闻正在研发的产品，我们将在智能硬件与媒体深度融合领域展开探索，让资讯机器人在聊新闻、人机对话、人脸识别等场景上得到深度应用。

今天我们与微软、北京师范大学成立人工智能与未来媒体实验室，将为“AI＋媒体”的应用和探索提供很好的指引。未来，封面新闻将从三个方面努力。

第一，坚守价值引领，打造内容精品。智能时代，更加需要智慧的引领。封面新闻提出打造智能＋智慧的智媒体，也是希望通过价值引领来解决智能传播中遇到的一些问题，强化价值联接，强化价值观主导下的技术驱动。我们将充分用好一类互联网新闻信息服务资质，生产优质原创内容，打造内容精品，为技术引擎植入价值观的灵魂。

第二，坚定技术驱动，发力人工智能。这些年，技术带来的变革是颠覆性的。内容重要，但通过技术引领和变革抢占新的传播渠道同等重要。

封面新闻决心补齐长期以来传统媒体发展的短板，以技术为核心驱动，着眼未来趋势，发力人工智能，用“黑科技”来改写媒体发展路径，重塑发展优势，做人工智能与媒体应用的探索者和引领者。

第三，坚持创新求变，实现自我革命。万物向前，变是永恒，技术不断迭代，一刻也不会停滞。唯有不断创新，才能永续发展。封面新闻将紧握时代脉搏，不断拥抱变化，以敢为天下先的精神，推动自身持续转变、不断涅槃、浴火重生，让 AI 与媒体重新排列组合，书写人工智能时代属于封面的新精彩。

第六节　未来媒体首先是智媒体①

2015 年 10 月 28 日，在移动互联网时代向人工智能时代过渡的时间窗口，封面传媒正式成立。站在人工智能改变世界的新风口，封面传媒以“重新联接世界”为使命，确定了“构建引领人工智能时代的泛内容生态平台”的愿景，紧盯前沿技术，发力人工智能，坚定朝着“AI+媒体”领域进军，打造“智媒体”。

什么是智媒体？我们理解，智媒体首先是智能媒体，通过人工智能重新赋予媒体技术基因，改造媒体生产、传播全流程，让传播更自动、更精准、更高效。智媒体还是智慧媒体，通过价值主导，强化编辑干预，更加突出信息的价值匹配。今天，我主要给大家分享封面传媒在智能媒体方面的探索与思考。

封面传媒两周年，阿里巴巴集团 CEO 张勇祝贺

① 摘自作者 2017 年 11 月 16 日在“智创未来 2017C+移动媒体大会”上的演讲。

一、进军“AI+媒体”，我们做了什么？

封面传媒成立两年以来，坚持以技术为核心驱动，在技术创新的逻辑下打造互联网产品。两年时间里，我们有半年是在组建团队，尤其是技术团队。去年的5月4日，封面传媒的核心产品——封面新闻客户端（1.0测试版）上线，基础支撑就是基于算法推荐的兴趣阅读，开启了进军“AI+”的新征程。封面新闻客户端上线的一年半以来，我们不遗余力地加强人工智能技术产品的开发和打造，力图用AI改造新闻生产，重新定义媒体，重新定义传播。

1. AI+写作

人工智能对媒体的改造，首当其冲是写作领域。封面新闻上线以后，我们的技术团队就着手研发机器人写作。去年12月20日，我们的首条机器写作稿件面世，内容是当日成都打折资讯。今年5月4日，封面新闻上线一周年之际，我们自主研发的小封机器人1.0版上线，正式开始新闻资讯写作的探索。今年9月30日，四川青川发生5.4级地震，小封机器人仅用时8.09秒就完成写作，产生稿件信息包括速报参数、震中地形、周边村镇、周边县区、历史地震、震中简介、震中天气，近1300字，并配有相关图片。

2. AI+互动

推动AI和人互动，加强人机交互的运用是封面新闻进军AI的第二个尝试。在前期小封机器人与用户探索性互动的基础上，我们选择了与微软进行深度合作，全面引入微软小冰开展人机交互应用。“小冰”入驻封面新闻带来的最大变化是交互上的提升，用户可以与小冰聊新闻、聊天逗乐，小冰也

封面新闻开发的“小封机器人”拥有和其他员工一样的独立工号

可以在新闻之后跟发评论，从而在人与机器互动上深度探索。我们希望通过这种开放式合作，探索人工智能和媒体行业融合的新案例。

3. AI+场景应用

我们还不断通过自身以及合作伙伴的技术，将AI常态化地应用到各个生活场景，更好地为用户服务。在AI与高考的结合上，我们推出了“封面新闻高考志愿小助手”，利用教育大数据、神经网络算法等技术为高考志愿填报提供智能化服务；在AI与相亲的结合上，今年七夕我们主办了“AI人工智能相亲会”，通过单身男女的基本资料，小封机器人为他们挑选最为匹配的相亲对象；在AI与旅游的结合上，“十一黄金周”启动的“小冰携手大熊猫邀你美丽四川行”引发300万用户参与，上传自己照片可以由机器人打分拼颜值，上传景区照片可以由机器人生成诗歌展示美景。

4. AI+流程重构

技术改变一切，封面传媒正在用人工智能技术改变新闻生产的全流程。今年10月28日，我们打造的“封巢智媒体1.0”系统上线，就是希望通过AI推动新闻生产流程智能化变革。封巢智媒体系统主要是以人工智能技术为支撑，涵盖“智能技术平台+智慧内容平台+智识管理平台”三大平台：一是人工智能技术驱动的应用创新，如机器写作、人机交互、智能“三屏合一”等AI+媒体的应用探索；二是价值主导与驱动的内容生产流程再造，如热点监控、全网采集、内容管理，包括融合驱动型直播应用；三是数据驱动下的传播效果智能化监测、版权追踪追溯、考核建模与自动化等。我们希望通过这个系统的持续迭代升级，促进人工智能时代媒体、技术和用户进一步的交互式融合。

5. AI+未来媒体

今年9月16日，我们与微软、北京师范大学共同成立了“人工智能与未来媒体实验室”。这也是全国首个致力于“AI+媒体”领域的实验室。实验室希望推动人工智能与传媒的创新性融合，建立人工智能与媒体的研究合作平台。实验室的主要工作包括：一是普及AI+媒体，让AI技术在媒体领域得到广泛应用，助推媒体行业转型；二是开展讲座研讨，举办人工智能与未来媒体系列大讲堂；三是打造学术刊物，出版《AM》杂志，一本

封面传媒两周年，互联网大咖祝贺

内部学术交流刊物，聚焦人工智能与未来媒体的前沿研究；四是开展产品研发，通过微软以及合作伙伴的前沿技术，不断研发人工智能在媒体领域的新应用、新产品，并将之与封面传媒相结合，不断开拓智媒体发展空间。

二、未来媒体将是什么样？

《无间道》有句歌词是这样唱的："我们都在不断赶路，忘记了出路，在失望中追求偶尔的满足"。对于处于危机中的传统媒体而言，这些年一直在赶路，但一直是在跟着赶，追着赶，一直都处于"现在时"乃至"过去时"的状态。面向未来，应对危机，必须以"将来时"的状态去布局，去找出路。尽管预测未来是最难的，但必须不断去闯，不断去试，哪怕试错也在所不惜。

1. 未来媒体首先是智媒体

AI 将持续改变信息传播。从全世界来看，人工智能在持续改造各个行业，也在持续改造媒体行业的各个方面，从传播者、传播内容、传播渠道、传播对象到传播效果等各个环节都在经历“AI+”带来的变化，从素材收集、筛选、分析、成文，直至最后的内容分发，从新闻线索搜集到写作到事实核查，每一个环节都有人工智能深度参与，推动新闻生产流程的智能化变革。我们打造“封巢智媒体”系统，也是希望运用人工智能持续推动信息传播智能化革命。

2. 人机协同是未来潮流

人工智能时代来临，很多人担心机器人会取代人，会让人没有饭碗。大可不必担心。如同第一次工业革命，虽然在短暂时间内会导致失业，但也带来了更多新的工作机会。人工智能的发展带来的是生产力的极大解放，有些领域是机器不可替代的，AI 也会带来新的机会。在未来，让人做人擅长的事，机器做机器擅长的事，人机协同将成为潮流。从媒体领域来讲，媒体人的专业主义优势和 AI 的高效智能生产将会更为完美地结合。

3. 赚广告主的钱将不可持续

这是如何生存和发展的命题。长期以来，“二次销售”模式让媒体习惯赚广告主的钱。但在新的环境下，传播媒介和渠道不只是掌握在媒体机构手中，并且被极大分散，万物皆媒、人人皆媒，广告主的钱被无限摊薄，赚广告主的钱也将不可持续。未来只有两条路可走，一条路是通过技术创新，尽量多地聚合各种媒介，占领传播渠道；另一条路是通过从产品创新，尽量多地聚合更多用户，赚消费者的钱。通过两条路的组合，搭建多元化的发展生态才有未来。

4. 媒体还将演变，第六、第七媒介将会诞生

世界上第一张日报诞生于 17 世纪 50 年代，广播和电视诞生于 20 世纪 20 年代，互联网诞生于 20 世纪 60 年代末，智能手机诞生于 20 世纪 90 年代。纵观世界媒体发展史，新媒介的诞生速度越来越快、间隔时间越来越短，手机肯定不是媒介的最终形态和最终载体，依托手机的媒体也不是最终的未来媒体。面向未来，第六、第七媒介肯定还将诞生。媒介是人体的延伸，媒介即信息，什么媒介能让人们更方便、更快捷、更多样地获取信息，什么就有可能是未来媒介。万物互联的时代很快就会到来，不论未来媒介的主流载体是什么，物联网、大数据、人工智能一定是基础。找准方向，才能找到出路。

我们一直认为，变化是最大的机会。当下人工智能技术对整个信息传播行业带来的变化才刚刚开启，未来变化将更加深刻、更加巨大。媒体将不再是今天的媒体，产业将不再是今天的产业。谁走得更早，谁走得更快，谁就走得更远。

第七节　智媒体：技术驱动+内容为王①

2017 年最大的体会就是变化太快。在今年即将结束的节点上，我们不能温水煮青蛙，我们必须保持清醒。2017 年是推进《华西都市报》、封面新闻融合发展的一年，我们实现了融合 1.0 版本。2018 年即将到来，我们必须完成华西—封面融合 2.0 版本，即“一支队伍、两个平台、一体运营”的深度融合“121”战略。“121”战略具体方案正在制订当中。

一、技术驱动+内容为王

封面新闻上线一周年时，我们提出了打造面向未来智媒体的理念。智媒体对我们来讲是两个驱动，即：技术驱动+内容为王。这样一个智媒体，是以移动端为前提的。尽管未来的媒体可能还会发生很大的变化，不一定是移动端，但在当下，我们的智媒体是建立在“端”上的。智媒体是智能+智慧的，是技术驱动+内容为王，技术对应智能，内容对应智慧。

技术驱动。技术驱动主要体现在人工智能技术在媒体领域的应用和创新。就目前所知，AI+媒体的应用很多，比如兴趣推荐和地理位置推荐。兴趣推荐是数据挖掘，算法在消息推送方面的应用还要加快优化，在经营方面的数字化应用要加快突破。地理位置推荐要加快应用，我们的城市频道还没有完全实现地理位置推荐，要加快实现这项功能。还有机器人写作、机器辅导写作、人机交互、机器人聊新闻，现在还比较初级，还要提升智能化程度。智能场景应用，包括我们的 AI 相亲会等，还要扩大应用场景，开发新的产品。这些基于我们现在的技术团队都可以实现，要加快迭代，不断完善，优化升级，真正体现智媒体技术驱动。

内容为王。加大内容原创力度也是我们一再强调的重点，这是我们

---

① 摘自 2017 年 12 月 13 日在《华西都市报》与封面新闻月度工作分享会上的发言。

区别于其他商业网站和客户端的核心竞争力。我们内容生产必须打破传统报纸的套路。我们提出，封面新闻是一个引领人工智能时代的泛内容生态平台，这个泛内容包含三个版块：一是新闻，指传统意义上的新闻信息；二是人文，指基于传统副刊转型升级的人文报道内容，包括历史、地理、博物等；三是消费，指生活消费内容。这三个板块的内容共同构成了泛内容主体，也与封面新闻的定位——“亿万年轻人的生活方式”相吻合。

我们还要重视“新技术产生新内容”，就是通过新技术产生新内容，比如直播、视频、音频、AR、VR、H5、动漫等，由新技术带来的新的内容呈现形式是我们要重视开发和生产的。在新闻、人文、消费的每一个领域里面，都可能通过新技术产生新内容，内容团队和技术团队要协同作战、协同生产。

二、确立“三个优先”的思路

未来，报纸作为一个品种可能不会死亡，但是报纸的一个个个体肯定会关停并转，这个品种也会逐渐被边缘和弱化。事实上，报纸在传播中不

作者在 2017 年 12 月 13 日《华西都市报》与封面新闻月度工作分享会上的演讲 PPT 要点

再是旗帜，不再是风暴，不再是舆论发起的中心。所以，我们的传播和融合发展，必须始终坚持三个优先，即移动优先、视频优先、故事优先，这是我们融合发展的思路。

要坚持移动优先。我们重视报纸的优势发挥和持续发展，但是从传播的角度来讲，必须坚持以“端”为先。下一步《华西都市报》和封面新闻将从机制、体制、架构上做进一步梳理和变革，最基本的要求是用移动的思维来思考一体融合的问题，同时要站在“端”上思考和解决报纸的问题。

要坚持视频优先。拍视频不只是直播视频部的事，是每个人的事，每个人都要在新闻报道时拍视频。视频生产的速度要快，要讲时效，要有量的规模。如果现在的新闻还只是大量的文字，没有图片，枯燥、无趣、无味，没有视频，谁愿意看？谁愿意传播？编委会要把“视频优先”作为头等大事，推动落实，先动起来，在行动过程中解决存在的问题。

要坚持故事优先。内容生产要去概念化，要学会讲故事。没有故事，一番说教谁看得进去。没有故事的文章不可能有可读性。故事就要有人物、有情节、有起伏，新闻报道一定要学会讲故事。讲故事是一个老生常谈的话题，但还是没有做好，我们大量的新闻都没有情节、没有起伏、没有人物，导致传播效果不好。

以上“三个优先”概括成一句话就是：用视频的方式讲好故事，并进行数字化传播。整个内容链条都要实践这个思路，实现这个目标。

三、混战年代，突出重围

混战年代，回归初心认清优势，我们不要轻视自己的存在。《华西都市报》创刊 23 年，我们需要回归，回归到我们的初心，回归到敢为天下先的创新创造精神上，看清我们来时的道路，正视自己，提升自己，塑造我们的新优势。

突出重围，更加专注核心能力，我们坚定拥抱 AI 时代。在这样一个人工智能时代，移动互联网往人工智能迁移的步伐越来越快，越来越清晰，所以我们要坚定地用人工智能技术来驱动，用“技术驱动+内容为王”走出一条光明大道。

融合发展的本质就是传统媒体互联网化，要把内容放在互联网里面来思考、来运营，用互联网来改造传统媒体。我们可以把更多的精力，投入到移动互联网上，投入到智媒体的打造上，一定要坚定愿景，加快一体化融合，奋力开创一条属于封面特色的 AI+媒体发展之路。

第七章

文化和精神

第一节　封面日[①]

公司把21日定为封面日，取自“不管三七二十一”。封面日是干什么的？我认为主要是进行更多沟通与分享。我们在一起，不是一个人，是一个队伍、一个团队，是若干封面人的组织。在一个团队里沟通是第一位的，没有沟通就没有办法统一认识和思想，什么事儿都干不成。每一个封面人都要学会主动、积极沟通，这是封面文化中非常重要的一点。沟通方式非常多。今天是第一次封面日，由我分享我在工作业务以外的思考，一定程度上是单向传输。在公司成立不久、产品刚刚上线时，单向输出是为了让大家能够理解把握公司的基本情况，在此前提下进行个体的思考，这非常必要。同时，我对之前大家提交的意见、建议的一些思考和回复，也会体现在分享中。

2016年6月21日，首次封面日活动现场

---

① 摘自2016年6月21日在首次封面日活动上的演讲。

一、因为梦想我们在一起

大家来到封面这个新的、前途还不知道在哪里的企业，是带着不同的目标、追求、梦想而来的：也许是为了实现人生价值，也许是为了更好地工作，也许是为了更好的待遇，这样的追求、目标、梦想没有高低贵贱之分，因为每个人背景、经历、受教育程度都不一样，都是活在现实社会的人，是具体、实在、活生生的人。但我们既然走到一起，就有了同一个追求和目标，它区别于我们每一个个体的目标，是凝聚了在座每一位共同的追求，是我们梦想的最大公约数。这些追求，通过我们公司的使命和愿景都有表述，包括重新联接世界的使命，打造引领人工智能时代的泛内容生态平台的愿景等。希望大家围绕这样的梦想和追求，清晰认识自己的坐标，发挥自己在实现这些梦想过程中的作用。

二、简单就是力量

我们的文化倡导简单，就是简单的人际关系、工作关系、上下级关系、同事关系、人与人沟通交流关系。我们都是从不同单位走到一起的，每个个体都带着这个社会，原来的单位、环境给你的不同文化，这些没有对错之分，但有优劣之别。大家身上带来的是不是符合封面的价值观和文化，要认真思考。我是一个很简单的人，我看人也非常简单，我看大家都是看到封面未来的人，这是最原始、朴素的看法。我们在一起，要求说事就说事，做事就做事，不要牵扯到其他更多的东西，对公司没有好处。凡是违背封面简单文化的人，一定要淘汰出去。在我做记者的时候，就是简单地想做一个好记者，做一个优秀的记者；后来走上了管理岗位，就是想把单位带好，就这么简单的想法，我就是这么简单的一个人。希望每个人都能有纯粹、简单、朴素的想法来做事，就像水一样，一滴水很简单，但水滴石穿，这就是简单的力量，请大家把握。

三、核心驱动是技术

科学技术是第一生产力，是传媒和互联网行业日新月异变化的原动力、驱动力、推动力。前段时间，四川省委常委、宣传部长甘霖调研集团时提出了五个问题，第三个问题就是科技问题。我们要做封面这个企业，进入这个行当，第一位就是让技术在公司发展里起主导作用、核心作用。希望全体员工，不管你是否从事技术岗位工作，都应该明白我们是一个技术驱动的公司，要多关注科技进步、多看一些有关书籍，每个人都要明白这个道理。

四、严是爱，宽是害

企业的发展需要凝聚力量，握紧拳头，拧成一股绳，没有管理，个体积极性就不能最大限度发挥出来。我见过一些互联网企业，不打卡，不考核，很自由。但你见过这样的企业能够走过一年？两年？有成功范例？我没发现。在我的管理观念中，我希望严格一点，管理严格企业才有竞争力，员工才有提高。有一些离开报社的同事，出去以后和我交流，说多亏当年的严格管理，让他们后来才能独当一面。所以，我们要严格按照企业要求来进行管理。

五、企业选人用人是选合适而非最贵的人

这是从 2015 年 10 月 28 日发布会招聘人才以来我们坚持的选人标准。之前有人跟我说，你要用最贵最高的价钱请最贵的人来做事情，但我们公司到今天没有请最贵的人，也请不起最贵的人。我们愿意请努力的人、干事的人，只要你简单、端正、上进，愿意努力，愿意打拼，我们可以等待你的成长，前提是你愿意成长。在我的信条中，90% 的人智商都是“彼此彼此”，而我们需要情商比智商高的人。阿里巴巴发展初期，马云请了很多高大上的牛人，但最后都走了，剩下的还是最初的“十八罗汉”。人都有通病，对身边的人容易忽略，因为太了解、太熟悉、经常骂、看不起，总

认为外来的和尚好念经。但在我们公司，需要的是努力的人、合适的人、与岗位匹配的人，而不是高薪挖的最贵的人。同时，我们也愿意根据大家共同努力和奋斗的结果，不断提高待遇。

六、假装高大上的公司都死掉了

公司发展要和实际现状相匹配，打肿脸充胖子是企业发展忌讳的一点。靠“装”装不了多久，装两天就爆了，装不下去了。凡是朴素、实打实干活的企业才是最有希望的企业。互联网这个圈子泡泡吹得大，都把互联网企业搞成高大上的代名词，其实并不是。我去阿里，人家凌晨都还在干活。我非常欣赏公司一些员工与我交流的观点，非常实事求是。如果大家装，提出不切实际的要求，很快就完蛋。就好像涨潮时满眼都看到大海，退潮时候才发现沙滩上全是垃圾。封面是一个追求实战、实效的互联网媒体公司，要一是一二是二，不要学社会上混的那一套。包括我们公司的数据，都没有必要去装，这样人家会笑话的。

七、没有考核一切都是“然并卵”

1999 年去欧洲学习《法兰西晚报》，中国媒体很好奇，外国媒体怎么考核？他们说，我们这儿没考核，你想拿多少拿多少。结果两三年以后，这家报纸宣布倒闭。天天宣称“我们公司没有考核，不考核”的人，我认为他就是有病。我们公司目前正在制定薪酬管理办法和 OKR（目标和关键成果）考核细则，实行 OKR 考核制度，根据不同岗位和工作进行不同考核方式，并且我们将不断完善，把考核体系搞得更科学。希望大家明白这个简单的道理，要出成绩必须有考核，任何绩效工资的体现，都必须建立在考核基础上。

八、高薪一定是自己争取和拼搏来的

高薪是我们的追求之一，每个人都想拿到更高的薪酬，但高薪不是要来的，是自己努力工作、拼搏而来的，干出来的。如果现在还没有理想薪酬，说明你干得还不够好，如果已经很努力很拼搏了，说不定下一个高薪就是你。大家一定要相信一分耕耘一分收获。我们做互联网企业和农民种地，只是从事的工作不一样，共同点是都必须付出辛勤的汗水，都必须努力去拼。我从来没有见到农民每天打牌睡觉还有好收成；企业也一样，不努力付出拼搏就没有收获。

九、公司的最大财富是员工

我们这个企业，最大的财富就是在座的各位员工。这一点上，希望管理层和部门总监都要有这个理念，爱才、惜才、用才。爱才不是迁就，不是纵容，不是你工作推不动还不温不火，不是违反了制度还要宽容，爱才是为人才提供平台、提供帮助，让大家得到更好的成长进步，这是爱才的本质。我们要把心思重点放到促进员工成长上，只有每个个体成长进步，企业才会成长。

十、最讨厌天天说公司这样不好那样不好还留在公司的人

我们每个员工都需要做一个建设性的人，要在你的岗位上对公司发展有合理化建议，做一个有行动力的人，而不是嘴巴上抱怨。既然这也看不惯，那也看不惯，留着干什么，封面不需要这样的人。每个人到了一个团队，都有一个互相适应的过程。一方面公司适应个体，一方面个体也要适应公司要求。“此处不留爷，自有留爷处”，如果你习惯当大爷，习惯指手画脚、牢骚满腹，请自己找“留爷”的地方，我们恭送。公司只需要努力拼搏的人。

十一、今日事今日毕

我们公司上班不是行政班、朝九晚五，也不是到点就下班、敲钟就吃

饭。每天的事儿不要拖到第二天，对企业和个人都没有好处。事情没干完没做好，哪有这么多朝九晚五？我们是奔着事情而来，你做的事情都是你该做完的事情。从公司的角度讲，对员工最大的保障就是公司不断发展和个人不断进步。

接下来我讲几点业务工作。

第一，我们做的不是新闻客户端，做的是一个内容平台。内容平台不是狭义的新闻平台，新闻只是其中一部分，我们要做资讯、电商、文娱，要打通消费。这些要一步步实现。同时，从运营的角度看，用户的规模，用户的活跃程度和生态价值变现，是运营中核心的三大问题。我们的运营同时也是产品和资本同步推进，前提是要把这三个关键环节、要素搞清楚。

第二，我们品牌价值诉求和品牌形象要正，要让听的人看的人记得住，需要我们去锤炼，不断在实践中总结。我们是围绕80后、90后年轻人来做的产品，调性要做足，特点、特性要做足，才更有竞争力。产品刚刚上线，要不断把产品做完善。

第三，从我们区域战略规划上来讲，首要区域是四川，先把大后方做好，再进一步向其他地方推进。在运营的时候，要有这个基本认识。

这是今天与大家沟通的基本内容，也是基本价值、原则、理念，出发的时候要明白这个道理，希望每个人都能理解。

这一次是单向输出，希望大家接受这些信号。今后建立在基本价值观的基础上，进行双向沟通。希望7月21日的时候，形式更多样，同时，公司也要建立各种兴趣小组，由行政部落实。只要大家好好干，付出的辛勤都会有体现，最终实现与企业共同成长。

第二节　行大道[①]

把封面日的活动放到8楼中庭来搞，一方面是因为我们人还不多，一方面是为了节约成本。我们是创业公司，所以该省的都要省，这是基本要求，因为我们现在还没有赚到钱，我们还处于很大的投入期。不管是从大小，还是从投入和成本角度讲，在中庭开会与我们现在的规模是匹配的，就像我上次说的，封面不需要最贵的，封面需要的是最匹配的。

一、行大道，坚持正确的价值观

2016年7月12日，中央网信办副主任任贤良视察封面传媒。他讲了一句话，我们为什么要给封面一类新闻信息资质，因为封面是四川日报报业集团办的一个新媒体，四川日报报业集团作为党报集团，是党的舆论主阵地。实际上我们在一开始就选择的是走主流舆论这样一条道路，一开始就得到了中央网信办、省委省政府、省委宣传部的关心和帮助。所以，我们这样一个企业从出生开始，就注定了它选择的道路是正道、大道，不是歪门邪道，不是旁门左道。这个我希望大家一定要记住。要正能量充沛、主旋律高昂，为广大网民特别是广大青少年营造风清气正的网络空间。什么是主旋律、正能量？我理解，我们的党、我们的国家、政府所倡导的、在抓的重点工作就是主旋律、正能量。还有社会主义核心价值观，这里面所包含的内容才是我们的主旋律和正能量。任贤良副主任还讲了一句话，封面要成为大家的“封面”，要成为全国新闻客户端的“封面”。这样一个要求很接地气的。所谓大家的“封面”，就是每个普通人都在使用；所谓全国新闻客户端的“封面”，就是要求我们走在前面，要做出榜样，做成典型。所以大家都可以看到，我们为什么能够这么快拿到一类新闻信息服务资质。这个资质对我们来讲是非常重要的，它代表各级主管机构对我们的

---

①　摘自2016年7月21日在封面日活动上的演讲。

高度认可。我们是西部第一家，全国第二家，这个很不简单。拿到这个资质，标志着我们不仅可以聚合信息，还可以原创信息。而原创不是说从网上粘贴点东西下来加工，就叫原创。原创是可以深入到事件发生的现场，包括重大的时政、社会、经济、文化事件的现场，去采访第一手资料，然后加工、发布。这个资质我们是第二家。很多客户端，它们都没有，它们只能做信息聚合，是第二类。所以我们从一开始包括整个发展历程，决定了我们选择行大道。这是我们公司今后不管怎么发展，都不可能背离的道路。坚持正确的价值观，坚持社会主义核心价值观，做到正能量充沛、主旋律高昂，这是我们坚守的底线。所以我们今天的讲话内容，我把这部分内容放在了讲话的第一个，不管你是做内容，还是做其他的工作，在你的岗位上都必须要遵循这个要求，这是非常重要的。如果我们偏离了这样一条轨道，将死无葬身之地。

二、互联网进入了下半场

从 1994 年算起，互联网已经来到中国 22 年了。这 22 年互联网发展过程的前半场，基本上都是属于跑马圈地、野蛮生长，发展得非常快。第一，互联网适应了人类社会的发展；第二，互联网在中国、在上半场时缺少制度、缺少规范，所以叫野蛮生长的时代。而现在进入下半场，有一些很重要的特点或者特征：第一，各种门类的互联网公司都很多，数量上很饱和。第二，管理上规范。在下半场，我们可以明显感觉到这些年国家层面对互联网的管理明显加强。对于互联网这一块，从国家管理的层面，最基本的要求就是安全、有序，没有安全、没有秩序，那么互联网本身也不可能得到良性、持续的发展。所以从这个角度来讲，互联网的下半场竞争会非常激烈，同时管理会非常规范。互联网的下半场是回归本质、回归真实。回归本质，就是回归到互联网它作为企业的样子；回归真实，破除上半场互联网的很多泡沫、很多虚构、很多概念、很多忽悠、很多吹嘘，回归它本来的一种状态。我们进入的时机的确是互联网下半场，面临的挑战非常多，面对的管理压力也非常大。在这样一种状态下怎么样做好封面，对我们要求很高。

三、好产品会说话

产品始终是我们公司发展非常基础、非常核心的一点。我们要做的产品是基于机器算法和人工干预的这么一款资讯产品。我们不是纯粹的机器算法产品，因为机器到现在为止还没有办法完全贴近人的需求，特别是对每个个体的需求，了解还是比较差的。但我们又必须借助于机器算法，特别是人工智能时代，技术和算法本身有也会产生新的内容，会提升我们内容的宽度。但是光有机器算法是远远不够的，因为机器理解一个人和人理解一个人是不一样的，人去理解人，我认为他会更顺畅。我举个例子，一个朋友跟我讲，他说在他岳父去世的那几天，天天都在搜索骨灰盒，从此之后，手机上的 App 每天都给他推荐骨灰盒。你想如果一个人每天打开 App 都给你推荐骨灰盒，心情肯定是很不爽的，所以机器有它的缺陷。我举这个例子是想说明，我们做的产品一定是附加价值的阅读、人工的编辑和干预，一定要体现一个产品调性。机器是没有温度的，但人是可以相互理解和沟通的。所以我们要怎么样在这两者之间做好产品的平衡，是非常关键的问题。而我们现在需要强化的，依然是人工的干预，包括产、编、推和呈现的方式，包括我们的原创、算法、聚合等这些方式，都会体现我们这个客户端后台和背后运营的人、运营的团队对这些信息的理解，包括对社会热点的准确理解，都是非常重要的。所以要强化内容原创，强化内容调性，强化编辑部和运营团队。而要做好一款产品，不完全是内容、技术团队的事，每个团队都和产品紧密相关。我们前阶段的重心和重点依然还是在产品上，在运营、销售等方面都没有投入更多的财力、物力和人力。我认为，有了好的产品，我们的运营、销售、品牌等环节才会更好、更自然体现出来。所以希望大家明白公司的方向，现阶段第一位任务依然是做好产品，不是其他的事情。

四、OKR 永远不会过时

上次开会我遇见一个企业，它也是一个互联网企业，它给我传递几条信息：第一，现在互联网企业都不考核，但是我知道他说的是假话。第二，以后机构和组织就没有了，都是自组织。它给我描述互联网企业的发展现状和未来的时候，我有点跟不上，我还是沿用传统的管理方法。我认为OKR 考核在我们公司必须要有，从 7 月开始试运行。OKR 考核每一个人都要有指标，因为我们团队有指标，而团队是由一个一个个体组成的，我们中的每一个人都是团队的一部分，所以整体的目标必须由每一个人的目标去分担。我也相信机构组织也不会过时，希望大家一定要明确。作为一个企业，求发展、求生存，你必须具有自我造血机能。什么叫自我造血机能，就是你一定要实现自我养活，这才叫企业，这样的企业才能活下去。

五、循规蹈矩，必死无疑

在这个红海领域竞争，在互联网的下半场，必须创新，只有创新才符合我们公司的使命、公司的愿景以及互联网的需求，这个是行业的规律。所以创新一定要体现在整个团队，体现在每个人身上。如果还是按照惯性来思维，按照套路来前行，是行不通的，必须改，改到我们公司的轨道上，不能再按照之前公司的做法、思路来。如果每一份工作，都需要公司的主管跟你讲，该怎么做，那就死定了。自己一定要主动地对标公司的需求，在自己的岗位上、在自己的工作中求创新、求突破。按部就班不行，循规蹈矩也不行。我们每个人身上都带有习惯性的思维，这可以理解，但是作为工作的要求，必须创新。

六、没有淘汰，团队就没有进步

我们是一个初创公司，半年时间需不需要淘汰？我认为需要。我们来的时候，大家都互相不了解，都是凭着一页简历、两次面试就敲定，但是这很不可靠，我们需要在工作中去检验，个人能不能适应这个企业的发展。当然这样的选择是双向选择，我选择了你，你也选择了我，我也可以不选择你，你也可以不选择我，就这么简单。作为一个企业，淘汰是打造团队十分重要的方法，所以我们的 OKR 考核和各项管理指标都必须与淘汰两个字发生联系。没有淘汰就没有团队的进步，没有淘汰也会影响我们整个公司的发展，这样对大多数人不利，对整个企业也不利。在我们公司必须有制度的约定，是非常刚性的。很多知名的企业，包括华为、阿里巴巴等，淘汰都是非常重要的一条法则。我也深受启发。

七、寻找理想与现实之间的平衡点

理想与现实之间的平衡点表现为两个层面，第一个是企业层面，第二个是个人层面。企业层面，我们重新联接世界的使命，我们打造引领人工智能时代的泛内容生态平台这样一个愿景，这些都是我们企业的理想，也是我们企业的目标。现实是我们必须实实在在、一点一滴、踏踏实实做起。我们必须把当天的工作落实到位，必须把自己的工作做好、做到位。理想很丰满，现实很骨感，现实与理想之间，距离非常遥远。我们每一个月，每半年，每一年的年度目标、年度规划，都必须体现这个平衡点。远大的目标都是由若干的小目标堆积而成的。公司的目标是由每一个员工的目标去实现和达成的。所以我们必须细分，细分到每个月、每天、每年，细分到每个小组、每个团队、每个人。我们这样一个企业，在理想与现实之间怎么样找到这样一个平衡点，既达成公司的愿景，又实现每个员工成长和进步的诉求，这是公司层面需要掌握的平衡点。而对于我们每个个体来讲，理想和现实之间也需要找到一个平衡点，而这个平衡点一定是在你的日常生活当中。比如说今天要加班和今天我想玩，怎么找到平衡，找到你个人的价值、成长以及你的现实需求。在这样一个过程当中，作为团队，作为整个公司所要求的与你个体的现实的需求，也是有距离的。包括你的薪酬，想每个月要两万元，但是公司只给我五千元，这差距很大，这怎么办，你干还是不干？这很现实。星期天要加班，但是星期天要在家带小孩，星期天要约会，怎么办？这些都是非常具体，而且非常实在的，能够触摸得到。所以这样一种平衡，我在想，一定要找到，我们每一个人都需要不断地适应、寻找这样一个平衡点。这样一个过程，我们不仅仅是付出了劳动，更给我们带来了心灵上的触动。很多时候我在想，我们既然来到这个企业，我们既然选择了这样一个目标，好好干要比左摇右摆强得多。坚持是我们找到这样一种平衡点最重要的一种心灵的契约。我们是需要坚持的。而这样一种坚持，是表现在你的日常工作上的点点滴滴，如果我们都能坚持做好自己的事情，如果每一个人的目标与公司的目标对接起来，那当然在立足于现实的基础上一定可以实现，在寻找理想与现实之间的平衡点过程当中，也会收获人生很多不可多得的快乐与幸福。那么回到我们最初的时候，我们说的是“行大道，坚持正确的价值观”，就有了起跳的平台。

所以，每个月的封面日都是我们能够更好地沟通与交流的一个特定的时间。我希望有更多的小伙伴，一起走到这儿来，分享你的心得，哪怕是一些矛盾纠结，包括一些心路历程。不要把这个分享封面日搞成纯粹的工作分享，也可以是我们生活的分享，也可能是某一件事对我们个体的触动而引发的一种感慨。因为我们在一起不纯粹是为了这一份工作，我们在一起需要收获我们的理想，达成我们的目标。我们在一起也是在战斗。茫茫人海当中，我们能够收获人生最宝贵的财富，那就是工作的友谊以及战斗的历程。

2016 年 9 月 21 日封面日，举行户外团建活动

第三节　坚定愿景不动摇①

2016 年 8 月有很多段子，其中有一个我记得很清楚，最败家和最兴家的方式。最败家的，排在第一位的是卖房创业，第二是卖房炒股，第三是炒股，第四是创业，第五是吸毒。而兴家的方式，前三位分别是在北京买房、在上海买房、在深圳买房。这个段子让我有很多感触。我们现在说大众创业、万众创新，每个人都是创业者，全国都在做创业的事情。这个词用得有点滥。创业，什么叫创业，从广义上说，每个人都在创造属于自己的那份业绩，每个人都在创业，我们就都没有创业。任何一个东西都庸俗化，就是灾难。所以我在想，什么是创业、创新、创造，要全新地思考。创业本质的特征是要为社会创造独特的价值。只有独特的、唯一的才能是创业、创造、创新。现在社会上有很多重复、跟风、模仿的，因为中国人喜欢。十多年前到欧洲学习考察，听到意大利人很讨厌温州人。因为他们把皮鞋市场搞乱了，市场上全都是假货，连正宗和假冒的都分不清楚了。而且假货还做得很真。听老外介绍，我们无地自容，感觉很可耻。我们现在要走独特的道路，做不一样的事情。只有这样，我们才是创业者、创造者、创新者。

一、做生态平台，坚定愿景不动摇

我们是做引领人工智能时代的泛内容生态平台，这个愿景要坚定，必须毫不动摇。“做一件好事不难，难的是做一辈子好事。”所以我们在出发的时候，开始的时候，坚持这一份初心很重要。在这个泛内容生态平台里，媒体、电商、文娱等，都是这个泛内容的重要组成部分。当然，我们要做的第一个，还是泛内容里面的媒体属性，包括封面新闻、封面号、封面智库、封面舆情等。这是由我们的出身决定的，同时，资讯也是泛内容生态

① 摘自 2016 年 8 月 21 日在封面日活动上的演讲。

平台最重要的基础内容。但接下来，我们要接着做内容电商，还有包括我们的文娱等，通过自建、资本合作等，做很多可能性，更要打通消费。公司每位员工都要明白这个道理。

二、我们依然处在最好的时代

上次分享时候说过，我们进入了下半场，互联网 20 年的发展，进入下半场。如果下半场还有 20 年，20 年时间对我们来讲，足够完成一件很漂亮的工作。我们处在这样一个时代，与上一个时代有很多不一样，包括经济下行压力在持续加大。同时，国家对互联网管理进入了更加规范的时期。在这种背景下，我们作为一个刚刚起步的公司，一开始就要求我们要规范，要把握主体责任，在这个条件下，我们怎么去创造，我们怎么样去突破它，我们如何认识我们所处的这样一个时代。为什么我们处在最好的时代？因为这个时代给了我们很多机会。机会一定是变局中才有的。这样一个时代给了我们很多机会，互联网这个行业依然是处在上升的通道。从我们整个国家层面来讲，高度重视互联网和信息产业，政府为积极拓展互联网产业市场提供了强大的支撑。传统媒体和新兴媒体融合发展这样一个命题提出来之后，全国上下都处在蓬勃发展的态势当中，各级政府都非常关注。特别是封面传媒这个项目，从一开始就是一个重点项目，我们一直处在利好政策当中。虽然我们是互联网的下半场才出场，但是出场一开始就受到了很多的关注，我们依然处在一个最好的下半场。

三、公司的管理一定要更加扁平高效

我们是一个初创的 150 人的小公司，一开始就应该防止出现大公司病：层级太多。所以我们的信息沟通、管理架构一定需要更加扁平。公司的行政序列只有三层：高管层、主管层和一般层，但是从信息传递角度最多只需要两层：管理层和员工层，中间不要有太多过滤。这些信息，更多应该来自市场、来自用户，而不是经过分析、加工、梳理、过滤的信息。公司各位总监和其他管理层人员，不要产生任何抵触。对于我们今天来讲，当我们还没有发展成一个大公司的时候，我们要实实在在、心甘情愿、名副其实做一个小公司，让信息畅通起来，让利益诉求的表达畅通起来，把每一位员工的积极性都调动起来，要通过其他更多的方式来保证、促进沟通的畅通。

四、在火热的一线锻炼成长

封面的每一位员工，都要深入一线工作中进行锻炼，这是员工成长的重要法宝。管理岗位不能“高高在上”，要做工作的协同者，协同推进工作，心态、观念与一线保持一致，才能了解和把握公司的脉搏。与此同时，要让更多人加入一线的队伍当中进行“磨炼”，包括行政、人力部门的所有员工。只有在一线工作当中，挖掘和培养公司的管理者，才有竞争力、说服力。包括公司所有高管在内，都要与一线保持紧密的“黏合度”，深入具体业务工作，不能只是“指手画脚”，隔岸观火，要扎扎实实打好公司的根基，包括人才队伍基础，继续发展才能取得成效，150 个好种子才能生根发芽成为参天大树。

2016 年 10 月 21 日“封面日”，开展体育活动

五、遇见你们是我一生的荣幸

封面传媒的创建是我人生当中唯一一次创业，倾注了全力，无论何时都心系封面。从 2015 年招募第一个员工开始，创业一路走来，最核心的一点是与你们这样一群年轻、朝气蓬勃的团队、创始人、协同者同行。每一天你们都能给我带来最新的信息和能量。每位员工都是通过层层 PK 面试加入，是一支非常优秀的团队。所以，遇见你们是我一生的荣幸。每位员工都来自不同的地方，有着不同的工作经历和背景，带着不同的诉求和目标，我愿与大家一起共同创业、创造，把“败家”变“兴家”。

第四节　肩并肩，更努力[①]

2015 年 10 月 28 日，封面传媒成立并面向全球招募人才。2016 年 10 月 28 日，150 人的封面团队热火朝天，完成了封面新闻 2.0 迭代上线。在封面新闻上线试运营半年的节点，我们公布部门设置、部门职能及部门负责人，标志着封面传媒运营正式启航。

这一年，每当我走进 8 楼办公区，都感受到封面小伙伴创业的热浪。年轻的力量在奔涌，青春的希望在生长。这一年的创业艰辛，都留给了风。我们把希望留给了未来。

一、面向未来，我们要坚持定位与特色

封面新闻 2.0 提出“引领亿万年轻人的生活方式”，这种定位与“正能量、年轻态、个性化”的封面特色一脉相承，就是面向 80 后、90 后年轻群体，就是面向新兴主流人群。我们要突出“年轻用户的差异化选择权利与个性化表达兴趣”，着力提升公共新闻和泛文娱的内容特色，围绕年轻人打造新生代的互联网资讯产品，为年轻人服务，与年轻人共成长。

我们要以“智慧”解决“智能”的短板，做“智慧 + 智能”并重的“智媒体”，更好体现价值观引领下的算法与推荐，解决当前算法带来的“信息过载”和“信息过窄”问题。这是封面新闻的不同，即强调价值观主导下的价值驱动，强化价值联接，赋予新型主流媒体正确前行的方向。

二、面向未来，我们要坚持使命与愿景

不忘初心，方得始终。在 5 月 4 日上线前的第一次员工大会上，我们提出了封面的使命是“重新联接世界”，愿景是“打造引领人工智能时代

---

① 摘自 2016 年 11 月 4 日致封面传媒全体员工的内部邮件。

的泛内容生态平台”。这不是空洞的口号，而是都有着实实在在的内涵。我们的一切工作都要以使命和愿景为指引，朝着这个目标去努力。

以科技为核心驱动，以原创为显著特征，以用户为动力源泉，以资本为强大支撑，以分享为价值基点，是实现使命的五大战略路径。媒体、文娱、电商是我们构建生态的三大领域，要沿着泛内容曲线，形成多元化、可持续的商业模式和营利链条，形成商业生态圈，重新定义人与信息、人与商品、人与服务以及人与人的联接方式。

三、面向未来，我们要坚持价值观与文化

我们提出以“创业勇气、创新精神、创造禀赋和超常付出”作为企业精神，塑造“信念坚定、敢于创新、勇争第一”的封面铁军。我们要坚守这些价值观，不断丰富“快乐向上、充满力量”的封面文化。

在价值观与文化中，最重要的是协同力。这里的协同，包括产品、技术、运营、内容等各部门间的协同，包括公司与《华西都市报》、与华西传媒集群各单位间的协同，也包括我们与合作伙伴的协同。我们要建立简单高效的沟通模式，提高沟通的效率，提升我们的执行力和突破力，做到心往一处想，劲往一处使，持续提升团队的创造力、创新力。今天公布的各部门负责人，是在半年试运营后，管委会做出的慎重决定。希望大家勇做敢于担当的封面人，争做协同、创造、创新的表率，带领团队冲在最前面，为实现使命与愿景建功立业。

各位小伙伴，我们已经出发。在路上，肩并肩，更努力。

第五节　你鼓舞了我①

封面已经走过一年，刚才两位同学作了非常精彩的分享。TOM分享了他作为第一个员工的故事。封面就是这样，由一个人、两个人、三个人……再到今天的150个人，这样一个一个汇聚到一起。当初什么都没有，我们在不断摸索、不断试错、不断纠偏、不断优化的过程中一路走来。感谢每一位到封面来的员工，尤其感谢能够一开始就到封面的员工。历史没办法重新改写，第一个员工就只能是TOM，但是希望今后能够有更多的“第一个”在我们的团队中产生。“小茗同学”是最近一个到公司报到的员工，从他的视角跟大家作了分享。两位同学的发言都令我相当感动，所以我跟大家分享的主题就是“你鼓舞了我”。刚才也跟大家分享了关于这个主题的MV。当我听到这首歌的音符，尤其是看到这个视频时，就被主人公深深感动。他作为一个57岁的大爷，参加荷兰唱歌比赛，一路过关斩将，得了第一名。视频以街头艺术的形式呈现，通过直白、有力量的音符，

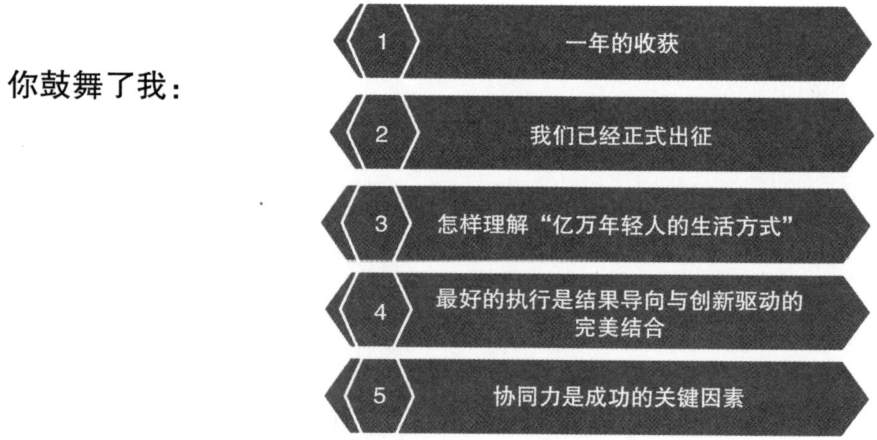

作者在2016年11月封面日活动上的演讲PPT要点

① 摘自2016年11月21日在封面日活动上的演讲。

让这个主题无形之中增添了氛围。就是这样的主题，这样的街头表演，对比强烈地描述了一个人的一生，一个企业从初创到成长的过程。在这个过程中，需要互相激励、互相携手。

一、一年的收获

这一年，大家都有很多收获，公司也有很多收获。对我个人来讲，是在这一年中经历了很多痛苦，很多挑战，是我这一生最具挑战性的一年。以前也有很多挑战、很多困难，但那些挑战和困难有成功的模式可以参考。今天我们所做的事情，没有一个现成的路径可供参考，只有在努力试错的过程中去探索新路。这种痛苦在于，压力虽然有外在的，但更多的时候来自我们的内心，因为我们想尝试走一条不一样的路，我们承载着太多的期待。我们要做不一样的自己，不一样的封面，于是就有了自己对自己的挑战。只有这样，才能更大程度地超越自己。如果没有对自己的严格要求，你就没有压力，你就不可能走不一样的道路。所以才会不断经历痛苦，不断经历挑战。对于公司来讲，一年的收获，可以从封面的宣传视频、文化展示墙和公司的品牌产品中看到，其中既有各级领导的亲切关怀，又有产品矩阵的升级与完善以及各类奖项。但是公司最重要的收获，就是我们封面的各位小伙伴。封面最核心的资产，就是我们的团队。虽然我们还不完美，还需要不断修正、不断进步，但我们能够为了一个目标走到一起，我们之间能够不断去沟通，去理解，去信任。我们不断克服自身的弱点，不断追求新的进步，不断取得新的收获。

二、我们已经正式出征

公司从项目成立，到封面新闻 1.0 版本上线，再到 2.0 版本迭代，标志着我们已经正式出发。这种正式的出发，意味着我们做的每一件事情不再是试运行时的状态，不再是随意的，而是每件工作都要经过严格的程序，包括市场调查、内部讨论、充分论证等，都按完善的、正规的流程来做。

所以我们在公司成立一周年时，对公司的部门进行框定和修正，对各部门负责人进行了任命。在 11 月 4 日，我在公司内部给每位同学写了一封信，表达了我们已经正式出征的祝愿。我们要以非常正式的心情，来做每一件事情，必须经得起市场的检验。这种正式的出发，意味着我们必须考核，每一个员工必须与公司的目标、部门的目标、岗位的目标直接挂钩。我们的每一份收获，每一份努力，必须有目标，必须有考核，必须对结果负责任。正式的出征，实际上是一种责任，是一种对结果负责任的态度。

三、怎样理解“亿万年轻人的生活方式”

封面新闻 2.0 版发布时，我们举办了一个 2016（中国）C + 移动新媒体大会，把封面新闻 2.0 版定义为“亿万年轻人的生活方式”。但是怎么理解这句话，每个人有不一样的阐述。我们想凸显针对年轻群体，强化正能量、个性化、年轻态的产品标识，拓宽泛文娱的生活方式。什么是生活方式？除了吃喝拉撒，年轻人喜欢什么，年轻人的生活中应该有什么，都需要我们进一步认识和清晰。希望这句话能引起大家共鸣，引发大家思考。接下来，我们要在公司范围内来探讨对年轻人生活方式的理解，你认为年轻人的生活方式是什么？其中最核心、最关键的是什么？希望每一个员工都参与进来。我们可以罗列 100 条年轻人的生活方式，按照优先级进行排序，最终达成公司对年轻人的生活方式的理解。这件事情交给产品部，由产品部负责牵头组织，对“亿万年轻人的生活方式”进行梳理，给出准确定义。

四、最好的执行是结果导向与创新驱动的完美结合

出征就必须对结果负责任。任何人、任何企业如果不对结果负责任，那就是扯淡。每个岗位都必须对这个岗位的结果负责，结果就要以数据说话，不谈数据就没法对结果负责任。公司对每一个人负责任，是体现在数字上；每个人对公司负责任，也必须体现在数字上。没有一个量化的考核，

我们都不可能走很远。所以最好的执行，就是在到达这个数字的过程中进行创新，将理论与实践相结合，将别人的经验和我们的实际相结合。我们说从 0 到 1 是最难的，但是复制性的创新，也就是创造性模仿，是相对容易的。尽管想象可以天马行空，但这样一种创新，必须结合我们的实际，必须强调数据，结果导向与创新驱动的完美结合，才是最好的执行。

五、协同力是成功的关键因素

在 11 月 4 日我写给大家的邮件当中，专门有一段强调了协同力。在公司的价值与文化中，最重要的一点就是协同力。协同力就是齐心协力，就是为了一个目标互相尊重、互相沟通、互相商量，然后产生聚合效应。我们现在人多了，部门也多了，如果各自为政，互相之间不往来、不沟通、不配合，那我们就不可能产生协同效应，不可能解决前进中面对的问题。所以，在成功的过程中，协同力是最关键的。一个产品的诞生，既需要产品、设计、技术的参与，也需要内容、运营的参与，各种各样的工种都要汇聚到产品生产上来。以原创内容生产为例，对应到公司的目标、公司的定位，都要围绕"年轻人的生活方式"来策划、组织，不一致的就要纠正，不是我们需要的就要放弃。围绕这个目标，各个环节的部门要产生一致性。包括公司与华西传媒集群各单位，与集团，与外在合作伙伴怎么产生协同性，也需要我们来解决。但只要我们有一个共同的目标、共同的价值观，我们就可以有很好的协同。希望大家更多地放弃小我的自己，把自己放在整个公司的层面上，站在公司的层面上来思考问题。每个人都有个性，每个人都很有想法，但在公司的层面上，我们每个人都需要舍弃一些东西，需要互相围绕公司目标取长补短，更好地沟通，更好地协同，与公司共同发展。

一年很快，虽然走得很艰难。在新的一年里，希望我们每个小伙伴都能按公司的基本要求做好我们每一个自己，做好封面的协同人。我们需要团结，需要互相鼓舞，需要互相携手，尽快地以奔跑的姿态来达成我们的小目标，那就是做亿万年轻人的生活方式。

第六节 年轻的力量在生长①

每年到这个时候，我们都要以年度榜样的形式致敬过去，砥砺明天。我们将隆重表彰47件作品和项目、60位先进个人。在时间的叙事里，当下连接过去与未来。追寻奋斗一年的记忆，重温共同迈过的足迹，正是为了脚踏实地走好今后的每一步。这样，即使我们走得再远，也不会忘记走过的路，不会忘记为什么出发，不会忘记各位小伙伴做出的贡献。在此，我要深深地感谢为华西、为封面、为用户奉献优秀作品和辛勤劳动的小伙伴们。因为有你们，在如此艰难的一年才取得了如此不易的成绩。我要为你们鼓掌！你们无愧于今天的荣誉和掌声！谢谢你们！

有人将2016年的关键字总结为“变”。经济供给侧改革、网络人工智能化、媒体全球性演变，有进有退，有生有死。22岁的《华西都市报》这一年留下的身影，则是一种稳重、坚定和开拓的“变”。全面求变之下，吐绿的希望在迎风绽放，年轻的力量在强劲生长。

22岁通常是一个大学生从“象牙塔”走向社会的年龄，意味着要独立自主，要接受考验，要面对更加残酷的环境，接受适者生存、优胜劣汰的洗礼。对于都市报来说更是如此，作为中国第一张都市报，我们在22岁经受住了大考。新闻报道先后获得中宣部《新闻阅评》和省领导肯定，多篇报道获得全国、省级好新闻奖，新年伊始报纸改版广受好评，报纸走出国门打造《华西都市报·韩国版》；经营工作迎来难得的“风景这边独好”，利润超过目标任务，活动经营量增长158%，新媒体经营量增长145%；发行改革大刀阔斧，逆市提价顺利推进，变“一条腿”走路为“两条腿”走路，发行量稳中向好；新媒体平台建设强势推进，集团重磅打造的重点工程、封面传媒核心产品——封面新闻App上线，成为“内容+技术”的新生代客户端，向打造全国领先的新型主流媒体迈出坚实一步；品牌影响力继续提升，世界媒体500强排名再创新高，上升至全球第357位，中国500

① 摘自2017年1月20日在《华西都市报》与封面新闻年会上的发言。

2017 年 1 月 20 日,《华西都市报》与封面新闻年会，表彰 2016 年度先进作品、项目和个人

最具价值品牌上升至 128 亿元。

22 岁，我们直面压力，逆势向前。过去一年，我们遭遇的挑战空前、压力空前，传统媒体持续下行、新兴媒体红海破浪。在集团党委的坚强领导下，22 岁的《华西都市报》始终保持不变的信仰，始终怀揣不变的初心，逆势向前、劈波斩浪。新闻传播力持续增强,《天府清风》等专栏和报道赢得各方点赞,《五保户请村干部吃饭》《村支书导演“哈儿结婚”》等报道彰显舆论监督力量；报纸竞争力大幅提升，继续保持领先优势，成都双遗马拉松、“遇见未来 · 凯文凯利巅峰对话”再次刷新活动营销模式；媒体融合力跨越发展，封面新闻在国家新闻出版广电总局的媒体融合路演中获评第三名,“封面直播”成为新品牌，华西—封面成为网络热词。

22 岁，我们如同初生，坚定转型。媒体生态演变的风暴中，我们没有退缩、没有躲闪、没有茫然，找准转型方向，坚定奋进脚步。重压之下，重新出发，奋力向上。我们构建了全新的互联网媒体，封面新闻在 5 月 4 日上线 1.0 测试版，走在机器学习算法的前沿，拥有国家互联网新闻信息服务一类资质，向着构建引领人工智能时代的泛内容生态平台强势进军；10 月 28 日封面新闻 App 2.0 迭代运营，进一步强化“因人而异”的技术支撑，打造“智能+智慧”的智媒体，构筑亿万年轻人的生活方式。我们全面推进集团党委确定的华西传媒集群转型发展战略，确立了“双品牌”支撑、“双引擎”驱动、“多点多元”布局的工作思路，发行转型、内容转型、经营转型、集群各单位转型全面系统推进，不遗余力地重新定义都市报。

22岁，我们自我革新，全面重塑。逆势之下，“华西铁军”阵脚没有乱、步伐没有慢，大力推动队伍的重构再造，成为融合转型的内生动力。我们重塑了队伍结构，以集团第六轮续聘竞聘为契机，转型观念，重构岗位，优化机制，再造能力，推动队伍全员转型；我们引进了新鲜“血液”，调整了一批年轻、有冲劲、有想法的员工到中层管理岗位，组建了一支更富战斗力和竞争力的全新队伍，技术人才成为队伍的重要组成部分，成为融合转型的强力驱动；我们坚持弘扬“华西铁军精神”应对严峻挑战，在封面传媒营造具有“创业勇气、创新精神、创造禀赋和超常付出”的团队文化，为攻坚克难提供了有力支撑。

2016年已经过去，2017年还会经历怎样的“遇见”？对处于转型期和创业期的《华西都市报》和封面传媒而言，我们将继续行进在新征程上。实现伟大的理想，从来没有平坦的大道可走，还需要持续让年轻的“洪荒之力”强劲迸发、不竭生长。

一要更坚定，稳中求进筑梦前行。1月19日召开的集团党委扩大会议，已经明确地指出坚持稳中求进的工作总基调。“彰显《华西都市报》品牌影响力，强势打造封面传媒，优化集群各单位发展定位，以双品牌为支撑、双引擎为驱动、多点多元为布局”就是我们的路线图。在涉险滩、越激流的路上，我们必须坚持有稳有进。《华西都市报》要保持发展势头的稳，改革措施的稳，经营规模的稳，同时在品牌影响上求进，在精神状态上求进，在融合转型上求进；封面传媒要以进为主，快速在产品创新上求进，在技术引领上求进，在用户规模上求进，在市场效益上求进，知难而进，奋发有为，以进促稳。前进路上，不论河入峡谷，还是风过隘口，我们都要坚定方向，不忘初心，在百年未有之传媒大变局中行稳致远，筑梦前行。

二要更协同，深度融合再闯新路。华西—封面深度融合是2017年的重点工作，没有之一。要大力推动华西与封面一体化发展、一盘棋整合，更加强化协同力。要持续创新融合路径、融合模式，打造融合样板、融合标杆。要坚持移动先行的工作思路，把快速做强封面新闻作为重中之重来抓；要持续打造移动信息服务矩阵，做强封面号、封面舆情、封面智库、封面电商、封面数据、封面娱乐等系列产品，着力构建泛内容生态平台；要持续推动采编发流程再造，正确处理“统”与“分”的关系，探索建立科学高效的“统分”机制；要全力抓好融媒体中心建设，完善工作平台、建强技术支撑体系、建设全媒体内容管理系统、建设传播效果监测反馈系统；要强化全媒人才培养这个支撑，进一步完善考核机制，持续打造全媒记者、全媒编辑、全媒管理人才。时间窗口期很短了，要务实推进、加快推进，推动“双品牌”融为一体、合而为一，尽快从相“加”迈向相“融”，倾力打造全国领先的新型主流媒体。

三要更坚韧，铁军精神助我远航。时间不会暂停和倒转，压力不会停止和消失，新征程没有中场休息。站在新的起点，我们要坚持弘扬“目标高远、信念坚定、纪律严明、执行有力”的铁军精神。无论是《华西都市报》的深入转型，还是封面新闻的创业成长，都还有很长的路要走。通往星辰大海的路上，一定是风浪相伴、颠簸随行。既有“双线作战”的艰

2017 年 1 月 20 日，在《华西都市报》与封面新闻年会上，员工自编节目展示企业文化

辛，又有转型创业的艰难，还有更多的“蓝瘦，香菇”。诸多矛盾问题叠加、各种风险隐患交汇，我们必须牢牢树立高远的目标追求，向着构建新型主流媒体去努力；必须时刻保持坚定的理想信念，去承担更多常人无法想象的压力；必须不断强化严明的铁军纪律，自觉守住制度的底线；必须坚决确保有力的工作执行，把各项战略落实到位。我们要不断重温铁军精神，丰富铁军精神，弘扬铁军精神，以此来迎战残酷的外部环境，书写通往未来的最佳答卷。

亲爱的小伙伴们，展望未来，光阴似水，雄关如铁。打造引领人工智能时代的泛内容生态平台征途漫漫，建设全国领先的新型主流媒体任重道远。我们唯有弯下腰，撸起袖子，学着农夫的模样，让汗水洒满麦地，才能听到那些拔节的声音欢喜地生长！

第七节　速度与激情[①]

最近看了《速度与激情 7》，受到了很大的感染，也受到很大的启发。一部电影可以连续拍到第 7 部，2017 年拍到第 8 部。一班人马、一个故事可以讲这么久，而且每部片子都很火。给我的启发是，做一件事情，最重要的是坚持。只要有了好的开头，好的方向就要坚持。同时，同一个团队从 1 到 8，为了拍电影走到了一起，走了这么久，反映了一个团队经历了风雨，经历了喜悦，更加说明了团队作战的重要性。同时，这部片子的主题曲 *See you again* 献给了因车祸去世的主演 Paul Walker，让人深受感动，意味深长。这首歌还是这个团队最好的写照，这个团队一直坚持、互相帮助、携手共进，才创造了电影界的一个奇迹，值得尊敬。希望能给封面的小伙伴做好以后的工作提供借鉴。

作者在 2017 年 2 月封面日活动上的演讲 PPT 要点

① 摘自 2017 年 2 月 21 日在封面日活动上的演讲。

一、封面—华西深度融合，是历史使命，也是战略选择

封面和华西的深度融合，这是我们2017年非常重要的工作，也是重头戏。这是一个顶层设计，推进传统媒体和新兴媒体不仅是融合发展，而是深度融合，从“相加”走向“相融”。推进这个工作，有很多一体化、一盘棋的安排，需要一件一件地去落实。大家一定要从战略的角度，从历史使命的角度来领会深度融合，希望大家都能够认真学习中央深度融合的精神，认真把握其中的关键环节。我们没有其他选择，必须推进封面和华西的深度融合工作。封面新闻作为新媒体、《华西都市报》作为传统媒体，不管是品牌、资源、载体、平台等都具有自身的优势与短板，所以需要集合双方的优势，做“优势+”，这是深度融合的本意。我们在体制设计、组织架构设计、流程改造、机制的创新上面都必须匹配“优势+”，要符合“1+1>2”的基本取向。我们每个人都要做好认识上的准备和能力上的匹配，每个人都要参与到深度融合的重点工作当中来。

二、亿万年轻人的生活方式，不是标签，而是努力的方向

需要再次给大家强调一下，我们封面新闻客户端的定位：亿万年轻人的生活方式。2016年10月28日，封面新闻2.0版本迭代时候，确定了这个定位。它不只是对外推广的标签，而是我们具体工作所需达成的目标和方向。虽然这句话每个人的理解不同，但作为我们这支团队，应该有一致的理解。那就是在客户端上，呈现的是更加年轻、更加潮流、更加符合年轻人行为方式的内容。亿万年轻人的生活方式不能狭隘地理解为吃喝玩乐，时政、财经、阅读、健身、工作、学习、思维模式等等都是生活方式，我们要更加广义地理解，更加广义地为用户提供这些服务。

三、正因为不完美，才有你施展的机会和空间

如果封面现在非常完美，已经做得很好了，也就不需要你了。正因为

我们的产品、管理、制度、机制等方方面面的工作还有很多的缺陷、有很多的缺点，所以才相聚于此，作为创始人，作为开启新未来的一分子，才有施展的机会和空间。我经常对自己讲，如果一个单位做得很好了，肯定没有我的机会。我从来都不是那么幸运的人，比如在各种抽奖中都没有抽到奖。因为没有天上掉馅饼，所以才有我们的机会。所以每个人都应该抱有基本的态度，我们来，我们努力了，我们贡献智慧了，单位才有更好的发展和未来。所以我们来，才需要一起共同改变，共同为单位、产品做出自己的贡献，才能体现我们的价值。

四、你所谓的稳定，只不过是在浪费生命

有时候在跟年轻人沟通时，他们有很多幻想，比如许多年轻人想去找一些所谓的稳定工作。稳定和不稳定，是当今年轻人选择职业时重要考量的两个极端，一个是要找稳定的工作，一个是要找不那么稳定但富有挑战的工作。但我告诉你们，如果你在年轻的时候就想追求稳定，那么你的未来一定是不稳定的。因为这样一种心态就注定了你不会在年轻的时候把提升自己的竞争力和能力作为第一目标。在年轻的时候都不愿意拼搏、去奋斗，去提升自己在现代社会中生存和发展的能力，那么未来一定是不稳定的，一定是在浪费年轻的生命。所以我希望大家，一定要有不断拼搏、不断增强自身竞争力的想法，只有这样才能在社会当中争取到立足之地。

五、在不确定的世界里，唯有不断改变

不确定的世界，是现在社会的主基调。在这样的主基调中，我们从2016年5月4日1.0的测试版上线，不断地调试、不断地改变、不断地优化产品、管理、制度设计、流程改造、整个团队的能力等，不断改变，才有了今天这样的产品。不断地改变，意味着在2017年我们还有更多的事情要做，比如产品的不断升级迭代，合作伙伴运营力度的深入推进等。在这

样一个不确定的世界里面，改变是持续的，是与时俱进的，包括对员工的激励制度，都要不断地探索和改变。唯有这样，才可以在这个不确定的世界里，让我们的产品有更大的市场，让我们的团队有更大的进步，让封面新闻有一个更好的发展。

第八节　金牌不会长在树上①

今天在这里跟大家分享的是《摔跤吧爸爸》这部电影的励志故事，这部电影不纯粹是部励志片，更是打破世俗的偏见、实现成功和梦想的好电影。今天主要跟大家分享怎样去努力，怎么去奋斗，如何来实现我们的梦想，如何来达成我们的目标和愿景。

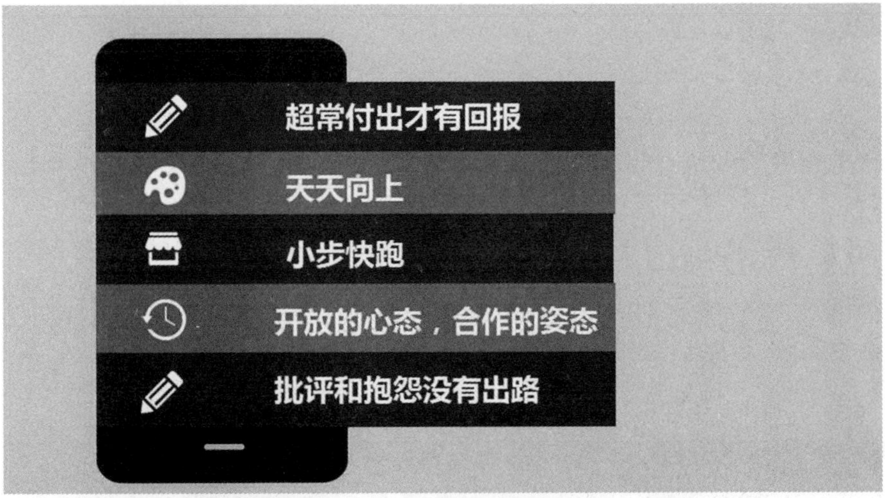

作者在 2017 年 5 月封面日活动上的演讲 PPT 要点

一、超常付出才有回报

我认为只有超常的付出才会有回报。付出就会有回报，这句话是不对的。因为现在竞争非常激烈，一般的付出等于没有付出也就没有回报，只有超常的付出、超常的努力、超常的拼搏，才会有回报。《摔跤吧爸爸》这部片子里面有一句话“金牌不会长在树上”说得非常到位。在印度，女性

① 摘自 2017 年 5 月 22 日在封面日活动上的演讲。

要做到成功，她们除了有超常的付出之外，还必须战胜和克服社会的偏见和歧视。这是非常难的。

超常的付出，“超常”二字非常重要。我们要达成目标和愿望，没有“超常”二字是不可能的。大家不要想着朝九晚五等这样很有规律的生活。我们还需要有强大的内心，要有超强的抗压能力等，这些都体现在“超常”两个字里面。这世界上没有随随便便的成功，任何成功的人、成功的团队、成功的事情都离不开超常付出。要检验我们能不能达到成功，首先要思考自身有没有超常的付出和努力。公司的规则与要求，是最低的一种要求与规范，你要检验自己的付出是否在这些规则之上。如果没有，就没法取得成功。

二、天天向上

我们封面新闻3.0迭代上线，我希望告诉大家一句话：如果我们能够保持每天有一点进步哪怕一小点进步，可能我们都会抵达胜利的终点。我们不奢求一步能达到目标，这也不可能。我们只需要追求每一个人的进步、每一天的进步、每一件事情的进步、每一个项目的进步，这样就好了。

2017年4月21日“封面日”，封面传媒庆祝封面新闻上线一周年，在户外举办团建活动

最近我关注了封面客户端上的一些实际效果，包括阅读数、评论，在网络上传播效果还是比较好的，包括原创、编译、直播等。不管是图文的、直播的以及短视频，每篇文章、每个作品都有一个好的传播效果，客户是能够看到的。所以我们需要追求的是如何做好手上的每一件工作，哪怕是很小很小的一件事情，我们能不能做到极致，我们能不能做到最好。这样我们每一天的进步、每一个人的进步加起来就是我们整个团队的进步。我们既要有高远的目标，更要有脚踏实地的作为，希望大家认认真真地做好每一件事情，过好每一天，这是非常重要的。

三、小步快跑

小步快跑对我们这样一个互联网产品来讲是非常重要的。微软小冰说他们一周迭代一次，这就是他们的小步快跑。刚才我们的同学也分享了，我们在这一年当中迭代了 27 次，这样一种小步快跑对我们来讲至关重要。速度是互联网产品非常重要的一个标志，我们需要追求的就是速度，就像我们做新闻一样，一定要追求第一时间、第一速度。在速度快的前提下，只有不断迭代、不断优化、不断提升、不断总结，我们才可能在整个 App 红海里有立足之地。所以不管是我们的产品技术团队、内容团队还是运营团队、销售团队，都要有这种理念，都要做到小步快跑，共同推动产品不断迭代升级。

四、开放的心态，合作的姿态

开放与合作是我们整个项目布局的重要理念。我们不可能关起门来做事情，不可能不对外进行合作。开放合作是我们的基本态度，所以我们从一开始就与 BAT 等互联网公司在谈，不管是战略性的还是资源性的以及其他方面的合作。这里有一个很重要的前提，就是我们团队的心态很重要，任何事情没有一个好的心态、没有一个正确的心态，都不可能做成。如果我们封闭起来，自以为是，自我感觉很良好，都不可能成事儿。所以，在开放合作这个领域里面，就是要放低我们的姿态。我们的身段一定要放低、放低、再放低，不管你是什么团队，不管你在什么岗位，都要放低身段，在与人家合作的过程中强化学习、提高技能、开拓视野，追求双赢和多赢。我们跟微软小冰的全面战略性合作，就是这种理念指导的结果。我们仅有小封还不行，必须引入小冰。小封与小冰怎样在各种产品上面友好地相处很重要，这既是战略又是战术的问题，所以我们要做好。比如党代会报道与阿里 UC 的合作，也是这样一种开放的心态，运营团队一定要加速推进我们的内容和产品在全网的推广，特别是非资讯网络平台的推广。我们整个团队都需要这种开放的心态。

五、批评和抱怨没有出路

批评和抱怨没有出路。类似的话我以前也讲过，但是最近看到马云的一段文字很有感触，我在自己的朋友圈里分享了这段话。马云说，我们觉得批评是容易的，批评必须拿出建议。阿里巴巴的文化是你要想批评可以，但是你要拿出建设性意见来，骂人谁不会骂，你抱怨我们不会怪，但是你天天抱怨，肯定有老板跟你说，你到底什么情况。抱怨也得有正能量，你瞎抱怨觉得这个不好，那个不好，那你就应该选择离开这个公司。

实际上我们整个公司文化是从都市报延伸出来的一种文化。我们封面这个团队既有都市报的文化基因传承下来的，又有小伙伴加盟带入的一些文化。在这些文化相融的过程中，我们需要的是各位与公司同心同向同步同调，不是离心离德。如果你到这个公司来，做什么事情心态不好，那你做不成事情。你必须有积极的心态、正能量的心态，这样才可以做好事情。如果你成天抱怨这也不好那也不行，那我想你什么事儿都干不成。

我们来自五湖四海，走在一起是为了一个共同的目标，更需要的是协同力，多沟通、多协调，协调各方力量，有效沟通，相互理解，共同把事情做到最好。批评和抱怨是没有出路的。

第九节 文化和精神决定我们走多远[①]

时光真是太匆匆，感觉还是刚开年，转眼就到了半年的节点。有时也很伤感，时间太无情。我的心态依然是刚到《华西都市报》时的心态，感觉好像还在 1995 年，但是容颜已衰老。时间给每个人带来的是无情的打击，它不断提醒你走在衰老的路上。但对在座的小伙伴来讲，时间在提醒你们，你在慢慢地成长。半年的节点，公司会开各种总结会。借用这个时间，跟大家沟通一下。今天的封面日，邀请了报社班子成员、部门负责人和骨干员工来列席。“封面日”是我们确定的封面传媒沟通交流的日子，沟通有很多方式和形态。到现在为止，封面日有了迭代、有了升级，现在我更愿意把“封面日”定义为我们的课堂，我们的学校，但这里没有老师，没有学生，大家一起分享，一起学习，分享学习成长中的苦恼和体会。只有这样，才可能共同进步。

一、初心不改，一直向前

最近朋友圈流传一张图，叫《中文互联网舆论场的平行宇宙》。我不想过多地评价这张图，但大家都可以看到这张图上的产品，都是有影响力的大产品。他们刚传给我的时候，我不知道什么意思，但我仔细一看，发现了“我自己”，我们封面新闻也在其中。通过这张图，包括最近一系列的信息说明，通过一年的努力，封面新闻不管是市场占有率还是影响力，都行进在中文互联网舆论的主流方阵里，成为国内内容创作的一支不可忽视的重要力量。这样的影响力为封面新闻的后续发展，奠定了良好的基础。

在新媒体强势崛起、迅速发展的今天，我们有很多工作要做，但回归到初心，我们的定位就是“亿万年轻人的生活方式”，我们的使命就是“重新联接世界”，我们的愿景就是打造“引领人工智能时代的泛内容生态

① 摘自 2017 年 6 月 21 日在封面日活动上的演讲。

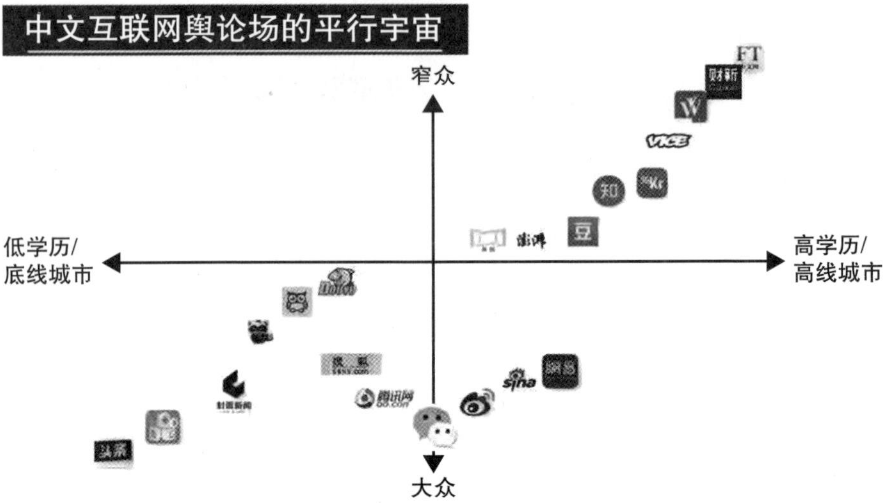

2017 年 6 月，一张名为《中文互联网舆论场的平行宇宙》的图片在网上广为传播

平台”。我们不能忘记为什么要办封面，不能忘记要办成什么样的封面。每位同学都不能忘记初心，不能动摇，也不能改变。下半年，我们要以技术作为引领，内容作为支撑，不断地优化“技术+内容”的新型平台，向前，向前！

二、融合是时代主题，国家使命

这个时代，是融合的时代。对我们来说，深度融合是生存和发展的首要命题。今天邀请了报社各位骨干列席封面日活动，就是再一次强化这个主题。一方面，在全球融合这样的时代背景下，由于互联网技术的驱动，融合的速度在不断加快，势不可当。另一方面，从国家层面上，中央提出传统媒体与新兴媒体的融合发展，这是行业的使命和主题。

我多次强调，封面和华西的深度融合，是我们 2017 年非常重要的工作，每个人都要参与到推进媒体深度融合的工作中来。深度融合关键在三句话，技术引领、内容支撑和一体发展，从战略上来讲就是“双品牌、双引擎，一盘棋、一体化”。大家一定要从战略的角度，从职责使命的角度来领会。这对大家的能力建设和观念转变都提出了迫切要求，不管是资深媒体人还是新人新兵，都要加快提升融合能力。只有这样，我们才能适应这种趋势，答好命题，圆满交卷。

三、一半是海水，一半是火焰

如何在快速变化的环境里寻找到机遇，是移动互联网时代向我们提出的命题。我们不可能再回到从前，几年乃至几十年一个样。我们今天面临的环境特征，是瞬息万变，半年就是一个大变。这个过程中，一半是海水一半是火焰，一半是机遇一半是陷阱。所以我们怎么在快速变化的时代里，寻找到好的机遇，是给我们的新命题。在融合发展和产业拓展中，我们如何发现可以畅游的蓝海，考验我们的水平。现在技术的发展日新月异，直播、短视频火了一两年，还会不会再火？人工智能被提到了前所未有的高度，它到底能给我们带来什么？它是被我们高估了，还是远远没有到需要重视的程度。海水也好，火焰也罢，要求我们能够洞察市场的变化、行业的变迁和未来的发展方向。在每一次变化的前夕，我们需要敏锐地捕捉到变化，辨别哪里是海水，哪里是火焰，然后做出改变，才能获得新生和发展，走上康庄大道。

作者在 2017 年 6 月封面日活动上的演讲 PPT 要点

四、前面就算是地雷阵，我们也要蹚过去

在变革当中，我们已经出发，已经上路。只要当初认定的道路是正确的，方向是符合规律的，每个人都要坚定一个信念，那就是：即便前面是雷区，我们也要蹚过去。在这个路上，我们会遇到很多挑战，有些是我们无法预估的，有些是我们难以承受的，有些甚至是突如其来的，但只要我们的信心在、信念在，即便是地雷阵，我们也一定能蹚过去。从 2015 年 10 月宣布成立封面传媒开始，我们就走上了这条道路。这个过程中，从招第一个员工开始，从第一次产品设计开始，我们经历了很多痛苦、挑战和变化。所有这些，写在我们每一个员工的脸上，也烙进了我们每个员工心中。这些挑战是非常艰难的，但只要我们初心不改，笃定信心，坚定信念，就一定能蹚过去，前面有什么困难，其实并不重要。这个过程，需要我们整个团队去承担，需要每一个人去分担，共同增强心理承受能力。如果这个压力是一千吨，一个人是承受不了的，但我们 170 人去承担，每个人的压力就更小。

五、文化和精神决定我们走多远

决定我们能走多远的，文化和精神是最终的决定力量。一个企业，如果没有文化和精神的支撑，只靠产品和战术战略，从长远来看，它不可能走远。封面成立一年多以来，我们已形成了文化和精神上的一些标签，健康、简单、积极向上，是我们的文化；创业勇气、创新精神、创造禀赋和超常付出这“三创一超”，是我们的精神。经过一年多的运行，公司文化和精神需要进一步提炼、总结和升华。这需要结合团队的实际，结合我们每一个员工的心态和我们行业竞争的现状。有几个参考的维度，需要大家进一步来讨论和明晰。封面的文化和精神，到底有哪几个关键词？一个企业要走远，不是靠战术，也不是靠战略，也不是靠产品。从长远来看，从生命周期和永序动力来看，如果缺少了文化和精神之魂，就不可能走远。所以我们在出发的时候，大家要共同讨论，我们企业文化和精神的核心价

值观在哪里，以此来凝聚大家的力量，以此来克服前行道路上可能遇到的种种挑战与艰难。接下来，我们会召集大家来讨论文化和精神是什么，我们需要用定义、文本来框定下来，最终烙印在我们心里，体现在行为上。

半年是我们思考的一个节点，但这只是时间形式上的上半场。对于封面新闻来讲，我们的上半场才刚刚起步，才刚刚出发，所以我衷心期待，大家能够有一个好的布局和安排。好好把握，一起努力！

第十节　奋斗的青春最幸福[①]

时间之河川流不息，又到了一年一度的华西—封面年会。去年，我们在这里播种“年轻的力量在生长”。今年，我们在这里绽放“青春吐芳华”。奋进向前的路上，时间总是过得太快，唯有奋斗者留下深深的印记。正是全体华西—封面小伙伴们的努力奋斗，我们的发展道路才变得越来越宽阔。每一位小伙伴都是独具魅力的创新者、超常付出的创造者、筑梦前行的创业者。我要为我们辛勤奋斗的2017年打CALL!!

志士惜日短，勇者常为新。回望2017年，“新时代”是当仁不让的主题词。持久变革，破旧立新，新生力量在各个领域强劲向上。回望2017年，报纸关停的消息越来越“扎心”，但23岁的《华西都市报》全新吐绿，封面新闻迎风生长。全体华西—封面人用不懈的拼搏，迈上了属于我们的新征程。过去的一年，是封面新闻完整运行的第一年，也是华西—封面融合发展1.0的一年。我们不再只是“墨与纸”，而更多是“数与端”，成年华西因新生封面更青春、更阳光，一切都充满新力量。

这一年，我们用奋斗点亮技术之光。技术曾经如此之远，技术从未如此之近，我们用技术为媒体赋能，坚定进军AI+媒体，走在了国内媒体融合转型前列。自主技术成果斐然，算法推荐更加成熟，小封机器人1.0上线，用8.09秒完成青川地震稿件，机器写作范围不断拓宽；技术合作深入拓展，全面引入微软小冰机器人，聊新闻、撩小冰、跟评论，人机交互提升体验；技术探索瞄准前沿，与微软、北京师范大学共建全国首个人工智能与未来媒体实验室，推动人工智能与传媒创新性融合。

这一年，我们用奋斗诠释内容为王。我们坚守专业，发力原创，让新技术产生新内容，传播“爆款”不断，千万级已成常态，上亿级屡见不鲜。主旋律报道的方式更加炫酷，直播、视频、H5让党的十九大报道多姿多彩，《十九大时光　主播有画说》入选年度“爆款”，“茂县山体垮塌营

---

① 摘自2018年2月8日在《华西都市报》与封面新闻年会上的发言。

救”直播传播总量破2亿，九寨沟地震报道传播总量高居全国榜首。天上航拍悬崖村，地下直播港珠澳大桥，水中直播江口沉银，上天下地入水，开辟了新闻报道新视野。《华西都市报》有力实施精品战略，以“做报纸就是做艺术”的追求打造文化精品。

这一年，我们用奋斗书写经营新篇。面对报业经营的持续下行，我们不固守、不退缩，依托新平台，培育新支点。不断创新活动营销，持续办好C21论坛、成都双遗马拉松，全新打造2017互联网+农业论坛、“红花郎·幸福2017”、2017AI+移动媒体大会等大型活动。不断培育新型营销，封面新闻主题周掀起城市营销新潮流，直播、短视频成为新兴经营增长点，版权管理及销售重新确立内容的经济价值，封面电商为深耕区域打开新路。2017年，《华西都市报》继续保持稳定的盈利水平，封面传媒疾速增长，今年1月实现盈利，数字营销步履坚实有力。

这一年，我们用奋斗探索融合路径。双品牌、双引擎，一体化、一盘棋，我们充分彰显华西品牌，强势打造封面品牌，推动双品牌由“相加”向“相融”转变。编委会、经管会一体化，部门运行一体化，《华西都市报》与封面新闻初步实现一体策划、一体运行、一体管理、一体考核。运用人工智能技术改变新闻生产流程，打造的“封巢智媒体1.0”系统上线，

2018年《华西都市报》与封面新闻年会海报

2.0版正在试用优化，涵盖“智能技术+智慧内容+智识管理”三大平台，促进人工智能时代媒体、技术和用户进一步交互式融合。

回望2017年，审视我们用奋斗写下的青春诗篇，心怀满满的幸福。迈入2018年，奋斗，奋战，依然是我们回应时代之问的最有力答案。新媒体的成长期只有3年，封面新闻能否成功跨过2018年，华西—封面深度融合能否成功，决定未来生死。

2018年，推进华西—封面深度融合2.0是我们的不二选择。我们要继续坚持“双品牌”支撑，以封面新闻为主阵地、主战场、主平台、主驱动，大力实施“121”战略（一支队伍、两个平台、一体运营），全力推动《华西都市报》与封面新闻深度融合转型发展。我们要继续牢记“重新联接世界”的使命，坚定“构建引领人工智能时代的泛内容生态平台”的愿景，坚守“亿万年轻人的生活方式”的定位，坚持技术驱动+内容为王，打造全国领先的“智能+智慧”的新型智媒体。

奋战2018年，华西—封面深度融合要在技术、内容、体制、队伍上有新突破。**融合要瞄准技术的方向。**目光向未来，进军AI+媒体，做好封面新闻4.0迭代，继续优化兴趣推荐，发力数据挖掘、机器写作、语音识别、人机交互，推动“封巢”应用常态化、商业化，同时积极布局“区块链+媒体”应用。**融合要打造内容的高地。**《华西都市报》坚定打造精品报纸，封面新闻则强化青春定位，突出全国视野，加快重点城市落地，并重构内容生产组织，打破现有口线条块，把移动优先、视频优先、故事优先落到实处。**融合要谋求体制的破题。**以封面传媒为母体，加大改革力度，加快多样化公司孵化进程，探索建立国有多元的公司体制和员工持续激励制度，最大限度激发改革活力。**融合要塑造队伍的灵魂。**不断强化“坚定信念、敢于创新、永争第一”的铁军精神，努力营造“快乐向上、充满力量”的铁军文化，始终保持“追求高远、创新创造、迎难而上、朝气蓬勃”的铁军风貌。

亲爱的小伙伴们，当新的时间窗口在我们面前打开，想要一个怎样的封面？期盼一个怎样的未来？我们的行动，就是我们的回答。

我们相信年轻的力量。歌德说，“创造一切非凡事物的那种神圣的爽朗精神，总是同青年时代的创造力联系在一起的”。年轻就是不设限，《华西都市报》和封面新闻的深度融合，比以往任何时候都需要年轻力量，需要大家的勇气与担当，需要大家的创造与付出。让我们不知天高地厚地想象，无所畏惧地前行，以青春作桨、让梦想为帆，向着心中的远方不断奔跑，汇聚起赢在2018的磅礴之力。

我们坚信奋斗的幸福。习近平总书记说，“青年时代，选择吃苦也就选择了收获，选择奉献也就选择了高尚。青年时期多经历一点摔打、挫折、考验，有利于走好一生的路”。华西—封面的深度融合，不是一件容易的事，充满挫折和艰险。奋斗，唯有奋斗，才能抵达梦想的彼岸。让我们燃烧青春，把个人的生命与历史的潮流交汇，将人生的旅程与事业的发展并轨，用奋斗渲染最美的时代芳华，倾听青春花开的幸福声音。

今天是小年夜，辞旧迎新的美好时节。借此机会，给小伙伴们拜年，祝新春快乐、风雨成长！给小伙伴们的亲密家人拜年，祝阖家幸福、狗年旺旺！

附　录

附录1　新梦想，再出发①

——写在《华西都市报》创刊18周年之际

万仕同　武艳珍

1995年，有人称之为“都市报元年”——因为这一年的1月1日，《华西都市报》横空出世并很快形成冲击波，这只“领头雁”凭借不断创新的崭新形象，催生了中国都市报比翼齐飞的动人景象，使其以异军突起的姿态和新颖别样的面貌，成为继机关报、晚报之后，我国综合性日报中一个新的报种。四川省社会科学院新闻传播研究所所长张立伟评价说：“《华西都市报》走出了一条中国大众报纸的道路，我认为这是他们最大的创新。迄今为止，也不能说其他任何报纸创建了一个新报种。”

倏忽十载，潮起潮落。2005年，一位都市报社社长提出：报业的冬天提前到来了，不仅是都市报的冬天，也是整个报业的冬天。一声喟叹，令许多在报业改革洪流中趑趄前行的从业者颇感悲凉。“寒冬论”既出，业内支持者有之，反对者亦有之。但一个不争的事实是，媒体的生态环境和结构布局已经发生巨变；媒体的生产方式和传播方式正在发生质变。特别是传媒技术的突飞猛进和新媒体让人眼花缭乱的发展，彻底颠覆了原有的媒体格局。

从独领风骚到“寒风”袭人；从明显复苏又深陷衰退……在2012年11月23日召开的全国都市报总编辑年会上，老总们大多为流年不利而苦恼和困惑。而《华西都市报》在挑战前所未有、困难前所未有、压力前所未有的这一年里，于10月即提前完成四川日报报业集团下达的2012年利润目标任务。在《华西都市报》2010年的广告收入同比增幅达30%以上、2011年增幅达20%以上的高位运行态势下，2012年又实现了稳定增长，广告超10亿元。

交上这样一份既令人难以置信又让人羡慕嫉妒恨的“成绩单”，《〈华西都市报〉2012年工作总结》用5个“来之不易”形容其得来多么费功夫。

① 摘自《新闻战线》2013年第4期。

一、内容转型与回归："高得上去，低得下来"

作为中国报纸家族的新生代，都市报当年是举着市民生活报的旗帜走向千家万户的，她们以写真都市生活，展示都市风貌，全心全意为市民服务，架起庙堂与市井间的桥梁而一纸风行于大江南北。《华西都市报》以及整个都市报群体的迅猛发展使之成为媒体市场的弄潮儿，以至于中国报业出现了蔚为奇观的"都市报现象"。都市报以大众读者为主要服务对象，为市民提供所需要的全方位信息，不论是硬的还是软的，不论是政治、经济还是文化、社会的新闻，凡是市民需要的，都尽可能提供，力求让读者"一报在手，应有尽有"。

中国新闻界普遍沉浸在"市民生活报"带来的成功之中。而由于都市报之成功极易复制，报纸同质化现象随之蔓延并愈演愈烈，报纸遭遇发展瓶颈。在激烈的报业竞争中，传统的"市民生活报"悄然发生变化。主流化转型成为许多都市报突围发展的新选项。1998 年，《华西都市报》率先亮出"迈向主流媒体"的观点，并在办报实践上做出调整，压缩社会新闻的版面空间，加大时政新闻、财经新闻的报道力度，加大国际新闻的版面投入。

面对媒介生态、竞争环境和受众需求的变化，《华西都市报》一直致力于通过升级报纸定位持续推进新闻创新，打造"内容维度"的核心竞争力。2011 年、2012 年、2013 年，连续推进内容创新与改版工作。

不难看出，《华西都市报》连续 3 年的 3 次创新改版，都是在社交媒体和新媒体大行其道的环境下，着力保持、放大和寻求纸媒的优势、长处。2011 年，《华西都市报》确立了"责任至上、公信天下"的办报取向和"本土、原创、深度、个性"的创新着力点；2012 年，以"四项突围"为突破口，深入推进内容创新与改版。

评论突围。坚持观点立报，强势营造报纸评论这一思想阵地，以"华西评论 + 五大周刊评论"为创新载体，强化报纸的舆论引导力和思想性，发出观点独到的评论和视角独特的报道，为主流目标读者群提供思想引领，推动报纸从发布权、解释权向评论权转化；从服务性、可读性向意见性升级。

深度突围。在喧嚣而又浮躁的信息浪潮中，以深度报道满足人们对深层次信息的需要，最大限度满足人们认知事件真相的愿望。《华西都市报》集报社之力精心打造“第一眼”专叠，意为第一眼最心动的版面。每日将最具关注度、最有冲击力、最富话题性的稿件，如《华西调查》《华西“3·15”》等名牌专栏集中到“第一眼”专叠进行包装，打造读者必读的“报中报”和拳头产品。

2012 年 12 月，《华西都市报》重磅推出“金砖国家”大型跨国系列报道，深度采访俄罗斯、印度、巴西、南非四国经济学家、外交官、政府官员、专家、商人等；破解金砖国家机遇中的崛起密码，直击挑战下的不平之路，看时代发展大趋势，寻四川发展新机遇，以这样的姿态，与读者同行，与时代并肩，与未来拥抱。

周末突围。面对新的传媒环境，《华西都市报》还将创新视野放在了周末报及周末市场的拓展上。他们以“星期六+星期天”为创新载体，强化报纸的休闲体验功能，为读者在周末提供全方位休闲娱乐信息，强势改变读者对周末报纸缺乏阅读期待的现状。《华西都市报》打造的《名人堂》专栏以两个整版的规模，立足于名人文化抢救工程的高度聚焦四川文化、科教、卫生领域泰斗，引起了四川文化界的轰动。《华西都市报》还将此专栏结集出版了《名人堂》一书，实现了报纸产品的“二次生产”和售卖，取得了不错的市场反响。

融合突围。整合《华西都市报》、华西都市网、《华西都市报》法人微博、《华西都市报》移动阅读终端、华西魔码等传播介质，建立全媒体采、编、发、互动于一体的融合机制，进一步深化报网融合，全力打造以《华西都市报》为核心的华西全媒体平台。目前，他们已建立了报网融合互动机制，在重大突发事件的立体传播上取得了积极效果。

在厘清 2011 年、2012 年创新改版成果的基础上，2013 年《华西都市报》又进行了新一轮改版。以“本土重构、原创升级、整合传播”的创新路径，推动报纸由传统的大众传播向新型整合传播升级，从而告别传统的单一的报纸发展模式。本土重构，是《华西都市报》着眼于深度推进本土化策略，树立本土就是竞争力的观念，不遗余力地挖掘本土资源、开展本土报道、联结本土受众，突出本土价值、本土视角、本土元素、本土观点，强调新闻的地域接近性、心理接近性。

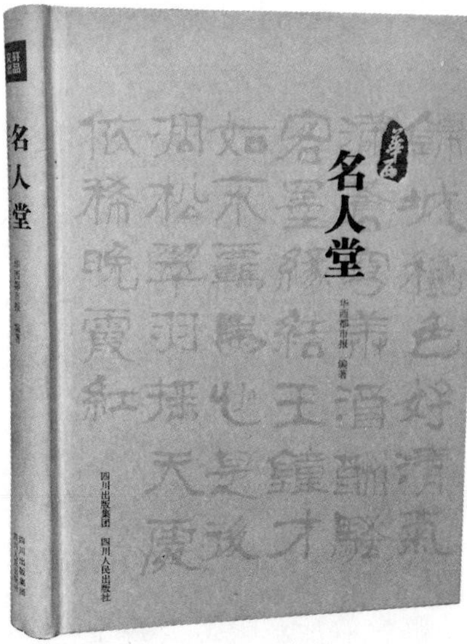

《华西都市报》出版图书《名人堂》

原创升级，则是对非本土新闻的要求。他们提出，要坚决杜绝跟着网络走的现象，不遗余力地强化国内国际、文娱、体育、财经等领域的原创性报道，实现原创升级的目标，让报纸在网络的众声喧嚣中以原创性内容彰显原创的优势，彰显纸媒的价值，彰显品牌的影响。

整合传播，着眼于强化以报纸为核心的纸媒优势特色和华西传媒集群的平台资源，实现传播平台的整合、规模信息的整合、资源优势的整合，以大整合确立大传播优势，进而形成“一次采集、N 级发布”的立体传播格局。

新的舆论环境下，《华西都市报》的 2013 年改版特别注意廓清都市报主流化的误区。在他们看来，主流化主要是指目标读者为社会主流中坚人群，传播内容为社会主流热门资讯，资源平台为社会主流政经资源，传播效果为产生广泛主流影响。具体到内容选择而言，一定要走出主流化的认识误区：题材上，主流化不是会议化、宣传化、工作化；表达上，主流化不是官样化、文件化、八股化。

在主流题材的操作上，《华西都市报》注重选题“高得上去”与报道“低得下来”，即便在“《财富》全球论坛”这种全球性选题和报道上也是如此。2013 年 6 月，《财富》全球论坛将在成都举办。论坛前夕，《华西都市报》作为本土最具影响力的媒体，派出多路记者，分赴韩国、德国、美国、法国等国家，实地探访世界 500 强总部，专访全球顶级企业总裁，并从 4 月 1 日起每天以两个对开整版的规模，持续一个月推出“财富全球行探访 500 强”系列策划报道。在角度和呈现上，《华西都市报》从每个人都关心的财富入手，解读全球 500 强的财富基因、创新基因和长寿基因，深度分析其管理运作模式，在揭开一个个产业帝国神秘面纱的同时，带回他们对成都、对中国西部的财富期待。

民生本位是都市报生存发展的立报之基。《华西都市报》2013 年创新改版提出，要不断强化都市报的优势特色，不断强化市场报的办报定位，不断强化专业新闻的产品创新，不断强化集群传播的整合效应。报道要接地气，既要“高得上去”，又要“低得下来”。新改版后的《华西都市报》，A 叠为“都市生活”，B 叠为“财富生活”，C 叠（周六、周日）为“周末生活”，都冠以“生活”字眼，即意在强化报纸与公众“生活”的紧密联系，强化实用、互动特性，满足“实用产生价值”和“用户生产内容”的需要。在受众离报纸渐行渐远的当口，《华西都市报》深化“走转改”，深入开展“百名记者进社区——《华西都市报》大型走转改活动”，推动记者走进市民、走进社区、走进基层，密切报纸同市民之间的联系，将市民拉回报纸前面来。

《华西都市报》出版图书《500 强的老底》

二、平台构建与提升：“彼此相爱，送达彼岸”

记得有位网站总编辑曾经说过：纸媒面临的是如何完成读者的“迁徙”，将他们送达数码大陆的彼岸。前提是纸媒与新媒体必须彼此相爱，打造一条新船。

站在内容和技术的十字路口，纸媒与新媒体其实不但可以相爱，而且能够“成婚”。在媒体发展多元和传播渠道多元的竞争格局下，单一媒体的传播难以形成舆论优势和信息强势。所以，全速“联姻”新媒体，全力嫁接其优势，实现媒体全覆盖和受众全覆盖，成为《华西都市报》的目标诉求。为此，他们于2010年初成立了“华西1+N全媒体联盟”，初步实现了纸媒与视听媒体、网络媒体、手机媒体的联姻、联合，探索新的发展模式，着力提升报纸的品牌影响力。

随着传媒生态的持续演进和《华西都市报》“五大战略”的推进，《华西都市报》的全媒体发展也走过了从“联姻”到“孵化”的转型升级。为应对全媒体发展和竞争的需要，《华西都市报》提出了塑造“华西传媒集群（WMG）”、坚持集群发展的战略方向。

回过头来看，在四川日报报业集团的决策部署下，近3年的《华西都市报》，发展“版图”正处于前所未有的快速扩张期。2010年，华西移动阅读媒体、《华西都市报》微博随着新媒体的发展应运而生；2011年3月，面向区域二级市场川南城市群的《华西城市读本》（川南新闻）诞生；2011年5月，定位于社区综合信息服务商的华西都市网上线，走出了一条有别于报纸新闻网站的发展道路；2011年11月，华西魔码正式推出，率先开启报纸新闻视频报道新形式，在3G时代再次引爆二维码、云传播新风潮；2012年7月，华西传媒呼叫中心96111诞生，成为当地媒体打造的首个城市公众服务平台；同月，开始代理运营FM90.0广播；2012年11月，华西社区户外传媒正式投入运营；2013年1月，西部第一份社区报——《华西社区报》正式创办；同月，代理运营四川卫视《天府旅游》栏目；2013年3月，面向四川二级市场川东北城市群的《华西城市读本》（川东北新闻）诞生……

顺着延伸的时间线，我们看到一个由平面到平台、由单一到多元的纸媒扩张地图不断被放大、改写，拓展深度向横向、纵向突破。至2012年底，《华西都市报》已构建起一个集纸质媒体、网络媒体、移动媒体、视听媒体、社区户外媒体、城市公众服务平台为一体的“华西传媒集群”。一个以跨区域办报为基础，跨媒体整合为路径，跨行业发展为方向，推动

《华西都市报》由一张报纸向“华西传媒集群（WMG）”转型发展的“华西梦”正在变为现实。

在报网融合上，“华西传媒集群”突破了报纸与网站、移动应用的“简单发布”式融合。报纸、魔码、网站、微博四大融合主体，形成语态分工与合力，发挥各自优势和表达强项，分层次、方向、阶段、方式推进新闻和策划报道，通过集群多个平台、载体合力实现了真正的分众、分时立体传播。新闻事件发生后，法人微博强调速度，力争在重大突发事件发生的第一时间领先于其他媒体发出信息，抢占“第一时间落点”；华西都市网强调宽度，在对事件的快速传播、对相关信息进行聚合的同时，强化互动功能，引导网友对具有话题性和争议性的新闻展开讨论、调查；“华西魔码”强调锐度，通过图片、视频、网页等方式丰富报道内容和形式，做好报纸报道的补充；《华西都市报》强调深度，报纸充分对新闻事实进行全面解读，突出思想和观点，同时做好“华西传媒集群”报网融合相关产品的版面呈现。

此次创新改版，《华西都市报》每天版面上紧跟重大新闻的《热帖》专栏，就是对报网融合内容进行集中呈现的载体之一。

全方位升级“华西魔码”，将魔码变为嵌入版面的超链接。通过扫描和点击魔码，将报纸变成“网络电视台”（华西 TV）。除了视频外，还在后台增加更多网页、图片、图表等，将有限的版面变为“海量网络、互动电视”，实现报纸的“云传播”。在 2012 年的“欧洲杯”报道中，由于时差的原因，很多人无法观看深夜场比赛，《华西都市报》则通过“魔码”和自主开发的“欧洲杯”App，在每天清晨第一时间让读者扫码浏览到比赛的最新赛况。

“96111 华西传媒呼叫中心”则成功转型为四川首个媒体便民服务平台，开通后，日均电话量 1000 个左右。该平台应用先进的通信技术，以“服务”和“信息”为核心产品，打造了新闻服务平台、咨询服务平台、便民服务平台，目前正在打造网购平台。

梦想的不断开启，随之而来是脚步的不断向前。为适应华西传媒集群发展的新梦想，他们在传播优势的打造上，提出了以《华西都市报》“大众传播”为主，集群各大平台“分众传播、分时传播、分域传播”为辅的整合传播构想。在这个构想下，报纸将告别传统的单一的报纸传播模式，由传统的大众传播向新型整合传播升级。具体而言，华西传媒集群各平台相互取长补短，互为内容提供者、互动参与者、活动执行者，实现一次采集多级传播、一个题材多种话语体系解读。

三、营销创新与变革：整合营销，区域拓展

近几年，传统媒体不得不承受着两线作战：一方面应对传媒发展新格局带来的新挑战；一方面面对因经济发展新变化而出现的危与机。经济增速下滑的大背景使得传统媒体在求索前行的道路上多了痛苦艰难，少了曼妙轻盈。

宏观经济下行压力进一步加剧，传导至报业经营，房产、汽车等主要行业的广告商纷纷缩减投放规模，给广告刊量增长带来了前所未有的压力。面对诸多不利因素，《华西都市报》深入实施“营销创新与变革战略”，画出了弯道超车的优美弧线。

变革营销模式，创新升级“广告经营平台”。2010 年底以来，《华西都市报》开始了新一轮的广告经营模式创新。为深入推进《华西都市报》广告经营的市场化、公司化运作，推进《华西都市报》持续健康发展，四川日报报业集团决定，将集团所属的华希广告公司定位为《华西都市报》广告经营模式创新的载体和平台。即以《华西都市报》为主导，以华希广告公司为创新经营平台，形成“一报一公司”的运营模式。通过强化“改革取向、市场取向、目标取向、合力取向”，深入推进《华西都市报》广告经营的市场化、公司化运作，进一步规范管理，降低经营风险，延长经营价值链条，实现资源的高度整合和市场的全面对接。

变革营销体系，致力于构建“全链条的立体传播服务体系”。对一个企业而言，服务的意义远远超过销售，优质的客户服务是最好的企业品牌。为适应华西传媒集群发展态势和全媒体竞争态势，《华西都市报》建立了涵盖媒介链、营销链、数据链、资讯链和服务链的“全链条的立体传播服务

体系”。这个体系以“全价值链条的广告运营体系、全方位考核的广告考评体系、全平台拓展的广告代理体系、全环节覆盖的广告服务体系”四大体系为核心内容，促进广告营销产生化学效应。华希广告公司作为平台，为客户提供影响力服务、广告策划服务、广告售后服务和数据服务等，实现了资源的整合、营销的规范以及效益的提高，也使很多大客户和《华西都市报》形成了一种非常紧密的并且是有黏度的关系。

变革营销策略，树立适应集群发展的“整合营销”模式。构建华西传媒集群之后,《华西都市报》积极变革营销策略，全面推行“整合营销”。在经营方式上，经营人员跳出单一的以《华西都市报》为主、以广告刊量为辅的路径，转而将集群的各个平台以整合打包、套餐组合、捆绑经营的方式向客户推介。既满足新环境下客户整合营销传播的需要，又提升集群各平台的整体经营价值，形成“一个链条、N 次销售”的营销平台，从而推动收入结构转型。

在推动“整合营销”的同时,《华西都市报》还通过活动营销、主题营销、事件营销、跨界营销和数据库营销等方式，针对不同客户开展多种经营。他们通过举办“三八”节慈善盛典、最美护士评选、2012 华西社区行、中小企业融资峰会等活动营销拉动广告增量；通过“‘3·15’直击消费、见证安全”等系列重大报道进行主题营销。他们举办的 C21 四川城市发展市（州）长 2012 峰会创下了一场活动实现广告收入近 1000 万元的佳绩。

变革营销内容，进一步提升行业新闻传播力和掌控力。《华西都市报》以新一轮内容创新与改版为契机，拆分重组九大周刊，上做高度，下接地气，做大公司新闻，做好名人新闻，变客户为主为读者为主，着力提升专刊版面的新闻性和可读性。先后推出的《大变局——叩问楼市未来》《中国车市进化论》《叩响海外名校大门》等报道，提高了行业新闻话语权，获得了主流高端读者的持续认可，为经营工作搭建了更加坚实的平台。2013 年,《华西都市报》通过打造全新 B 叠“财富生活叠”，将财经与九大专刊在内容层面实行一体化运行，进一步打通“财经新闻与行业周刊”的编采通道，打造全新的大财经中心平台。以此做强财经新闻和行业周刊，解决行业新闻可读性差的问题，再造一个“华西头版”，进一步提升华西财经及行业周刊的影响力。同时，让财经新闻成为专刊经营的发动机，主动参与策划和实施选题策划，服务于报社整体经营工作。

面对前所未有的经营压力，《华西都市报》还重构“区域拓展”动力，扩大“地域维度”的有效传播力，已成功构建了一个以成都为核心、辐射川渝经济区30多个大中城市的区域组合城市媒体，成为中国西部发行量最大、影响力最强、覆盖面最广的综合性日报。由于我国城市发展的二元结构特点，随着国家经济社会的进一步发展，各地发展呈梯次化发展趋势，次中心城市市场和内陆地区城市的传媒业市场，也将在这种梯次中迎来快速发展期。这为《华西都市报》区域组合战略的深度拓展带来了新的市场机会。

实施区域市场深度拓展战略，《华西都市报》深耕二级城市群，包括川南、川东北、攀西等，开创了区域市场拓展的崭新样本。四川划分有四大城市群，即成都平原城市群、川南城市群、川东北城市群、攀西城市群。《华西都市报》已经在耕耘并取得成效的第一块试验田，是周五刊的《华西城市读本》(川南新闻)。她覆盖泸州、宜宾、自贡、内江，重点是泸州和宜宾。采访、指挥、编辑全部都在当地，并独立发行。《华西城市读本》通过贴近川南、贴近受众的新闻报道，传播主流、服务主流的新闻策划，新颖时尚、个性突出的版面呈现，迅速赢得川南党政领导和受众的一致好评。按照“自主经营、自负盈亏”的运营模式，川南读本克服重重困难，在创新中求拓展，在拓展中求生存。通过树立以“策划为导向”的经营理念，先后策划了西南商贸城开业特刊、宜宾魔码大楼书、自贡国家级高新区20周年特刊等大手笔策划，实现了较好经济效益。目前发行量已超过10万份，跃居川南第一；周五刊运营之后8个月广告刊量就已突破1000万元，成为川南第二。

2013年3月5日，在充分总结《华西城市读本》(川南新闻)运营经验的基础上，以南充、达州为战略重心支撑点，覆盖广安、巴中、广元、遂宁等川东北城市群的《华西城市读本》(川东北新闻)正式投入运营。一张全域化覆盖的“区域组合城市报”地图由此将不断横向铺开、不断纵深拓展。

在传统媒体从小到大再由盛而衰（或者是盛衰交替）的过程中，可谓经历了多次技术革新、资本荣枯、制度更替与文化变迁。一部传媒发展史表明：不适应变化而遭淘汰的不是烈士，是恐龙。而华西人是一支朝气蓬勃的年轻队伍，他们既不想当“烈士”，更不愿做“恐龙”。因而《华西都市报》鼓励团队要发扬“狼性精神”，再铸“华西铁军”。所谓狼性精神，是指将狼嗅觉敏锐、不屈不挠、奋不顾身的进攻精神和群体奋斗精神运用到事业中去，张扬“狼性”的正能量：嗅觉灵敏、快速进攻、团队合作。

《华西都市报》培育了一流“华西铁军”精神，即“目标高远”，把全国一流、全国领先作为永恒的追求；“信念坚定”，始终满怀信心不退缩、鼓足勇气不懈怠，不断增添战胜困难的措施；“纪律严明”，细化纪律条例、强化纪律管理，让遵守纪律成为每个员工的自觉行动；“执行有力”，形成“安排的工作立即办、重要的工作优先办、复杂的工作稳妥办、困难的工作设法办”的工作氛围，确保制度落实有力，项目推进有力，任务完成有力。

四川大学文学与新闻学院教授蒋晓丽在接受记者采访时用14个字评价《华西都市报》：“责任，激情，正能量；求新，求变，求发展。”《华西都市报》是中国报业改革乃至传媒改革的一个标杆式媒体：敢为天下先，并且独步一时。纵观华西的发展，确实是一步一步在实践，实践着专业的责任，澎湃着改革的激情。这种责任和激情就叫正能量。

《华西都市报》已经走过18年的历程。18岁的年华充满遐想，18岁的未来阳光灿烂。华西人破解报业困局、应对市场变局的探索脚步不会停歇，一次通向百年基业、通向美好未来的航程已经开启。

附录 2 《华西都市报》：做都市报的开创者与引领者[①]

晋雅芬

2013 年 6 月 26 日，由世界品牌实验室主办的 2013 第十届“中国 500 最具价值品牌排行榜”评选结果揭晓，《华西都市报》以品牌价值 74.52 亿元跻身中国 500 最具价值品牌榜第 257 位，排名西部纸媒第一位；与 2012 年相比，品牌价值增长 15.06 亿元，名次再升 3 位。这已是《华西都市报》连续 8 年保持品牌价值的快速提升。这 8 年来，《华西都市报》的品牌价值从 16.2 亿元飙升至 74.52 亿元，品牌排名从 332 位提升到 257 位。

数字从来都是枯燥的。透过数字的背后，我们看到的是一张报纸从市民生活报到主流都市报，从一个纸媒衍生为一个传媒集群，从大众传播到整合传播、整合营销的生动缩影，中国第一张都市报——《华西都市报》始终以创新变革引领中国报业潮流，成就中国都市报发展范本。

一、一个时代的开启：一纸风行

1995 年，中国都市报开启“元年”。

这一年，中国报业史在 20 世纪末站上新起点。在中国报业蓬勃发展的伟大征程上，历史会永远记住这个不同寻常的时间节点。

这一年的 1 月 1 日，《华西都市报》创刊并很快形成冲击波，这只“领头雁”凭借不断创新的崭新形象，催生了中国都市报比翼齐飞的动人景象，使其以异军突起的姿态和新颖别样的面貌，成为继机关报、晚报之后，我国综合性日报中一个新的报种。

《华西都市报》诞生之后，在短短两三年内，以都市报命名的报纸在全国形成气候，并迅速扩张为蔚为壮观的都市报浪潮。自此，一个全新报种扬帆起航，开启了中国报业蓬勃发展的“都市报时代”。

---

① 摘自《中国新闻出版报》2013 年 9 月 12 日第 29 版。

原新闻出版署副署长梁衡曾就都市报的创造性和创新性谈道：与机关报和晚报相比，都市报的读者对象为特定的市民，它走进千家万户，在市民心中落户，因而新闻内容、表现形式、风格都不同，综合性更强，新闻视角更独特，这种“不同”和“独特”与机关报、晚报形成了鲜明的差别。

这一系列的不同与独特，造就了都市报的“一纸风行”。直到传媒格局以加速度演进的今天，都市报仍然保持着旺盛生命力。在世界报业与新闻工作者协会推出的全球日报发行百强榜上，《华西都市报》连续7次入选，成为西部唯一入榜媒体，全球排名第44位。2011年8月22日，美国副总统拜登结束访华时，手持《华西都市报》挥别成都，向世界展示了《华西都市报》的品牌影响力。

都市报的辉煌足迹，也记入了国际新闻史。2012年8月，美国印第安纳大学出版的 *The Global Journalist in the 21st Century*（《21世纪全球记者》）一书，首次将《华西都市报》及其开创的“都市报”概念写入国际学术专著。

二、一份责任的担当：守望社会

与时共进，为社会守望，始终坚守“责任至上、公信天下”的华西人，从创刊以来始终站在时代前沿，以敏锐的洞察力、高度的责任感和舆论监督的优势，为百姓立言，为政府建言，守望正义。在都市报发展史上，“铁肩担责”注定是《华西都市报》与生俱来的代名词。20世纪，上海轻工商品博览会倾销伪劣产品的追踪报道、“郭燕”事件报道、“解救三陪小姐”报道、“唐胜利跳楼事件”等新闻追踪和舆论监督，引发全国媒体跟进。新世纪，闯进金三角，直击毒品加工现场；转战广东，打进地下传销集团卧底；“成都火车站警匪勾结案”“蓬安女公务员被性侵”；在全国率先披露“雷政富”案始末、揭开“气功大师”王林的神秘面纱……一系列以舆论监督改变社会事件进程的报道，体现了《华西都市报》公正为民、铁肩担责的社会责任。

助推发展。新闻的力量，从来就不只是体现在监督上，还在于推动社会发展、时代进步。

以新闻点滴捕捉社会进程。全国两会新闻发布会提问国家大事，神舟系列飞船发射第一现场见证，捍卫钓鱼岛主权发出华西声音……哪里有重大新闻事件，哪里就有《华西都市报》的影响和声音。

《华西都市报》出版图书《见证奇迹》

以新闻倾情礼赞中国奇迹。“5·12”汶川特大地震，第一时间赶赴震中和极重灾区，用新闻拯救生命，拍摄的《心手相连》图片被美国《时代》周刊选作封面。3年恢复重建史上，《华西都市报》用一篇篇饱含深情的报道，一组组凝聚大爱的镜头，全景描绘出“三年立川”的壮丽画卷。

以新闻贴近扫描全球500强。2013年6月，全球瞩目的《财富》论坛盛会在四川成都举行。作为东道主城市的主流媒体，《华西都市报》从2月起派出9个采访组、30余名记者，横跨五大洲，足迹遍及欧美发达国家和金砖国家，专访50余位全球500强企业总裁，在全国媒体中独家率先推出“财富全球行探访500强”大型跨国采访报道，为都市报新闻策划开创了新样本。

三、一种基因的传承：创新变革

9年7次密集创新改版，将创新基因融化到血液中。《华西都市报》一次次华丽转身，不断超越，引领都市报发展新潮流！

创新只有进行时，没有完成时！

定位创新。成长有痛楚、有迷惘，但也有进步、有希望。在近19年的历程中,《华西都市报》与其他都市报一起成长，通过不断自我修正推动着整个群体的共同发展。在 1999 年召开的第二届全国都市报总编辑年会上，大家取得了共识——要走主流化办报道路。之后,《华西都市报》提出“迈向主流媒体”的理念,《南方都市报》在 2000 年打出“新主流媒体”的口号,《楚天都市报》也提出向主流化转型。如今，都市报主流化转型已经成为潮流。

理念创新。媒介生态的变化、社交媒体的冲击、“用户生产信息”时代的到来，都让都市报的环境较诞生之初有了天壤之别。都市报又如何持续推进内容创新?《华西都市报》2013 年推进的新一轮内容创新与改版，是该报近 3 年的第 3 次改版。继 2011 年强化本土、原创、深度、个性，2012 年强化评论突围、深度突围、周末突围、融合突围之后，2013 年更加突出“本土重构、原创升级、整合传播”的创新路径。目前，正致力于形成以《华西都市报》“大众传播优势”为主，华西传媒集群（WMG）各平台“分众传播、分时传播、分域传播”为一体的整合传播架构。

营销创新。2010 年年底以来,《华西都市报》开始了新一轮的广告经营模式创新。为深入推进《华西都市报》广告经营的市场化、公司化运作,《四川日报》报业集团决定，将集团所属的华希广告公司定位为《华西都市报》广告经营模式创新的载体和平台，即以《华西都市报》为主导，以华希广告公司为创新经营平台，形成“一报一公司”的运营模式，构建起全链条的立体营销服务体系。运行两年多来,《华西都市报》的市场份额和利润等主要指标都实现了持续增长和跨越发展，新的成都报业竞争格局已经形成。

四、一次航程的开启：集群出发

站在内容和技术的十字路口，纸媒与新媒体并非你死我活，而是可以共存共荣。在媒体发展多元和传播渠道多元的竞争格局下，单一媒体的传播难以形成舆论优势和信息强势。

《华西都市报》的全媒体发展也走过了从“联姻”到“孵化”的转型

升级。为应对全媒体发展和竞争的需要，2013 年新年伊始，《华西都市报》就提出了塑造华西传媒集群（WMG）、坚持集群发展的战略方向，开启集群发展“元年”。

在四川日报报业集团的决策部署下，近 3 年的《华西都市报》发展版图正处于前所未有的快速扩张期——2010 年，华西移动阅读媒体、《华西都市报》微博随着新媒体的发展应运而生；

2011 年 3 月，面向区域二级市场川南城市群的《华西城市读本》(川南新闻）诞生；

2011 年 5 月，定位于社区综合信息服务商的华西都市网上线，走出了一条有别于报纸新闻网站的发展道路；

2011 年 11 月，华西魔码正式推出，率先开启报纸新闻视频报道新形式，在 3G 时代再次引爆二维码、云传播新风潮；

2012 年 7 月，华西传媒呼叫中心 96111 诞生，成为四川首个媒体便民服务平台，同月，《华西都市报》尝试进军广电媒体，开始代理运营 FM90.0 广播；

2012 年 11 月，华西社区户外传媒正式投入运营；

2013 年 1 月，西部第一份社区报——《华西社区报》正式创办，同月，《华西都市报》代理运营四川卫视《天府旅游》栏目；

2013 年 3 月，面向四川二级市场川东北城市群的《华西城市读本》(川东北新闻）诞生；

2013 年 9 月，“都来惠”团购平台、“华西拍客”相继上线……

顺着延伸的时间线，我们看到一个由平面到平台、由单一到多元的纸媒扩张地图不断被放大、被改写，拓展深度向横向、纵向突破。

至 2013 年年初，《华西都市报》已构建起一个集纸质媒体、网络媒体、移动媒体、视听媒体、社区户外媒体、城市公众服务平台为一体的华西传媒集群，实现了传统媒体由单一平面媒体向立体化传播平台的华丽转身和蝶变飞升，开启了整合传播和整合营销的全新时代。一个以跨区域办报为基础、跨媒体整合为路径、跨行业发展为方向的传媒集群正阔步迈向新的征程。

附录3 《华西都市报》：开启融合发展“i战略”[①]

晋雅芬

12月18日，中国第一张都市报——《华西都市报》在即将迎来20岁生日之际，加快了转型升级的步伐。从18日起，《中国新闻出版报》记者的微信朋友圈就被《华西都市报》正式发布媒体融合“i战略”的消息刷屏了。

此前，《华西都市报》已经形成以报纸为主轴，拥有华西都市网、《华西城市读本》、《华西社区报》、8小时购物网等多个单元的全新媒体矩阵。有业界人士评价说，开启中国报业都市报时代的《华西都市报》，此次将借媒体融合“i战略”开启新的征程，倾力构建西部第一、全国领先的新型都市主流媒体集群。那么，究竟什么是媒体融合“i战略”？新型都市主流媒体集群又将如何构架？

一、布局：四大类产品打造综合平台

《华西都市报》的转型已经超出媒体本身，从一个新闻载体转向一个信息和服务的综合平台。“华西传媒集群媒体融合‘i战略’是系统地重构和创新，一共包含7个‘i’。”《华西都市报》有关负责人向记者介绍道。

据了解，华西传媒集群的媒体融合产品框架图涵盖资讯（i-Media）、社交（i-Link）、电子商务（i-EB）、互联网金融（i-Finance）四大类产品，共50余个垂直产品平台。

“20年，从一张报纸发展到具有多种应用功能的平台，令人震撼。”在《华西都市报》发布媒体融合“i战略”的现场，人民网舆情监测室副秘书长、人民在线副总经理单学刚发布了这条朋友圈消息。他说：“《华西都市报》的转型已经超出了媒体本身，从一个新闻载体转向了一个信息和服务

① 摘自《中国新闻出版报》2014年12月23日1版。

的综合平台。”

二、跨界：与阿里构建西南电商基地

《华西都市报》深耕四川本地，阿里巴巴具有丰富的电商资源。报纸并非只有媒体属性，它还能为企业提供多种服务。12月18日，阿里巴巴淘宝市场部总监夏济出现在《华西都市报》媒体融合“i战略”发布会上，他以翔实的数据说明四川存在电商贸易逆差，而这个逆差正在缩小，因为阿里巴巴正在联手《华西都市报》打造西南电商基地，为四川传统企业电商化提供最直接和专业的服务。夏济介绍说，2014年“双11”四川的网友贡献达26.8亿元。根据支付宝10年对账单，四川支付金额占全国的3.3%，居第九位，不仅是西部无可争议的第一名，还超过了很多中部省份，以及沿海的福建省。

夏济说，四川有广阔的网购市场，电商销售增长迅速，但还不能填补这个市场空间，急需一个本地化电商服务平台。2014年8月，《华西都市报》与阿里巴巴启动战略合作，联合打造西南电商基地，启动“百县千店万人计划”项目，“我们计划打造四川电商百强县，推进千家线上店示范型建设，在此基础上培养万名电商人才”。此外，西南电商基地还会适时组建淘宝大学华西学院，择机创办西南电商论坛。2015年，双方的合作将借助《华西城市读本》进一步向四川二级城市发展。

“《华西都市报》深耕四川本地，阿里巴巴具有丰富的电商资源，双方携手，将有效促进四川本土的电商发展。”夏济说。

三、融合：西部唯一入驻百度传媒的媒体

报道通过网络高效传播，直接影响到百度指数走向；广告投放纸媒的同时，也在互联网上获得了百度的流量。传统媒体与互联网天生水火难容吗？百度VIP客户部高级总监、百度搜索研究院讲师余宛真不这么认为。她在《华西都市报》媒体融合战略发布会上说，传统媒体的报道对网民搜

索行为的影响出乎多数人意料，《华西都市报》的报道通过网络高效传播，直接影响到百度指数走向。

百度指数是以百度海量网民行为数据为基础的数据分享平台。余宛真以2014年四川房产、汽车的百度指数曲线为例，5月20日这一天，四川房产的百度指数曲线出现一个全年最高峰。因为这一天《华西都市报》刊登了新闻《购房入户别着急 6月前已备案住房不受新政影响》。这种传统媒体报道影响互联网搜索行为的现象，在汽车等产业中同样存在。

12月，《华西都市报》成为西部唯一一家首批入驻百度传媒平台的传统媒体。余宛真认为，这个合作将极大地增加《华西都市报》广告传播的含金量。"相当于投放纸媒的同时，也在互联网上获得了百度的流量，具有很高的附加值。"余宛真表示，如果《华西都市报》与百度的合作能够涉及多个频道，除了百度传媒，还有百度百科、百度知道、百度贴吧等，将会进一步提升互联网附加值。

四、变革：合作共建指数级增长生态圈

加大对外开放合作的力度，构建以移动新媒体产品为平台支撑的"小前端、大平台、富生态"融合发展格局。求新求变、合作共赢，这是华西传媒集群实现媒体融合"i战略"提出的目标，计划利用"i战略"引爆第5个"i"——指数级的增长（induced exponential growth），与合作伙伴共建指数级增长生态圈。

《华西都市报》从客户角度出发，即将在新媒体方面启用第6个"i"，即全新的精准投放广告系统（i-delivery）。这也是华西传媒集群首次正式提出基于新媒体特性、用户特性、百万用户数据库建立精准互动营销系统。明年年初，华西传媒集群会正式上线这套系统。

在合作思路上，华西传媒集群此次又提出了蕴含互联网思维的开放合作（i-cooperation）理念，希望发挥区域媒体的优势资源，解决大型互联网企业的"最后一公里"问题，由多个载体来承接"开放合作"，以在更多合作点位与商业伙伴建立更紧密的合作模式。"互联网时代是一个社会分工

更加明晰的时代，开放合作、充分利用社会分工是纸媒变革的基本策略。我们将用互联网思维来进行全新设计，加大对外开放合作的力度，打造移动互联媒体，构建以移动新媒体产品为平台支撑的‘小前端、大平台、富生态’融合发展格局。”四川日报报业集团副总编辑、华西都市报社社长李鹏进一步介绍说。

附录 4　创新引领发展　融合推动转型[①]

——中国都市报 20 年发展主题报告

胡怀福

20 年前，以《华西都市报》创刊为标志，中国报业进入了一个都市报跨越发展的“黄金二十年”。20 年来，都市报作为一个全新的报种，快速兴起繁荣，不断发展壮大，有力引导舆论，成为党的新闻事业的重要组成部分和新闻战线不可或缺的重要主流媒体，为中国报业的发展做出突出贡献。

2014 年 8 月 18 日，中央全面深化改革领导小组第四次会议通过了《关于推动传统媒体和新兴媒体融合发展的指导意见》，吹响了推进传媒融合发展、打造新型主流媒体的时代号角。都市报在融合发展中如何实现革新图存、再振雄风，备加引人关注和令人期待。2014 年 12 月 25 日，全国都市报同行以及专家学者聚集一堂，全面总结都市报 20 年发展历程，共同破解当前发展难题，目的在于共克时艰、共同“越冬”、共筑未来。中国都市报 20 年暨媒体融合发展研讨会的召开恰逢推进融合发展的重要时间窗口和重要发展机遇期，非常有必要，非常有意义。受中国报业协会委托，笔者对中国都市报 20 年的发展历程作梳理回顾，谈几点看法，供大家参考。

一、20 年发展成就回顾

全面回顾、系统梳理、理性总结中国都市报 20 年跨越发展历程，我们可以得出一个基本判断和共识：这 20 年，都市报始终围绕中心、服务大局，唱响主旋律，传播正能量，打好主动仗；这 20 年，都市报始终践行“三贴近”、深入“走转改”，关注民生冷暖，通达社情民意，接地气得民心；这 20 年，都市报始终遵循传播规律，锐意改革创新，做到占领阵地和

---

① 摘自《传媒》2015 年第 1 期。

占领市场相统一、社会效益和经济效益相统一，开启了中国报业发展的一个全新时代，留下了很多宝贵的经验和启示。

都市报是探索报业转型发展的一个成功范本。20 世纪 90 年代，与社会主义市场经济的发展相适应，意识形态领域创办市场类报纸，成为中国报业转型发展的必然选择。在此历史机遇下，1995 年 1 月 1 日，《华西都市报》应运而生，以“市民生活报”的办报定位和“全心全意为市民服务”的办报宗旨，迅速飞入寻常百姓家，以强大的影响力、传播力占领阵地、打开市场，为全国各地创办都市报提供了学习范本。

20 世纪 90 年代中后期，都市报在全国各地如雨后春笋蓬勃发展，“都市报现象”成为中国报业发展的一道亮丽风景，风靡全国。南方日报社创办《南方都市报》，福建日报社创办《海峡都市报》，重庆日报社创办《重庆晨报》，河北日报社创办《燕赵都市报》，河南日报社创办《大河报》，湖北日报社创办《楚天都市报》，人民日报社创办《京华时报》，光明日报社和南方日报社联合创办《新京报》……

截至目前，全国地市级以上的都市报已有 300 多家。虽然有的报纸名字不叫都市报，但这些报纸的办报理念、办报宗旨和办报模式与全国其他都市报完全一样，因此统称为都市类报纸。

20 年来，都市报始终坚持正确舆论导向，锐意创新求变，大力推动转型升级，实现了三次大转型、大跨越、大提升：第一次是主流化转型。都市报整体报道格调从社会化、生活化、娱乐化向精品化、高级化、主流化转变，报道内容从社会新闻、娱乐新闻向文化新闻、政经新闻转变。第二次是数字化转型。与中国都市报的创办同步，自 1994 年我国接入国际互联网以来，互联网技术促使传媒业发生了深刻革命，都市报纷纷加强新闻网站的投入和建设，加速推进报纸数字化。第三次是全媒体转型。随着数字化发展的深入，都市报纷纷推出电子报、网站、手机报、新闻客户端等，进军视听媒体、户外媒体、电子商务，向全媒体转型升级，迈入“全域、全时、全媒体”传播的新时代，融合发展正在成为都市报转型发展的必然选择和新的发展使命。

都市报是遵循新闻传播规律的一个生动实践。20 年来，都市报准确把握新闻报道的脉搏，踩准读者关心的热点、节点，很好地把坚持正确导向与通达社情民意统一起来，把坚持正面宣传为主与加强和开展舆论监督统一起来，不断增强新闻报道的亲和力、吸引力和感染力，大力推进理念创新、内容创新、形式创新和传播手段创新，为经济发展、社会稳定提供了强有力的舆论支持。

按读者规律办事，“人民至上、责任天下”“全心全意为读者服务”“每一条报道都让读者喜欢”“负责报道一切”“你的新闻由你定制”的办报宗旨和理念，不仅体现了都市报人的理想和情怀、责任与担当，更为重要的是都市报遵循了新闻传播规律。20年来，都市报以敢于说真话、敢于鞭挞假恶丑、敢于还原事件真相受到读者的广泛认同。20年来，都市报始终把笔触和镜头聚焦普通百姓，深入“走转改”，践行“三贴近”，反映百姓心声，解决群众困难，赢得读者支持。20年来，都市报以竞争推动变革、创新引领发展，大力推动内容的创新升级，办报质量一年一个大提升、一年一次大飞跃，引领了办报新动向、新趋势。

都市报是党报集团经营拓展的一大经济支柱。遵循市场规律，全国各地党报集团创办都市报，其根本动因和目的是在社会主义市场经济的浪潮中进一步拓展和壮大党报集团的经济实力，实现占领阵地和占领市场的有机统一。20年来，都市报始终遵循“影响创造价值”的理念，创立了敲门发行、扫楼发行、活动营销、跨界营销、数据营销、整合营销、全价值链营销等一系列市场化办报理论，强力推动了中国报业的市场化、产业化进程。

20年发展嬗变与生态演进，都市报的发展已经由简单的广告售卖迈入了新的产业化进程。都市报转而向线下、向实体、向蓝海大力开拓，在从产品到产业的拓展中，丰富了报业市场的内涵与外延，并由此逐渐摆脱“二次售卖”的单一发展模式，开启结构多元、产业多样的全新发展蓝图，集约化、规模化、产业化水平大幅提升，推动了都市报持续快速发展。20年来，都市报发行、广告经营一年一个新台阶、一年一次大发展，每年为党报集团创造了可观的经济效益，多数都市报已发展成为各大党报集团的经济支柱，为党报集团持续快速发展注入了强大活力，为社会提供了很多就业机会，为企业构建一个直通市场的创业创富平台，中国报业由此进入一个都市报跨越发展的“黄金二十年”。

都市报是新闻人才成长的一个练兵舞台。都市报高度重视人才队伍建设，始终将人才储备与结构优化作为可持续发展的战略核心，坚持职业化、专业化、市场化的选人用人机制，不拘一格选人用人，为新闻人才的成长、成才提供了一个练兵大舞台。都市报实行全新的全员聘用制，解放和发展了新闻生产力。从20年前《华西都市报》实行的全员聘用制开始，全国各家都市报建立了全新的选人用人机制，无数专业人才打破“铁饭碗”，投身于都市报的改革创新实践，实现自己的新闻理想。

过去20年，都市报为党的新闻事业培养和锻造了一大批作风过硬、纪律严明和能打硬仗、善打大仗的高素质人才队伍，呈现出勃勃生机和活力。当前，面对传媒发展新趋势、新要求，都市报启动了新一轮员工转型之路，将融合发展视为转型升级、生死存亡的二次创业，加快推动记者编辑向全时播报、全媒播报、新媒体运营全员转型，为加快推动传统媒体和新兴媒体融合发展培养和储备一流人才。都市报是推进体制机制创新的一个实践平台。都市报的竞争活力和动力源泉，关键是体制机制的创新与变革。

20年来，都市报之所以能够取得今天的发展成绩，归根结底在于大力创新体制机制，建立起一系列科学高效、规范运行、内容完备的用人机制、分配机制、决策机制、反应机制、约束机制、运行机制，再造全新的管理运营流程和体制机制。构建高效的决策机制，做到高效决策、动态决策、科学决策；构建快速的反应机制，做到在市场竞争中先人一招、快人一步、胜人一筹；构建严格的约束机制，建立起科学规范高效的巡视督查制度、信息反馈制度、情况通报制度、重大责任追究制度。近年来，都市报大力推进体制机制创新，建立现代企业制度，不仅再造了流程，理顺了生产关系，而且极大地解放和发展了新闻生产力，激发了创新创造的内生活力，为推动新闻事业发展、文化产业拓展提供了强劲动力。

二、问题与挑战

二十年辉煌路，二十年新起点。我们在看到成绩的同时，也要十分清醒地认识到存在的问题和忧患，面临的挑战与困难。当前，面对传播新趋势、经济发展新常态、治理新特点，都市报遇到了前所未有的危机和考验，正处于转型发展的下行期、“寒冬”期和阵痛期，而且下行何时止滑企稳、“寒冬”何时结束还很难预料和断定。

一是读者不断流失。当前随着人们阅读方式的颠覆性变革，新媒体尤其是移动新媒体已成为人们获取信息的主渠道，传统纸媒在这场竞争中越来越处于弱势地位，特别是都市报等市场类媒体的目标读者不断流失，报纸阅读群体越来越呈现老龄化趋势，发行量逐步减少，影响力、传播力和竞争力逐步减弱是都市报必须正视并解决的问题。

二是广告持续下滑。传播渠道的转移和经济下行压力的加大，推动都市报从高位发展的“拐点”进入下行通道。2012 年以来的报业广告下滑，都市报受到的冲击尤其严重。特别是 2014 年都市报广告以两位数的速度加速下滑，而且没有止滑回稳迹象，都市报正处在发展的“寒冬”期，形势不容乐观。

三是转型艰难推进。重重压力之下，都市报主动出击，全力寻求转型发展。首先是积极介入新媒体，加大新媒体产品开发运营，但在营利模式上至今没有现成的经验和成功的探索，何时能找到一种成功的发展模式尚难预判；其次是积极细分市场，拓展多元产业，但是至今还没有改变过度依赖平面广告，尤其是过度依赖房产、汽车等大行业广告的局面，在这场转型攻坚战中还处于艰难探索阶段。

在深入推进融合发展的时代背景下，都市报还存在着观念滞后、体制机制制约、技术人才缺失、生产方式落后等问题，跟不上融合发展的新要求。都市报向何处去？成为大家共同关注的焦点，有待都市报同行共同破解。

三、几点建议和要求

把握导向是根本。当前我们正处在社会转型期，社会思潮多元多变，两个舆论场交流、交融、交锋，舆论形势异常复杂，都市报作为党的新闻事业的重要组成部分，坚持正确舆论导向，不仅是都市报生成之基，更是发展之本。20 年来的办报实践有力证明，只有很好坚持正确舆论导向，才能打造权威性、公信力和具有强大传播力、竞争力的主流媒体，实现占领阵地与占领市场、社会效益和经济效益的有机统一。相反，如果片面追求低级、庸俗、负面新闻，一味以追求眼球效应为标准，永远成不了主流。传统媒体尤其是拥有广大受众的都市报，坚定政治立场，勇于承担社会责任，牢牢把握正确舆论导向，任何时候都必须如履薄冰、高度警醒，任何时候都必须忠实坚守、一以贯之。

改革创新是灵魂。可以这样说，没有改革创新，就没有都市报这一全新报种的生存和发展空间，没有改革创新就没有都市报 20 年的生动发展景象，没有改革创新就没有中国报业 20 年的辉煌成绩。实践证明，20 年来都市报在内容创新上不仅“顶天立地”而且接地气聚人气，做到了党和人民都喜欢都满意，很好地处理了党性和人民性的有机统一；都市报在体制机制上大胆推进人事、分配、激励机制改革，做到人才能进能出、职务能上能下、收入能高能低，不吃大锅饭、不搞平均主义、不按资排辈，极大解放和发展了新闻生产力。站在融合发展的新时代，都市报更要一如既往地高扬改革创新旗帜，大力探索产品、渠道、平台、运营、流程、管理等各个方面的改革创新，推动自身持续稳定健康发展。

体制机制是动力。都市报能够实现持续快速发展，体制机制是内生动力和源泉。都市报能够有今天的发展，体制机制是强大的推力和引擎。体制机制灵活和先进，报纸充满生机和活力。相反，体制机制落后和僵化，报纸一片死气沉沉，发展举步维艰。全国都市报发展的一些不均衡和两极分化现象，很好地印证了这一点。在融合发展的新阶段、新时期，都市报依然要从体制机制入手，对体制机制作顶层设计和全新架构。只有不断激发内生活力，才能在推动都市报和新兴媒体融合发展之路上取得实质性进展和突破。

队伍建设是保障。都市报作为在市场中求生存求发展的报纸，队伍建设至关重要，没有一支勇于创新、充满激情的一流团队，没有一支作风优良、纪律严明的一流团队，没有一支敢打硬仗、敢打大仗的一流团队，就没有都市报持续发展的今天。这支队伍中，领军人物和骨干团队往往决定了一张报纸的命运和前途。领军人物的思想、眼界和能力，代表了一张报纸的办报水平和市场竞争能力；骨干团队则决定了一张报纸有没有强大的执行力，否则再好的策划也只能是纸上谈兵。面对前所未有的挑战，都市报要不断加大人才储备和结构优化战略，不断吐故纳新，加大人才培养和淘汰力度，不断激活人才队伍的创新力、创造力，都市报的持续发展才有强大人力支撑。

融合发展是出路。中央审议通过《关于推动传统媒体和新兴媒体融合发展的指导意见》，为都市报化解危机、转型发展指明了前行方向和出路，极大地增强了都市报的改革自信、融合自信、发展自信。加快推动媒体融合发展是大势所趋，如果还寄希望于传统模式，那就只能等死。都市报要以时不我待的责任感，以破釜沉舟的紧迫感，以从头再来的使命感，大力革新传统观念、传统思维、传统运作模式，加快传统线性生产方式的颠覆、再造、重构，加快建设形态多样、手段先进、具有强大传播力和竞争力的新型主流媒体，既为巩固壮大主流思想舆论、做强舆论阵地，又为自身奔向更加美好的未来赢取主动权。

附录5　华西媒体融合喜“新”不弃“旧”[①]

杜一娜

五四青年节这天，传媒圈被“封面”客户端上线的消息刷屏。由四川日报报业集团旗下的华西都市报社打造的“封面”，选择在青年节这一天上线，有着特别的含义，它是专门为80后、90后打造的一个正能量、年轻态、个性化的全国性新闻产品，它被看成都市报转型的一个“标杆性项目”。

融合发展是传统媒体面临的不二选择。如何找准自己的定位、特色以及发展空间，对传统媒体的新媒体发展而言至关重要。

一、用融合重新联接世界

“每个青年都可以定制自己的封面”，在“封面”客户端的下载首页，我们可以看到这句推广语。“定制”是“封面”最大的特点，据介绍，通过用户在使用过程中自主选择跟踪新闻动态、添加兴趣标签、机器识别与持续学习等，懂得用户，最终形成个人专属的、以时间为轴线的全球资讯新闻流。这正是“封面”新闻“因人而异”核心理念的体现。

说起“封面”，四川日报报业集团副总编辑、华西都市报社社长李鹏明确告诉《中国新闻出版广电报》记者，“‘封面’的用户群圈定为年轻的新生代群体，以80后、90后为主，是一款面向网络原住民的客户端。在其价值取向上，我们是提倡正能量充沛、主旋律高昂的一款新媒体；在发展空间上，我们立足于大西南，立足于成渝城市群，面向全国，同时因为地域的优势，我们将在‘一带一路’、长江经济带的国家经济发展大战略的落实中，为其提供有力的舆论支撑；在商业目标上，我们希望‘封面’能够引领人工智能时代的泛内容生态平台，实现内容与科技的同频共振，实

① 摘自《中国新闻出版广电报》2016年5月10日6版。

而在传统媒体中，在2015年下半年就有两三百个客户端上线，只是在这一过程中能成功的有多少，业内都在观望。

“每一个新媒体的定位都很容易，但是决定未来的是运营。因此，谈‘封面’这个新产品的发展前景还为时过早。与‘澎湃’相比，‘封面’以年龄为区隔，立足本土、面向全国，而‘澎湃’不以地域为区隔，主打时政，两者所圈定的读者以及主攻的方向也不同，‘澎湃’主要靠深度内容，‘封面’似乎以VR新技术吸引读者。与其他地市报打本地牌、为本地化服务相比，‘封面’则是一种更有生命力的新媒体形态。”上海交通大学媒体与设计学院媒介转型研究室主任魏武挥用比较的方式肯定了“封面”。

不过，他在接受记者采访时也指出，传统纸媒办新媒体要在创新上注意4个层面，即技术、管理、市场、内容。新媒体的发力应该是具有最新的技术，比如VR、MR或者机器人写作等，或者在管理上贴近市场，或者在市场上能够满足受众的需求，抑或是内容足够吸引人。因此，魏武挥认为，对于传统纸媒而言，创新的内涵很多，要紧跟时代并且要做出区别于其他新闻客户端的特色。

央视市场研究股份有限公司研究顾问姚林在接受记者采访时表示，无论是门户网站的新闻客户端还是报业自主推出的客户端，判断其成功与否的是下载量和流量。对于传统纸媒而言，不要限于自娱自乐，认真经营、细分市场、密切追踪客户需求才可立足。“过去门户网站所开发的客户端已经很多，抢占了大部分用户，今日头条、澎湃新闻等后起之秀也分走了相当一部分用户，那么试问，我们还需要多少个新闻客户端？从过去发展起来的四大门户网站来看，它们也有短板，地方资源是够不着的。用户除了需要对世界、全国的关注外，还需要对自己生活的本地有所了解。所以，不是一种媒体能够包办所有用户所有需求的。利用地方资源，做好地方的新媒体是传统纸媒的一条出路。”姚林说道。

《华西都市报》社所创办的“封面”无疑是传统媒体向新媒体学习并努力融入其中的例证之一，我们也期待“封面”能够成为真正的媒体融合的标杆项目。

附录6 《华西都市报》：以“双引擎”驱动媒体融合[①]

赵新乐

10月28日，在由封面传媒主办的“创联未来——2016（中国）C+移动媒体大会”上，封面新闻2.0版本上线。一年前的10月28日，封面传媒正式成立并启动全球人才招募。一年之后，新升级的客户端目标是“引领亿万年轻人生活方式”。

作为中国第一张都市报——《华西都市报》推动媒体融合和打造新型主流媒体的全新平台，封面新闻已经在全国初具“现象级平台”的雏形，在传统报业持续下行的环境下，其融合转型的做法和探索具有标杆意义。

一、做智能媒体，更要做智慧媒体

“封面传媒从0到1，不只是公司、产品的从无到有，更重要的是追求从0到1的创新。”四川日报报业集团副总编辑、华西都市报社社长、封面传媒董事长兼首席执行官李鹏说，封面传媒要打造的是“智媒体”，是智能媒体，也是智慧媒体，尤其是要弥补机器算法带来的过度推荐等缺陷，加强人工干预，突出体现“价值引领下的技术驱动”，为技术引擎赋予正确的价值，保持正能量充沛、主旋律高昂，做内容生产的“清流”。

新上线的封面新闻2.0在多个方面实现了突破：强化了基于算法的个性化推荐，包括增加了基于地理位置的新闻推送，不同地点的用户可以第一时间阅读到身边大事；增加了兴趣标签的维护入口，用户可以重新选择兴趣标签，调整智能推荐的内容类型；增加了基于关键词的推荐，根据用户浏览行为、内容选择等，进行更加精准的内容推荐。

除此之外，新版的用户界面设计也颇具特点。“封面红”作为客户端主色彩，似乎要呼应面向年轻用户的突破、激情与活力。在整体界面上增加

---

① 摘自《中国新闻出版广电报》2016年11月3日1版。

更多趣味细节，列表界面增加底部标签栏，将直播入口直观呈现。在互联网这个最新的风口上，封面也欲用生动的语言和方式来表达新闻，追求“更新、更近”的在场感。

“重新定义资讯产品，重新定义媒体融合，并追求通过内容引领亿万年轻人的生活方式。”李鹏说，与其他技术型和聚合型客户端不同，封面新闻更加强调价值引领，为技术引擎植入价值观的灵魂。

二、“双品牌”塑造媒体融合新标杆

作为《华西都市报》社推动传统媒体和新兴媒体融合发展的重要平台，封面新闻如何与《华西都市报》进行融合？对此问题，李鹏告诉《中国新闻出版广电报》记者，《华西都市报》实行的是“双品牌”战略。所谓“双品牌”，就是彰显《华西都市报》品牌，强势打造封面传媒的全新品牌，进而以“双品牌”为支撑，以“双引擎”为驱动，推动《华西都市报》和封面传媒融合发展，打造全国一流的新型主流媒体。

据了解，《华西都市报》自身重点在于持续彰显品牌影响力，以《华西都市报》为品牌驱动，向传媒文化产业细分和拓展。自 2011 年推动转型以来，《华西都市报》先后打造了华西都市网、成都范儿客户端、爱哟客户端、《华西城市读本》、《华西社区报》、华西淘购物网、户外传媒等集纸质媒体、网络媒体、移动媒体、社区户外传媒为一体的华西传媒集群，产业链不断细分拓展，影响力不断提升。在纸媒持续下滑的环境下，《华西都市报》的平面广告虽然难以独善其身，有所下滑，但活动经营和新媒体经营仍然持续增长。2016 年上半年，《华西都市报》活动经营等多元经营同比增长 10%，新媒体经营同比增长 50%。

而封面传媒以做强做大封面新闻客户端为核心，依托数据挖掘、机器学习与写作、兴趣推荐算法等技术实现能力，加快封面号、舆情、智库、电商平台建设，大力构建覆盖媒体、电商、文娱的产业生态圈，重新定义人与信息、人与商品、人与服务以及人与人的联结方式，建设引领人工智能时代的泛内容生态平台。两者作为华西传媒集群的“双引擎”，在集群框架内实现一张图统筹。

三、探索“互联网+”转型新路径

在全国媒体加快融合发展步伐的当前,《华西都市报》推进融合发展,正在尝试改变过去以报纸为主、网络为辅的路径依赖,转而按照“互联网+”的理念,以互联网为主体,重建互联网平台,推动“双品牌”的融合。

重视技术驱动效益。在封面传媒的团队建设中,超过三分之一的员工是技术人员。在技术的支持下,封面新闻的“因人而异”“千人千面”等基于大数据的算法推荐技术已经走在了互联网发展的前沿,此次升级迭代的封面新闻2.0版本,更是体现了技术的强大支撑。此外,加强开放合作也是融合发展的题中应有之义。在此次“2016(中国)C+移动媒体大会”上,封面传媒与百度、京东、UC头条等互联网企业签约合作。而在此前,封面传媒已经与多家互联网公司和高校合作,打造封面VR、封面舆情、封面号等系列产品。

未来,《华西都市报》将推动集群各单位资源实现一盘棋整合,形成互为补充、互相支撑、互动发展的集群发展生态,构建全媒体覆盖、多平台共振、多元化发展的生态式传媒集群。

附录7　从《华西都市报》到封面新闻，不止是新闻纸跃上App的转变①

中国记协微信公众号

编者按：封面新闻是中国第一张都市报——《华西都市报》转型互联网和推动媒体融合打造的重磅产品，获得2016年新闻出版广电总局评选出的“全国报刊媒体融合创新案例20佳”第三名。而其母体《华西都市报》也在传统媒体转型中实现逆势上扬，走出了一条“双品牌、一体化”的深度融合发展道路。

一、《华西都市报》凭什么逆势上扬？

2017年元旦，《华西都市报》在传统媒体纷纷下滑的大趋势下逆势改版，要做“大众化高级报纸”。改版后的《华西都市报》，可以明显看出其继续深化“大众化高级报纸”的举措：从四个角度做理性专业的报纸——

做强监督报道，让报纸更“锐”；

强化深度报道，让报纸更“深”；

增加文化副刊，把报纸做“软”；

做强专业报道，让报纸更“专”。

除了深度和专业报道，每日四个版的文化专刊已经成为《华西都市报》此次改版的当家菜，《宽窄巷》《当代书评》成了该报文化专刊的重磅产品。这种创新精神和这些精品力作的推出，或许可以解释其发行不受逆势提价影响的原因。

2016年9月，《华西都市报》提出，全年发行订阅价从180元提升到288元。提价后的4个多月以来，并没有造成发行量的下滑。这从侧面印证了《华西都市报》用户群体的忠诚度和稳定性，证明了《华西都市报》的

① 摘自“中国记协”微信公众号2017年2月13日报道。

传播力和影响力。

而《华西都市报》的品牌价值也逆势上扬。2016 年,《华西都市报》连续第四年登上世界媒体 500 强，且名次持续攀升至 357 位；在中国 500 最具价值品牌排行榜上的价值上升至 128 亿元。

二、封面新闻联接读者的全新方式

华西都市报社改变更大的是进军移动互联网。2015 年 10 月 28 日，成立封面传媒，其旗下核心产品封面新闻 App（1.0）测试版于 2016 年 5 月 4 日上线试运营，封面新闻 2.0 于 2016 年 10 月 28 日正式发布。

封面新闻是一款引领亿万年轻人生活方式的新闻资讯类 App，以科技为核心驱动，以原创为显著特征，致力于在不同场景下，为不同兴趣的人推荐不同类型的优质文章，做最懂用户的新闻资讯客户端。借助数据挖掘、机器学习与写作、兴趣推荐算法以及高品质的原创内容，满足年轻用户的差异化选择权利与个性化表达兴趣，真正实现“千人千面”。

2016 年封面新闻制作的多款爆款新闻引爆业界。封面新闻记者专访苹果 CEO 库克，全国独家；系列专访牟其中，全网阅读数十亿次；雷洋案的法学视角，莆田系的老巢探秘，巴铁疑云背后的独家对话等，均获得了广泛转发与关注，再次体现了封面新闻原创内容的生产能力。

2016 年 12 月 20 日，一条名为《12 月 20 日打折资讯推荐》的稿件刷爆了朋友圈。这条资讯不是由记者所写，而是封面新闻的机器人“小封”的“处女作”。2016 年年末，在成都红星路二段 70 号大楼的第八层，封面新闻的人工智能程序写出了第一篇机器人新闻稿件。

而 2017 年的第一天,《华西都市报》上的每一个二维码都指向联接云端的“封面”。“互联网之父”凯文·凯利曾祝福封面传媒“成为引领人工智能时代的未来媒体”。

三、“双品牌、一体化”深度融合

在全面推动媒体融合发展的时代背景下,《华西都市报》与封面新闻如何深度融合？作为传统媒体与新媒体融合转型发展的先行者，封面新闻依靠大量优质的原创和深度报道及先进技术进行内容抓取这两大抓手，在原创力、传播力、影响力等媒体核心指标方面都收获颇丰。

《华西都市报》与封面新闻实行的是“双品牌”战略。所谓“双品牌”，彰显《华西都市报》品牌，强势打造封面传媒的全新品牌，以“双品牌”为支撑，以“双引擎”为驱动，推动《华西都市报》和封面传媒融合发展，打造全国一流的新型主流媒体。

在传播架构方面，面对新媒体的冲击，碎片化的阅读环境已经让很多读者由读报时代转向读屏时代，人们获取信息的渠道更加多元化。对于内容传播渠道分散化的情况，《华西都市报》与封面新闻在“双品牌”“双引擎”的拉动下，相互借力，实现新的联接。这种举措使得新闻产品不再单一化，而是发散多维度落点，以多平台多形态的信息整合和组织发送给终端用户。《华西都市报》与封面新闻 App 融合发展的意义，不只是一张新闻纸跃上一个 App 的转变，更是向用户提供了一个更多可能的产品。从以媒体为中心向以用户为中心转变，信息传播介质在转变，“互联网 +”的融合发展思路，为遭遇严峻危机的传统媒体融合提供了新的借鉴和范本。

附录8　打造媒体融合发展的区域标杆①

刁毅刚

2016年5月4日，继2015年封面传媒成立引起业内轰动之后，时隔半年，封面传媒的核心新媒体产品“封面新闻”的测试版“青春”面世。这款源自中国第一张都市报——《华西都市报》的新闻App，以其敢为天下先的创新基因和“技术驱动+内容原创”的显著标识，在不到一年时间里，打造和铸就了媒体融合发展的区域高地，在抢占思想舆论阵地的制高点、弘扬主旋律、传播正能量、记录城市发展的同时，实践着中央关于媒体融合发展的各项要求，用丰硕的融合发展业绩，为四川乃至全国网民尤其是年轻的“网络原住民”送上一份“麻辣鲜香”的川味体验。

2017年2月19日，在习总书记“2·19”重要讲话发表一周年之际，《中国传媒科技》杂志专访了四川日报报业集团副总编辑兼封面传媒董事长李鹏。通过采访，记者看到中国第一张都市报在推进新老媒体融合发展的独特心路历程。

一、与世界重新联接

文物中华盛，江山西蜀雄。

成都，以“来了就不想走”的名片而闻名于世。与遍布大街小巷的茶馆如影随形的，是涌动在城市血脉中的文化气息。

成都，一座历来不缺乏新闻的城市，肇始于20世纪90年代的《华西都市报》辉煌，敢为天下先的都市报创新，成为这座城市的人们永远难以忘怀的时代记忆。

2016年5月，成都市入选国家发改委和住建部颁布的“国家中心城

① 摘自《打造媒体融合发展的区域标杆——专访封面传媒》，《中国传媒科技》2017年第3期。

市”名录，古老的城市来到跨越式发展的十字路口。

时隔20年，告别纸媒时代的辉煌，今天的成都媒体人，如何突破“蜀道难”的地理藩篱，百战归来再出发，打造与国家中心城市相匹配的城市力量和区域影响力？

2015年10月28日，封面传媒成立。成立的目的是以“一带一路”和长江经济带为战略布局空间，以智能推送、专业生产、用户聚合为内容特色，主打年轻用户，依托先进技术，突出“年轻用户的差异化选择权利与个性化表达兴趣”的媒体，让正能量、年轻态、个性化成为别具一格的产品符号。

“我们和全国所有的平面媒体所面临的困难和挑战是一样的。近年来，读者和订户的持续流失，造成报纸影响力的减弱，进而影响报社的‘两个效益’。作为主流媒体，我们的使命和责任就是传播主流声音、收集社情民意，打造封面传媒，就是要提升媒体的传播力、影响力、公信力和引导力。”封面传媒毫不讳言传统媒体面临的困难和挑战，对于肩负的责任充满了责任感和使命感。

在封面传媒办公区，记者印象最深的是“重新联接世界”等醒目的企业文化标识。

对于这个标识，李鹏说：“创办封面传媒的一个使命就是重新增强与世界的联接。近年来传统媒体与世界的联接在减弱，与用户的联接濒临断线，所以必须重新联接世界。”

二、“内容、产品、技术、资本”四箭齐发

通过与封面传媒员工的交谈，记者了解到，封面传媒成立之初就确立了“对标一线、技术驱动、内容立网”的策略，除了封面新闻App这个核心产品，还布局了封面号、封面舆情、封面智库、封面数据和封面视频等一系列重点产品和业务版块。

封面传媒是如何推进这些业务版块同时发力，在激烈的互联网竞争中占据一席之地的？

"我们的策略就是打造特色产品，把产品创新作为机构的首要任务来推进。在具体战术上，按照内容、产品、技术、资本四个维度同步推进，形成四箭齐发之势。首先在内容上，无论传统媒体还是新媒体都要发挥原创内容优势，在移动互联网的传播中发挥权威影响、声音作用。产品上要打造特色产品，把产品创新作为一种追求，通过产品的创新发挥封面传媒的影响力、增加用户黏性、吸引用户关注。"

封面传媒自主开发的 BI 天眼数据分析系统

漫步在安静整洁、全开放式的办公区，记者恍若置身互联网公司，看到了"数据天眼""舆情地图"等数据原型系统展示墙，很多员工嘴里经常提到关于"机器人写稿""用户画像""人工智能"等技术名词。在封面传媒的时光廊上，记者看到，短短一年多时间，封面传媒得到了中宣部、国家网信办、四川省委宣传部等各级主管部门的支持。封面新闻 1.0 测试版上线试运行一个月后，6 月 14 日，国家网信办就为其颁发了一类互联网新闻信息服务资质，成为国内 App 拥有该资质证书屈指可数的机构之一。

作为一家脱胎于传统媒体的新媒体机构，封面传媒是如何具备这样的技术基因和氛围的？

"我们选择了自建技术团队、自主研发的道路，目前整个技术团队有八九十人，我们的技术部门包括算法技术、机器写作、语音技术等。"李鹏说。

据介绍，正是有了自主研发力量，封面传媒才迅速开发了面向80后、90后甚至00后的自媒体产品——封面号，这款产品将区域的自媒体信息纳入封面新闻的内容战略，通过自媒体充实报道资源，通过PGC和UGC内容的联合运营深度链接用户，立足西南、辐射全国。

在谈到为何如此重视技术时，李鹏说："内容、产品、技术、资本等四条业务线是封面的主体，这个架构背后的基本理念是'以用户为中心'。'以用户为中心'主要体现在我们怎么样去寻找用户、如何为用户服务、怎么样让用户在使用封面的过程中得到愉快的体验，我们力求通过封面传媒的服务让用户有所收获，最终让这些用户在封面传媒沉淀下来。受众与用户，对于传播对象的不同描述，充满了封面人对于服务的不同理解与内涵。"

三、"双品牌双引擎"与"一体化一盘棋"

具有光辉历史和江湖地位的都市报翘楚——《华西都市报》，如何与流动着新媒体血液的封面新闻融合，这是一个充满诱惑的话题。

"外界很关注这个问题。2016年年底，四川日报报业集团提出华西传媒集群打造'双品牌、双引擎'，并推动一体化融合发展。一个引擎是《华西都市报》，这是成都本地的发动机，持续发挥本地资源、影响力、读者群的作用和优势；另一个引擎是封面新闻，在全国网民范围内，在年轻用户群体中发挥作用。"

"在打造双引擎的基础上，华西传媒集群针对推动融合发展的目标提出一体化运营、一盘棋整合的思路，一盘棋是指在资源整合、规划等方面的资源调配，一体化运营是指内容生产一体呈现、一体谋划、一体考核等，整个媒体融合发展的打法就是推动'双品牌双引擎'一体化发展、一盘棋整合。"

据了解，封面传媒在2017年订下的装机量目标是2000万，在营收方面也制定了不低的目标，其目的在于迅速实现自我造血，走市场化的路子，具备和提升参与市场竞争的能力。封面传媒制定了严格的考核评价体系，让装机量、日活跃用户、月活跃用户和最后的收入等指标都通过数据呈现，并与四条业务线的负责人订立了岗位责任状。之所以这么做，就是要实现深度融合，实现社会效益和经济效益的同频共振和双翼齐飞，最终实现建成新型主流媒体的远景目标。

四、不忘初心　续写辉煌

2016 年 5 月 4 日，封面新闻测试版上线试运行，提出了“打造引领人工智能时代的泛内容生态平台”的新愿景。

2016 年 8 月 31 日，封面传媒被国家新闻出版广电总局评选为媒体融合创新案例 30 强第三名。

2016 年 10 月 28 日，封面新闻 2.0 版正式上线，定位为亿万年轻人的生活方式。

2017 年 2 月，在四川省推进媒体深度融合工作座谈会上，封面传媒作为唯一的新媒体单位交流发言。

2017 年 5 月 4 日，封面新闻 App 上线一周年。封面传媒将举办“智创巅‘封’——2017（中国）AI + 移动媒体大会”。会上，封面新闻 App 3.0 将全新迭代，Google 首席创意师迈克尔·施图斯也将与封面传媒一起探讨人工智能与媒体未来。

谈到取得的进展，李鹏说：“我们在一年发展中经历了很多，取得了一些进步，但现在做到的与当初设计的蓝图还有很大差距，我们要稳步前行，缩小差距。”

“行至水穷处，坐看云起时。”对于传统媒体而言，要实现媒体融合的愿景，要立的不少，要破的更多：体制、资本、技术、观念，不一而足。

“作为曾经的传统媒体人，我们一直坚守依靠信息传播来改变世界的初心。无论是过去、现在还是将来，无论是在纸媒还是在互联网，在推进媒体融合发展的战场上，一定要牢记使命，明确责任担当，直面问题、解决问题、破冰前行。”在谈到封面发展的初心时，李鹏这样说。

附录9　副刊天天有　文化青春融本土①

杜一娜

报纸的副刊还要不要出版？多久推出一个副刊？副刊应该出多少个版合适？这些问题也许是困扰不少媒体老总的难题。在大家都觉得副刊犹如“鸡肋”之时，《华西都市报》却反其道而行，从2017年伊始，把过去的周末副刊，升级为每天4个版的“天天文化副刊”，与新闻版面平分秋色。以“做报纸就是做艺术品”的办报追求，经过半年的运作，它已成为读者和业界广泛认可的品牌版面。

城市地理

宽窄巷

肖全镜头下

de城市地理

大咖们的青春影像（下）

杨丽萍

崔健

周迅

普通人

《华西都市报·宽窄巷》副刊版已成品牌版面

不仅如此，《华西都市报》社还在封面新闻客户端上不忘历史人文情怀，2017年5月，推出《人文》频道，并全新改版《千面》频道，不仅将纸质版面的副刊内容扩大了宣传渠道，还在客户端上打造出别样的“文化副刊”。

---

① 摘自《中国新闻出版广电报》2017年7月11日6版。

一、副刊每日占半壁江山

在移动互联碎片化阅读时代，做报纸要有做艺术品的追求，用工匠精神打造文化副刊，提升报纸在读者手中的停留时间——这是在推出“天天文化副刊”前，四川日报报业集团副总编辑、华西都市报社社长、封面传媒董事长兼首席执行官李鹏给副刊提出的要求。

据“天天文化副刊”牵头人、《华西都市报》社常务副总编辑赵晓梦介绍,“天天文化副刊”从周一至周日，每天都有不同的特色名称，装载着不同主题的文化内容。

周一主题为《语闻成都》，报道成都都市新兴的生活方式，聚焦特色人物和有个性、有品质的成都式生活样本，反映当下多元化社会文化所带来的不同生活类型、别样生活态度、趣味生活圈子。周二主题为《城市笔记》，记录大城小事，用不同的角度展示城市的生活，通过讲述与方言有关的习俗、趣闻等内容，展示原汁原味的巴蜀市井文化。周三主题为《市民档案》，以近期热点新闻为切口，通过档案馆的档案、地方志的史料，结合采访，还原历史图像。周四主打考古发现，主题定位为《四川发现》，以最新的考古发掘新闻为蓝本，通过对一些特殊器物的追寻，重现精彩历史。周五主题是《剧透》，主打热剧解读及娱评，近距离接触文艺大咖。

《宽窄巷》则是周末的文化副刊，也是《华西都市报》的老品牌。在读者以及作者群中，口碑甚好。《华西都市报 · 宽窄巷》主编张晓琴介绍说，根据不同节点、热点，他们会策划相应的重点内容。比如，为纪念恢复高考 40 周年而推出的《那一年，我的高考》，这组报道将个人际遇和时代背景巧妙结合起来，让人身临其境，感同身受，也歪打正着提前“预测”了 2017 年高考作文题“我的高考”，在社会上和读者中引起了强烈的反响。

同时,《宽窄巷》还通过策划重点系列报道，将当前的文化与历史相连。如“历史名人系列报道”挖掘四川的历史名人，连续两个月时间里，推出陈子昂、谯周、孟昶、杜孝严、张问陶、唐蒙、李德裕等 20 多个历史名人的专题。再如“身边的三国文化”系列报道、“蜀王密档”系列报道、

"大开眼界的科举"特别报道等，从历史页码的一个小角掀开，或介绍历史遗迹，或讲述历史故事，或介绍有趣的知识，引人入胜。除了主题策划外，《宽窄巷》还着力打造了一系列名牌版面，如《阅微堂》《百家姓》《蜀境》等，形成了独特的风格，培养了读者的惯性阅读。

"天天副刊出版半年以来，不少选题都成了网上的热点，文章成了网红，为互联网时代报纸如何突围做出了一些探索性的尝试。"《华西都市报》总编辑、封面新闻总编辑方埜如此评价。

谈到为何要将周末副刊锐意改为天天副刊的做法，李鹏说："媒体是记录区域文化最好的载体之一。"他认为，媒体的通俗性，使其能面向基层群众，不管是对历史的记载还是对当下的反映，都是不可或缺的。因此，《华西都市报》一定要天天做文化副刊，与新闻平分秋色，记载城市的动态，记录城市的文化。

二、《千面》定位青年新知

通过封面新闻客户端重新包装《宽窄巷》，是《华西都市报》打造"天天文化副刊"的又一个渠道。据《华西都市报》—封面新闻人文部总监王国平介绍，封面新闻的人文频道原有一个《千面》原创栏目，上线于2016年12月。2017年5月，他们对《千面》改版，致力于打造优质内容的阅读体验。

"我们将《千面》定位为青年的新知，对当代文艺青年提供不同维度的新知，引领亿万年轻人的生活方式。"王国平举例说，2017年春节《西游·伏妖篇》上线后引起大众广泛关注，对《西游记》的改编探讨、对各种版本改编电影的深度思考等话题，成为大家的街谈巷议，于是封面新闻人文频道的记者就去采访研究《西游记》的专家、学者来讲解原著《西游记》，采访影评家、观众等讨论电影中所体现出的对现实生活的观照等话题，通过这样的方式，来解读当下的文化。

"封面新闻的人文报道，一直追求更加有趣、更加有料的内容方式。对硬新闻通过软形式来表现。"王国平举例说，"天舟一号"撤离"天宫二号”独立飞行这样的航天报道，就比较硬，通过采访一些专家，挖掘有趣的故事，让报道软下来，读者就更愿意看。“对软新闻，则要‘加营养’。每一篇新闻，让其图文并茂，在图文基础上，添加视频、音频，满足不同的阅读需求。”王国平说。

目前《千面》频道原创稿件有200多篇，周末早晨9：00—10：00固定推送，同步发布于腾讯、今日头条等平台，并在全国同类产品中保持了较高的更新率。

2017年5月,《千面》频道升级后，每个月推出一个专题。比如，推出的第一个专题是“时代对话”。王国平介绍说，每个时代里都会有特定的土壤，每一个人都会在这个土壤里开出花来。找到这个时代最具有特征的人，他们每一个人都与这个时代有不可分割的故事，通过《千面》可为他们提供与这个时代互动的平台。6月推出的专题是“青年作家说”，通过对80后为主的青年作家的采访，重点关注他们的思想状态。

在日常报道之外，封面新闻的人文频道还对有时代意义的人物进行长期的跟踪报道。比如，封面新闻人文频道近期独家推出的一篇人物深度专访，点击量就过千万。

同时，封面新闻人文频道还在寻找更多合作报道的机会。据王国平介绍，2017年5月，中国甲午战争博物馆特别找到封面新闻人文频道，想与《华西都市报》—封面新闻合作成立一个近现代海军史口述历史中心。他们看中的正是封面新闻所推出的专题报道《甲午遗事》的专业与深入。“与专业机构合作，发挥网络报道的优势，是封面新闻人文频道今后的一个探索方向。我们希望能够与更多的专业机构合作，让专业性报道更具有专业性。”王国平说。

三、追求人文价值弥足珍贵

“在创办《华西都市报·宽窄巷》和封面新闻《人文》《千面》的过程当中，我们一直在思考，怎么样用全球的视野在本土上有所作为？视野需要有全球性、前瞻性和时代性，但落脚点却要在本土。对于四川来说，巴蜀文化是落脚点，是立足点，也是文化副刊能够有所作为的地方。”李鹏谈到副刊的定位时提出了自己的思考。他认为，在阅读碎片化的当下，追求人文价值弥足珍贵，要用工匠精神打造精品报纸。虽然人工智能时代已经来临，但是，人类的思想和情感不可替代。

从《〈华西都市报〉·宽窄巷》到封面新闻《人文》《千面》，根据读者需求，不断创新推进，作为读者、作者、受访者，他们又是如何看待的呢？

“大副刊、大独家，适应了分众时代的需求。”著名作家、编辑家，《四川日报》高级编辑奉友湘认为，副刊是媒体的吸粉利器，而忠实的粉丝更是媒体可持续发展的动力。在他看来，融合时代的媒体培养出自己的忠实粉丝，而且要着重关注在校学生这个庞大的潜在粉丝群。“副刊经历了几落几起，从传统的周末副刊，到星期一至星期日都有副刊，而且每天 4 个版，可以说是开了全国之先河。”

著名文艺评论家、辞赋家，茅盾文学奖、鲁迅文学奖评委何开四说，《宽窄巷》副刊的名字起得好，不仅是城市地标，还有哲学内核。副刊的独特之处，在于选择了一个富有文化特色的名字，宽窄巷子是历史文化的地标，也是老成都的底片、新都市的客体，理解了“宽窄”，才能理解宽窄均有、松弛有度、闲能生慧的成都。

成都博物馆宣传营销总监肖飞舸分享了成都博物馆与《华西都市报》—封面新闻“敦煌·丝路”大展的合作经验。她说，在长达 3 个月的策展期间，《华西都市报》与封面新闻通过深度报道和视频直播的方式吸引了超过千万人次观看，带动了上百万人次走进成都博物馆。“从报到网，多种形式，网住了更多受众，希望在未来的合作中，能够增加系列报道、国际化视野等。”

著名学者、四川省社科院历史研究所所长谭继和说，从《宽窄巷》到《人文》《千面》，《华西都市报》、封面新闻是非常接地气的，根据需求而变。他作诗一首点赞道：“都市花冠数华西，千面为文啧啧奇。文化青春植本土，宽宽窄窄两相依。”

附录 10　阿里、微软、百度……这家一年多的公司朋友圈天了噜！[①]

李　雪

编者按：在众多传统媒体还在强调内容服务的时候，有家媒体已经迈上了打造“智媒体”的道路，开启了“智能化服务”的进程。它是如何一步步地打造自己的“大媒体”生态的？话媒君本期带你撸一遍封面新闻的朋友圈，一探究竟。

发现一：封面新闻的朋友圈好强大

昨天，一件大事儿搅动网络圈，微软小冰正式入驻封面新闻。前者的重量级自不必说，后者则是上线才一年多的 App。为何微软会入驻封面，有什么独特之处？话媒君“百度”了一下原因。不百度不知道，一百度吓一跳，封面新闻所在的封面传媒公司，虽然成立不到两年，但朋友圈基本已经把互联网界的大咖都“加上”了。

从四川日报报业集团 2015 年 10 月 28 日宣布“封面传媒”成立至今，打开封面新闻的朋友圈，话媒君发现居然都是大咖！好友数量多，好友的范围更是广！

公司组：阿里巴巴、微软、百度、中译语通、暴风魔镜……

个人组：“互联网之父”凯文 · 凯利，“硅谷精神导师”皮埃罗 · 斯加鲁，谷歌首席创意官迈克尔 · 施图斯……

高校组：北京师范大学、中山大学、四川大学……

人工智能实验室组：微软、图灵机器人、电子科技大学……

厉害了，封面新闻！这个朋友圈不仅高大上，更是全方位立体化，跨领域涵盖方方面面。

---

① 摘自“话媒糖”微信公众号 2017 年 7 月 14 日报道。

发现二：携手好友，共走 AI+ 之路

根据资料，封面新闻自 2016 年 5 月 4 日上线以来，就立志打造智能 + 智慧的“智媒体”，并把“引领人工智能时代的泛内容生态平台”作为愿景。上线前后不到两年，封面新闻不断拓宽朋友圈，在 AI 的路上越走越快：上线一周年，联手谷歌、百度、微软等巨头，成立“人工智能 & 未来媒体实验室”，致力于人工智能与传媒技术相融合的创新研究；7 月 13 日，更是牵手微软小冰，组建“AI + 媒体”的冰封 CP，通过内容整合全面更新用户在封面新闻上的交互内容、获取内容的渠道和方式。

从上线到现在，封面新闻正在为我们解锁 AI 道路上的更多技术想象。

发现三：颠覆媒体定义，推进智能化服务

媒体广交友，是形势所迫还是积极布局？原来封面新闻早已打响了媒体革命的第一枪。

“面向未来，封面新闻决不只是一个客户端，而是要成为引领人工智能时代的泛内容生态平台。”仔细看封面新闻的合作对象，话媒君小小猜测一下：未来，封面新闻将通过重构新闻生产关系和产业关系，以内容为中心，赋能平台，向文娱和电商延伸，为用户提供更多的智能化内容消费场景。

“大媒体”怎么玩？智能化服务是关键

站在智媒时代的风口，媒体生态要如何重塑？在 2017 中国大数据应用大会“大数据与智媒体论坛”上，传播学大咖喻国明提出了“大媒体”的概念，媒体从内容提供者变成了大媒体，成为更广泛的社会服务的提供者。这个“大”，并不是规模大，而更多的是指媒体提供的服务超出了内容服务的范畴，进入到更广泛的跨领域的服务中，嵌入到人们的社会生活中。

这与封面传媒董事长兼 CEO 李鹏的观念不谋而合：从传统“报新闻”到“智能化服务”，媒体的定义正在被颠覆。

那么，如何构建智能化服务为主的“大媒体”？封面新闻的实践为我们提供了参考。

封面新闻围绕自身内容和技术优势，利用外部支持和帮助，展开了一场精彩纷呈的“内外大布局”：

封面系：

封面新闻，上网站，找小封，比你更懂你自己。

封面数据，新闻资讯交互服务、智能内容生产，效率UP不是梦！

封面号，众包生产，个性呈现。

封面舆情，智慧舆情引领者。

封面智库，政策建议、行业问题、相关区域经济及产业服务，您的专属“梅长苏”。

封面云商，内容电商+区域电商+智慧城市服务，内容电商模式。

再看封面的朋友圈：

内容盟友给力，完成信息共享，互通有无。如阿里UC和封面新闻展开多种形式的合作，范围涵盖时政、房产、区域观察、重大舆情等多个种类；

技术盟友助力，搭建起一个智能化的新闻创造与传播的新场景。如牵手微软小冰，利用其在人机方面的交互性和强大的数据分析能力，切实发挥助力媒体全面升级到人工智能的作用；

生态盟友助力，跨领域完成新生媒体生态建设。如内容电商重在解决App消费疲劳等等。

封面发力，野心优雅

我们正处于人工智能的新格局中，媒体的进化从未停止，甚至超越我们的想象。历史的牛鼻绳往往牵在势能高者手中，在一片改革浪潮的呼声中，抱着内容的小舟摇摇欲坠的时代已经过去，不如断然撒手，就能尽早登上来自更广领域的船。

俗话说，独木不成林，在新媒体时代更是如此。封面新闻主动寻求

“真爱”，一方面是“主动去界”的决心和勇气，另一方面更是预示着封面新闻的野心优雅。

跳出内容为本的思维定式，看到内容价值以外的广阔空间，封面新闻致力于深耕自己以智能化服务为本的“大媒体”梦想。任何内容都是媒介，只要与人产生关联，那就是价值落地的变现点。

俯仰之间，未来已来，快得让我们来不及等待。在媒体生态剧烈变革的时代，话媒君期待封面新闻给我们更多惊喜。

附录 11　这家媒体有意思：不论办会参会，掌门人必提人工智能[①]

陈浩洲

央广网消息，第五届中国网络视听大会于 29 日在成都开幕，活动第三天，人工智能与未来媒体高峰论坛将如期举行，封面传媒是这场分论坛的承办单位之一，届时四川日报报业集团副总编辑、华西都市报社长、封面传媒董事长兼 CEO 李鹏将发表题为“未来媒体首先是智媒体”的主旨演讲。

2015 年 10 月，川报集团以《华西都市报》为实施主体，打造了“封面传媒”。自封面传媒面世以来，人工智能成为这家新媒体绕不开的话题，无论大会小会办会参会，总是会谈到。

2016 年的五四青年节，封面传媒的核心产品“封面新闻”客户端正式上线，封面传媒的发展自此进入快车道。

去年的 10 月 28 日是封面传媒一周年的生日，2016（中国）C+移动媒体大会在成都召开，李鹏在演讲中提到，人类将进入“智媒体”时代，发展和应用人工智能技术，就是跟上一个新时代的风口。

一个多月后的 12 月 9 日，封面传媒邀请“世界互联网之父”、“科技商业预言家”、《连线》杂志创始主编凯文·凯利空降成都，与国内互联网大咖开启了一场关于未来的巅峰对话。在活动现场，封面传媒向外界展示了其在人工智能、大数据等技术领域的最新应用成果。

“封面新闻要做的是智媒体，它以人工智能为核心，突出智能+智慧，既是智能媒体，更是智慧媒体。”李鹏在对话现场介绍说，封面传媒正利用最新技术重新定义资讯产品，重新定义媒体融合，努力追求独一无二的创造，从而实现封面传媒“重新联接世界”的使命。凯文·凯利也祝福封面传媒：成为引领人工智能时代的未来媒体！

---

① 摘自“传媒大观察”微信公众号 2017 年 11 月 27 日报道。

就在十多天前，“智创未来 2017 C+移动媒体大会”在成都举行，李鹏在开场的主题演讲中分享了封面传媒在智能媒体方面的探索与思考。观媒君注意到，3000 字的演讲中，他有 22 次提到人工智能。

李鹏当时在演讲中提到，从全世界来看，人工智能在持续改造各个行业，也在持续改造媒体行业的各个方面，人机协同未来将成为潮流。在他看来，从媒体领域来讲，媒体人的专业主义优势和 AI 的高效智能生产将会更为完美地结合。

即使不是自家举办的活动，李鹏在参会时也会提到“人工智能”，例如今天（11 月 27 日）在成都召开的中国高校校报协会暨高校传媒发展高峰论坛上，李鹏发表了题为了“迈向智媒体——封面新闻的探索与实践”的演讲，内容仍与人工智能有关。

1971 年出生的李鹏，是从《华西都市报》一步步成长起来的新闻人，也是一名积极拥抱互联网时代的创业者。在封面新闻客户端上线前一天，他在给员工的一封名为“重新联接世界”的内部邮件里提出，封面将以科技为核心驱动，以原创为显著特征，以用户为动力源泉，以资本为强大支撑，以分享为价值基点，来实现重新联接世界的目标。科技被李鹏摆在了首位。

除了掌门人李鹏，封面传媒的其他高管也在各种场合频频提到人工智能。例如今年 9 月 18 日举行的四川省互联网信息安全周启动仪式上，封面新闻执行总编辑周琪就“智媒体时代信息生产与发布安全”进行演讲。主题之外，周琪也不忘“推介”封面新闻，“封面新闻的智媒体有两层意思，一个是智慧一个是智能，智能更多的是体现在我们利用人工智能和技术手段加强网络安全和信息安全。”

在人工智能技术的探索和使用上，封面传媒也屡有突破。

今年 10 月 28 日，由封面传媒自主研发、基于人工智能技术的新型媒体融合支撑平台“封巢智媒体系统”1.0 正式上线。更早些的 9 月 16 日，封面传媒、微软和北京师范大学三方共同发起的“人工智能与未来媒体实验室”挂牌成立。据媒体报道，这是全国首个关注“AI+媒体”的实验室。

频频提到人工智能，频频在人工智能领域布局，这既与掌门人的战略规划有关，也与封面传媒的发展定位有关。公开报道显示，封面传媒以打造引领人工智能时代的泛内容生态平台为愿景，依托大数据、人工智能和虚拟现实等前沿技术应用能力，打造一个跨媒体、电商和文娱的生态平台，实现重新联接世界的使命。

在新媒体层出不穷，新闻客户端多如牛毛的移动互联网大潮里，人工智能已成为刻在这家新兴媒体身上的独特烙印。

附录12　智媒体：落地华西的中国封面①

——封面新闻客户端的智媒体化创新研究

杨家海

随着数字媒介以不可抗拒的力量全面渗入我们的生活，这几年纸媒衰亡论甚嚣尘上。朱夏炎先生说“死的是纸，活的是报”，今后纸媒这种传播形式必定会不断萎缩乃至消亡，可报纸的灵魂——报道以及报道体现出的观点和人文情怀，肯定会以新的载体来表达。综合国外实践与国内尝试，论者认为：未来的新闻媒体，一定是在一张可移动、可触摸、可视听、可折叠、可集纳、可投放的智能屏上。这个屏，可以在手机终端上，可以在平板电脑上，可以戴在手腕上，甚至可以投放在电脑桌或大班桌的智能桌面上、车载电视的智能屏幕上。

这既是一个新闻载体，又不仅是一个新闻载体，还是立体化的叙述方式。“选择了什么样的叙述方式，现实就按什么样的方式向我们呈现。”新闻媒体给我们呈现一个什么样的世界，实际上取决于采用什么样的叙述方式，而叙述方式又与媒体形式息息相关。所以，谁能瞄准这个载体，进行智能化、智媒体化创新，给受众呈现出立体化的新闻界面和感官世界，就能抢占这个屏，在布局未来的竞争中赢得先机。在这个卡位区域、谋篇全国的先机抢占上，四川的封面传媒可圈可点。

一、传播力：一张智慧的封面

移动互联网的风起云涌捣毁了新闻媒体的通道壁垒，扫清了传播藩篱，将我们带入到新媒介境遇中，也催生了智媒体的诞生。2015 年 10 月，封面传媒应运而生，核心产品是“封面新闻”客户端，还涵盖封面新闻网、封面智库、封面数据、封面号、封面舆情、封面云商等。作为全国两家（澎

① 摘自《智媒体：落地华西的中国封面》，《传媒》2018 年 3 月刊。

湃新闻+封面新闻）拥有互联网一类新闻信息服务资质的客户端之一，封面传媒不断提升内容传播力、公信力、影响力，原创新闻成绩斐然，“多篇原创爆款全网亿万级传播”。这是以“技术+内容”为双轮驱动，打造的“智能+智慧”的“智媒体”的结晶，对智媒体的解读颇具代表性。

1. 智能化

人工智能的迅猛发展为新闻更新提供了智力支持和广阔空间。目前，封面新闻客户端迭代至3.0版本，自主开发的“小封机器人”与用户见面；3.2版本，微软“小冰”机器人入驻封面新闻，成为国内报业集团中首家拥有机器人写作技术和能“聊”新闻的App。“伴随着人工智能的到来，媒体行业里面伴随着内容大爆发以及媒体的转型。”微软互联网工程院资深总监曹文韬表示，微软希望用人工智能的方式去和媒体做一次深度的整合和结合，“我们希望和封面携手在一起，把小冰打入封面App里边，通过深层次的战略性整合在媒体行业做出不一样的示范，探索人工智能和媒体行业去融合的案例”。同时，封面新闻“因人而异”的算法推荐更加成熟，机器人写作技术不断完善，向AI+媒体的前沿领域持续进军，传播力、影响力、公信力和舆论引导能力不断提升。此外，封面还在产品技术上取得了一系列进展，包括开发数据可视化应用设计，舆情产品可视化大屏多模块设计和产品上线、融媒体数据中心可视化大屏原型上线、天眼系统2.0上线；推进封面云产品，完成1.0版本功能架构设计、需求评估、产品原型设计及功能测试，并开始对外推广及合作对接，完成川报观察及封面舆情产品开发设计及迭代。

2. 大媒体化

喻国明先生说，互联网下半场的关键词就是大数据和大媒体化。“进入下半场后，媒体在发生巨变，媒体从内容提供者变成了大媒体，成为更广泛的社会服务的提供者。”大媒体、融媒体、多媒体，就是要适应并提升纸媒读者需求，从单一的平面媒体向内容丰富、表现丰富、观感丰富的融媒体升级。封面新闻在充分调研市场需求和实现传播形式变革后，2017年上半年确立了大力发展直播、短视频的思路，重构版块架构，从人员、设备等方面进行调整优化。1—6月共进行视频直播397场，生产短视频500余个，直播总观看量超过2亿次，短视频平均观看量30万一个，大大提升了《华西都市报》—封面新闻的传播力和影响力。封面直播稳居今日头条视频直播榜前三，多次位列榜首。在香港回归20周年纪念期间，现场直播港珠澳大桥深海隧道贯通，在互联网平台中观看人数超越央视新闻。截至目前，直播、短视频产品、文图直播已经成为新媒体的主战场，正在成为内容生产方式、营销模式和广告投放模式改革的重要突破口和载体。

3. 联动化

传统的平面媒体与受众之间存在着两个障碍，“一是自倨心态，二是语境隔膜”。为了克服这两个障碍，封面新闻与《华西都市报》探索出了“4+8”融合报道模式，包括4个平台：报纸、客户端、微博、微信，8种产品形态：图文、直播、短视频（微视频）、H5、AR/VR/MR、音频、动漫、航拍。通过不同的组合，实现报道和产品的创新。在结束不久的四川省第十一次党代会报道中，通过融合报道、立体传播，《华西都市报》—封面新闻省党代会报道在全网实现了上亿传播量，得到了宣传部门的多次表扬。其中“亚洲第一高楼”和“川藏第一桥”等数篇报道，文图、短视频和直播在全网总阅读量均超过千万人次。6月25日茂县塌方发生后，《华西都市报》—封面新闻第一时间派出7路记者挺进灾区，以视频直播来驱动融合报道。用直播的方式和场景切换技术串起了前方后方现场记者的文图、音视频等形式的稿件，直播时间创造历史最长记录，长达6个半小时，两天共计10小时的直播，总观看人数超过千万，一度超越央视直播在线观看人数。两天内生产短视频56个，总播放量超过2700万次，其中搜救犬坐溜索搜救短视频播放量超过500万次，120余条图文稿件全网阅读数突破2亿次。正因为放弃已有的自倨心态，消除了媒体与受众之间语境隔膜，让受众不再“失语”，才收获了如此骄人的业绩。

二、向心力：一只紧握的拳头

智媒体不是要消除其他的媒体形式及其组织结构，而是对已有的媒体形式和组织结构进行融合和优化，使运行更迅捷，报道更有吸引力，从而提高其向心力。虽然封面传媒的问世，晚于澎湃新闻等吃螃蟹者约一年，但其“构建引领人工智能时代的泛内容生态平台”的愿景和与《华西都市报》“双品牌双引擎”深度融合发展的思路，紧握各指之力，形成了一只有凝聚力、战斗力的强劲拳头。

1. 组织机构一体化

只有对组织内的要素进行优化组合，提高组织的整体功能，才能更好地实现组织的战略目标。2016 年 12 月以来,《华西都市报》—封面新闻不断推进组织机构一体化。2016 年年底,《华西都市报》总编辑兼任了封面新闻总编辑，报社总经理主持封面传媒总经理办公会工作。2017 年 4 月，华西都市报编委会和封面新闻编委会合并为“华西—封面编委会”，全权负责《华西都市报》与封面新闻内容生产的一体策划、一体运行、一体呈现、一体考核；华西都市报经管会与封面传媒总经理办公会合并为华西—封面经管会，负责《华西都市报》与封面新闻经营管理工作的一体策划、一体运营、一体管理、一体考核。在部门设置上对《华西都市报》和封面新闻的部门作了优化调整，两个单位的部门都同时承担华西和封面的工作，一体化运行。

2. 传播体系一体化

内部架构的一体化，为生产的一体化提供了支撑。华西 · 封面编委会打通华西和封面的两侧资源，所有稿件实现“一次采集、多种生成、多极传播”，形成了“移动求快、报纸求深”的既融合又错位的融合发展之格局。在持续创新封面新闻 App 的同时，不断做强封面号、封面舆情、封面智库、封面电商、封面数据、封面视频等系列产品，着力构建泛内容生态平台，建设符合互联网发展趋势的移动化、智能化、生态化产品矩阵，推动多产品的一体化联动传播与传播体系一体化。

3. 运行机制一体化

在生产机制上，破除传统媒体和新媒体采编发环节的壁垒，分层级构建新型采编发网络，再造适应融媒体生产的策、采、编、审、发的一体化流程。一方面以考核为指挥棒，引导、倒逼记者转型为精通十八般武艺的全媒型记者，让传统的生产力进一步转向移动端，通过邀请国内外专家做培训、交流等形式，提升记者的文图、视频直播、VR/VR 等全媒体传播能力。一方面，通过招聘、转岗等方式优化队伍结构，重点招聘吸纳技术和原创两个方向人才，为全媒型发展集聚了力量。以文体事业部在敦煌大展开幕 106 天的传播实践为例，封面视频直播 16 场，总点击量突破 1039 万，同时推出的《早间听封》《六点听封》等一系列音频产品和视频产品点击率、评论率也不断攀升。在此过程中，涌现出了一批能写能播的全媒记者。

三、市竞力：一条增长的曲线

中国自 20 世纪 90 年代开始全面推行市场经济，如何赢得受众认可和市场青睐成为新闻媒体生存必须考虑的问题。在“技术＋内容”的双轮驱动下，封面传媒的市场竞争力显著提升。2017 年上半年，新媒体业务正式成为报社新的增长点，经营增长高达 300%。常规广告、线下活动、视频类广告（包含直播和视频制作）这三部分的收入约占封面总收入的 85%，这是一条逐步增长的收入曲线。

1. 智能化＋多媒体的信息推送服务

多种媒体的融合已经成为一种必然的趋势，而智能化是其融合的方向。目前，封面传媒初步建成了载体多样、渠道丰富、覆盖广泛的移动传播矩阵。在以封面新闻为核心的基础上，打造了封面直播、封面智库、封面舆情、封面数据、封面号、封面云商等新产品，形成了形式较为多样、品类较为丰富的产品矩阵。在信息技术呈指数级发展的环境下，封面传媒更加注重依赖技术洞见，初步形成核心产品——封面新闻客户端，依托大数据和算法推荐，实现新闻推送的“因人而异”“千人千面”。同时根据人机交互的知识图谱，可以把与关键词相关的知识系统化地展示给用户，推动用户扩展性阅读，强化阅读场景体验，将用户引导到下一个空间，增加停留时长。引来流量、留住流量、导流流量，为的是重新联接世界的使命，即面向用户体验，重新定义人与信息、人与商品、人与服务以及人与人的联接方式，打造跨媒体、电商和文娱的泛内容生态平台。这是一股金灿灿的流量，2016 年年底，封面传媒进入中央网信办《网络传播》月度传播力排行榜并实现排名稳中有升，客户端排位在 12 名左右，封面新闻微博排名在第 5 名左右。

2. 品牌力 + 延展力的活动营销服务

为了实现新媒体、新技术迅速成长为新的利润增长点的目标，华西和封面联动开发了一系列产品包。封面主题周作为最重要的产品包，以封面直播、短视频、漫画视频等内容生产为主要产品，进行了市州系列推广和营销，拉动彭山、乐至、凉山、资阳、绵阳、德阳等十余个市县地区的投放。自 5 月开始，封面主题周在行业、市州全面铺开。同时，通过智创巅峰 AI + 移动媒体大会、成都双遗马拉松、2017 爱在一起草莓情人节、“3 · 15”维权先锋等活动，提升品牌的影响力和知名度，活动效益与经营目标不断达成。2017 年 1—6 月，华西—封面策划和执行的重大活动项目共计 14 个。成都双遗马拉松、“3 · 15”维权先封、智创巅峰 AI + 移动媒体大会等活动，市场反响与活动效益“颇为可观”。

3. 大数据 + 智能化的舆情分析服务

技术和数据如同动力系统，而舆情导向则是舵手，二者缺一不可。封面舆情，是人工智能技术在舆情领域的创新性运用，封面传媒联合阿里云、百度等共同开发。作为首款机器和人工结合的智能舆情服务平台，封面舆情机器人能提供最快速预警、研判、应对的舆情服务，范围涵盖时政、房产及区域观察、重大舆情等多个种类，并且运用大数据可视化技术呈现一个更加智能的舆情交互平台——最快能在 2 分钟获取相关数据，完成从数据收集到最终的舆情呈现。舆情必须接受正确的价值引导，这是一个为什么人的立场问题。毛泽东在《在延安文艺座谈会上的讲话》中指出，立场问题是一个“为什么人的问题，是一个根本的问题，原则的问题”。作为一家负责任的媒体机构，封面传媒除了满足读者的基本信息需求之外，还通过专业权威的报道，帮助人民大众形成正确的认识，引导正确的价值。对封面新闻而言，智媒体更重要的意义在于智慧媒体，也就是在于价值引领，突出体现“价值引领下的技术驱动”，通过人工编辑的干预，纠正算法偏差，为技术引擎赋予正确的价值。正是基于舆情呈现与舆论引领的双重功能，目前封面传媒已与川内一些市州、一些企业达成了多项关于舆情分析的合作项目，成为构成新产品新营收的重要部分。我们可以确信，有着正确立场指导的封面传媒肯定可以继续发挥出巨大的社会引领作用。

新媒介语境下的传播力创新，载体移动化、平台智能化、内容多媒体化一定是方向。相信封面传媒——这张落地华西大地的中国封面的探索，将会像《华西都市报》在20年前引领都市报的潮流一样，为我们做出新的榜样！